D1655728

VERTRAGSRECHT / SCHULDRECHT / SACHENRECHT

Kurzlehrbuch im Fach Recht
für Studierende an den Berufsakademien
(1. und 2. Studienhalbjahr)

von

Rechtsanwältin Gerti Donhauser
Dozentin für Rechtslehre an der
Berufsakademie Ravensburg

Bibliografische Information der Deutschen Bibliothek
Die Deutsche Bibliothek verzeichnet diese Publikation in der Deutschen Nationalbibliografie; detaillierte bibliografische Daten sind im Internet über **http://dnb.ddb.de** abrufbar.

Printed in Germany

Herstellung und Verlag: Books ob Demand GmbH, Norderstedt

ISBN 3-8334-0737-9

Vorwort

Dieses Kurzlehrbuch richtet sich in erster Linie an Studierende der Berufsakademie. Es entstand aus meinen Skripten zum Fach Recht im 1. und 2. Studienhalbjahr an der BA Ravensburg und behandelt umfassend die Vorgaben des amtlichen Lehrplans. Das Buch orientiert sich am Bedarf der Studierenden, denen der Einstieg in die oft völlig neue Materie erfahrungsgemäß schwer fällt. Mein Ziel war es, den Studienanfängern ein Buch an die Hand zu geben, das ihnen den Stoff leicht verständlich vermittelt und das meines Erachtens ausreicht, um sich gründlich auf die am Ende des 2. Semesters festgelegte Rechtsklausur vorbereiten zu können. Unerlässlich hingegen bleibt die begleitende Lektüre der im Buch behandelten Vorschriften des Bürgerlichen Gesetzbuches, anhand derer letztlich auch die in der Klausur gestellten Fragen und Fälle zu lösen sind.

Für die Neuauflage wurde das Lehrbuch gründlich überarbeitet, auf den neusten Stand der Rechtsprechung gebracht und einschlägige Gesetzesänderungen berücksichtigt. Für Anregungen und Verbesserungsvorschläge bin ich unter www.gerti.donhauser@web.de jederzeit dankbar.

Waldburg, im September 2005 — Gerti Donhauser

Inhaltsverzeichnis

TEIL B: BESONDERES SCHULDRECHT / SACHENRECHT

TEIL C: ANLEITUNG ZUR LÖSUNG ZIVILRECHTLICHER FÄLLE MIT SCHEMATA

TEIL D: TESTFRAGEN MIT ANTWORTEN ZU TEIL A UND B

Abkürzungsverzeichnis

Abs.	Absatz innerhalb eines Paragrafen
AG	Aktiengesellschaft
AGB	Allgemeine Geschäftsbedingungen
AktG	Aktiengesetz
Alt.	Alternative innerhalb eines Paragrafen
Art.	Artikel
BGB	Bürgerliches Gesetzbuch
BGH	Bundesgerichtshof
BGHZ	Entscheidung des Bundesgerichtshof in Zivilsachen
bzw.	beziehungsweise
d.h.	das heißt
etc.	et cetera (= und so weiter)
ff.	fortfolgende
GBO	Grundbuchordnung
GG	Grundgesetz
GOÄ	Gebührenordnung für Ärzte
GOZ	Gebührenordnung für Zahnärzte
GmbH	Gesellschaft mit beschränkter Haftung
GmbHG	Gesetz betreffend die Gesellschaften mit beschränkter Haftung
HGB	Handelsgesetzbuch
HOAI	Honorarordnung für Architekten und Ingenieure
Hs.	Halbsatz innerhalb eines Paragrafen
i.H.v.	in Höhe von
i.S.	im Sinne
i.w.S.	im weiteren Sinne
i.Ü.	im Übrigen
iVm	in Verbindung mit
KunsturhG	Kunsturhebergesetz
ProdHaftG	Produkthaftungsgesetz
pVV	positive Vertragsverletzung
RG	Rechtsgeschäft
Rspr.	Rechtsprechung
RVG	Rechtsanwaltsvergütungsgesetz
S.	Satz innerhalb eines Paragrafen, aber auch Seite
SE	Schadensersatz
sog.	sogenannte/r/s
str.	streitig
u.a.	unter anderem
u.Ä.	und Ähnliche/s
vgl.	vergleiche
WE	Willenserklärung
z.B.	zum Beispiel
ZPO	Zivilprozessordnung

Weiterführende Literatur

Bamberger /Roth	Kommentar zum Bürgerlichen Gesetzbuch, 1. Auflage, 2003
Baur/Stürner	Sachenrecht, 17. Auflage, 1999
Brox, Hans	Allgemeiner Teil des BGB, 29. Auflage, 2005,
Brox/Walker	Allgemeines Schuldrecht, 30. Auflage, 2004
Brox/Walker	Besonderes Schuldrecht, 30. Auflage, 2005
Köhler/Lorenz	Allgemeiner Teil des BGB, 19. Auflage, 2005
Jauernig	Bürgerliches Gesetzbuch, Kommentar, 11. Auflage, 2004
Marburger, Peter	Klausurenkurs BGB – Allgemeiner Teil, 8. Auflage, 2004
Medicus, Dieter	Allgemeiner Teil des BGB, 8. Auflage, 2002
Medicus, Dieter	Schuldrecht I, Allgemeiner Teil, 16. Auflage, 2005
Medicus, Dieter	Schuldrecht II, Besonderer Teil, 12. Auflage, 2004
Medicus, Dieter	Grundwissen zum Bürgerlichen Recht, 6. Auflage, 2004
Palandt	Kommentar zum Bürgerlichen Gesetzbuch, 64. Auflage, 2005
Rüthers/Stadler	Allgemeiner Teil des BGB, 13. Auflage, 2003
Ulmer/Brandner/Hensen	Kommentar zum Gesetz zur Regelung des Rechts der Allgemeinen Geschäftsbedingungen, 9. Auflage, 2001
Wolf, Manfred	Sachenrecht, 21. Auflage, 2005

TEIL A: GRUNDLAGEN DES RECHTS / VERTRAGSRECHT / VERTRAGSORDNUNG

I. Einleitung

1. Das bürgerliche Recht im System des deutschen Rechts

a) Überblick über die Gesamtrechtsordnung

Das Privatrecht ist nur ein Teil der Gesamtrechtsordnung in der BRD. Es regelt die Beziehungen der Personen zueinander auf der Grundlage ihrer Gleichberechtigung und Selbstbestimmung.

Es bestimmt vor allem darüber, wie ***Privatpersonen*** und ***privatrechtlich organisierte Gruppen*** (z.B. Verein, Aktiengesellschaft) rechtlich zueinander stehen, d.h. welche Rechte und Pflichten sie jeweils haben.

Zum Privatrecht gehören beispielsweise das Bürgerliche Gesetzbuch (BGB), das Handelsgesetzbuch (HGB), Internationale Privatrecht (IPR), Produkthaftungsgesetz (ProdHaftG), Wohnungseigentumsgesetz (WEG) und viele andere.

Im Gegensatz zum Privatrecht regeln die Vorschriften des öffentlichen Rechts überwiegend die Rechtsverhältnisse des Staates und der sonstigen öffentlich-rechtlichen Körperschaften zueinander und die des Staates zu seinen Bürgern sowie die Organisationen der staatlichen Einrichtungen.

Zum öffentlichen Recht gehören unter anderem das Verfassungsrecht, das allgemeine Verwaltungsrecht und das besondere Verwaltungsrecht (Polizeirecht, Gewerberecht u.a.), das Verfahrensrecht wie z.B. die Zivilprozessordnung (ZPO), Strafprozessordnung (StPO) oder die Verwaltungsgerichtsordnung (VwGO) und auch das Strafrecht.

Beide Rechtsgebiete sind aber nicht völlig voneinander losgelöst. Es gelten manche Grundsätze des Privatrechts auch für das öffentliche Recht, wie beispielsweise § 242 BGB (Gebot von Treu und Glauben). Die Unterscheidung zwischen Privatrecht und öffentlichem Recht ist vor allem für die Rechtswegwahl wichtig, d.h. ob vor einem ordentlichen Gericht (Amts- oder Landgericht, Arbeitsgericht) oder einem Verwaltungsgericht oder dem Verfassungsgericht zu klagen ist.

b) Begriff des Bürgerlichen Rechts

Das Bürgerliche Recht ist derjenige Teil des Privatrechts, dessen Rechtssätze im BGB zusammengefasst sind und die ***für alle Bürger*** gelten.

Die Grundregeln des BGB, wie z.B. die über Geschäftsfähigkeit, Vertragsbegründung oder Verjährung gelten als allgemeines Privatrecht auch für andere Rechtsgebiete (Handelsrecht, Arbeitsrecht, Versicherungsrecht etc.)

Dagegen gilt ***Sonderprivatrecht*** wie z.B. das Handelsrecht, Wettbewerbsrecht, Arbeitsrecht nur für bestimmte Berufsgruppen oder Lebensbereiche.

Das Verhältnis von Bürgerlichem Recht und Sonderprivatrecht ist dadurch gekennzeichnet, dass das jeweilige Sonderprivatrecht das BGB ergänzt bzw. verdrängt, soweit es spezieller ist.

c) Entstehungsgeschichte und Hintergründe

Vor Schaffung des BGB im Jahre 1897 galten in Deutschland ganz verschiedene Rechtssysteme und Privatrechtsordnungen, nämlich preußisches, französisches, sächsisches, österreichisches, dänisches und gemeines (= römisches) Recht. Daneben bestand noch der sog. „Sachsenspiegel“ und das „Jütisch Low“. Das wachsende Nationalgefühl, aber auch die immer stärker sich verflechtende Wirtschaft forderte zusehends eine Rechtsvereinheitlichung, die schließlich nach drei heftig debattierten Entwürfen mit dem Bürgerlichen Gesetzbuch vom 18. August 1896 verwirklicht wurde. Am 1.1.1900 trat das BGB in Kraft und beendete die in Deutschland bis dahin geltende Rechtszersplitterung.

Die Bundesrepublik Deutschland ist Mitglied der Europäischen Gemeinschaft - die heutige Europäische Union - seit deren Gründung im Jahre 1951. Seither mussten die Mitgliedstaaten immer wieder Richtlinien zum Verbraucherschutz in nationales Recht umsetzen, was im deutschen Recht zu einer Reihe von Nebengesetzen außerhalb des BGB führte, wie z.B. das Verbraucherkreditgesetz und das Haustürwiderrufsgesetz. Die Umsetzung der Verbrauchsgüterrichtlinie, der Zahlungsverzugsrichtlinie und die Richtlinie über den elektronischen Handel (e-commerce) nahm der Gesetzgeber zum Anlass, das Schuldrecht zu reformieren. Wichtige Nebengesetze wie z.B. das AGB-Gesetz oder das Fernabsatzgesetz haben Eingang ins BGB gefunden, was zu mehr Transparenz und Verständlichkeit führen soll.

Die Schuldrechtsreform, deren Gesetzesänderungen seit 1.1.2002 gelten, stellt - vom Gesetz zur Reform des Ehe- und Familienrechts von 1976 einmal abgesehen – die wohl umfassendste ihrer Art seit Bestehen des Bürgerlichen Gesetzbuches dar.

2. Grundprinzipien des deutschen Privatrechts

a) Grundsatz der formalen Gleichbehandlung

Das heute geltende Privatrecht beruht auf dem Prinzip der formalen Gleichbehandlung aller Staatsbürger. Dieser Grundsatz der Gleichheit aller Menschen vor dem Gesetz lässt sich bereits aus dem übergeordneten Grundgesetz (Art. 3, Abs. 1 GG) ableiten. Das bedeutet, alle Bürger genießen den gleichen Rechtsschutz und ihnen werden die gleichen Schranken gesetzt. Das Privatrecht soll weder diskriminieren noch privilegieren. Damit gilt das Gesetz, soweit es sich nicht um besondere Schutzgesetze handelt, für alle Bürger gleich, unabhängig von der sozialen Stellung des Einzelnen. So kann beispielsweise jeder Bürger und jede Bürgerin ohne Rücksicht auf Berufszugehörigkeit, Geschlecht, Religion oder Rasse Eigentum an Grund und Boden erwerben, Dienst- oder Mietverträge abschließen oder die Person ihrer Wahl heiraten.

b) Grundsatz der Privatautonomie und ihre Grenzen

Unter diesem Grundprinzip der marktwirtschaftlichen Ordnung versteht man die Freiheit des Einzelnen, seine Rechtsverhältnisse grundsätzlich nach seinem Willen zu gestalten. Die Bürger haben also das Recht, ihre Beziehungen untereinander frei zu regeln. Die Privatautonomie wird als Teil der allgemeinen Handlungsfreiheit durch das Grundgesetz (Art. 2, Abs. 1 GG) garantiert. Bedarf eine Person jedoch zur Verfolgung ihrer Ziele der Mitwirkung einer anderen Person, muss sie sich mit dieser darüber einigen. Eine solche Einigung ist in der Regel der Vertrag.

Die Privatautonomie, d.h. das Selbstbestimmungsrecht der Vertragsparteien findet ihre Grenzen dort, wo ein Vertragsteil – aus welchen Gründen auch immer – dem anderen Vertragsteil so überlegen ist, dass letzterer schutzbedürftig ist. Die Position des Stärkeren und die des Schwächeren sind in einen gerechten Ausgleich zu bringen. In Fällen, in denen das Gleichgewicht zwischen den Vertragsparteien unverhältnismäßig gestört ist, muss die Rechtsordnung daher möglichst widerspruchsfrei den Schwächeren schützen.

Dies geschieht beispielsweise durch:

- Schutzgesetze

Verwendet z.B. ein Vertragsteil Allgemeine Geschäftsbedingungen (AGB), so sollen die Vorschriften der §§ 305 ff. BGB dessen Vertragspartner schützen, dem diese Bedingungen ohne Möglichkeit der Einflussnahme auf den Vertragsinhalt vom anderen Vertragsteil einseitig auferlegt wurden. AGB, die den anderen Vertragspartner „entgegen den Geboten von Treu und Glauben unangemessen benachteiligen“, sind nach § 307 I BGB unwirksam.

Weitere Beispiele sind das *Gesetz über den Widerruf von Haustürgeschäften und ähnlichen Geschäften, Mutterschutzgesetz, Jugendarbeitsschutzgesetz, Arbeitszeitgesetz* und viele andere.

- Generalklauseln im BGB

Nach § 138 BGB ist ein Rechtsgeschäft unwirksam, das gegen die „guten Sitten“ verstößt. Damit hat die Rechtsprechung ein wirksames Mittel in der Hand, Auswüchsen der Privatautonomie entgegenzuwirken (z.B. Wucherpreise).

Nach § 242 BGB ist der Schuldner einer Leistung verpflichtet, diese so zu bewirken, „wie Treu und Glauben mit Rücksicht auf die Verkehrssitte es erfordern“. Dieser Grundsatz gilt für das gesamte Rechtsleben und verpflichtet zu einer sozial angemessenen Rechtsausübung.

- Kontrahierungszwang bei Monopolstellung

Die Privatautonomie marktbeherrschender Unternehmen wird insoweit eingeschränkt, als sie nicht frei entscheiden können, ob und mit wem sie einen Vertrag abschließen wollen. Dies bedeutet, dass zum Beispiel für ein Beförderungsunternehmen wie etwa der Bundesbahn die rechtliche Verpflichtung zum Abschluss eines Beförderungsvertrages besteht, sofern kein wichtiger Grund entgegensteht.

- *Wettbewerbsrecht*

Im *Gesetz gegen Wettbewerbsbeschränkungen* (GWB) versucht der Staat mit verschiedenen Mitteln die Vertragsfreiheit und den Wettbewerb gegen die Übergriffe und Gefahren zu schützen, die von marktmächtigen wettbewerbsfeindlichen Unternehmen ausgehen können. Der Eingriff in die Privatautonomie wird damit gerechtfertigt, dass eine freiheitliche Marktordnung für alle Teilnehmer gewährleistet werden soll.

- *Tarifverträge und Betriebsvereinbarungen*

Durch diese sog. privaten Normenverträge, durch die die Inhalte von Einzelverträgen bindend festgelegt werden, soll der wirtschaftlich schwächere Vertragspartner, nämlich der Arbeitnehmer geschützt werden. Die in den Tarifverträgen festgelegten Arbeitsbedingungen, die von einem Arbeitgeberverband und einer entsprechenden Gewerkschaft ausgehandelt worden sind, sind für tarifgebundene Arbeitnehmer nach dem *Tarifvertragsgesetz* (TVG) bindend.

c) Privateigentum und seine Bedeutung für die Privatrechtsordnung

Das Privateigentum wird durch unsere Verfassung in Artikel 14 Grundgesetz garantiert. Es gibt, abgesehen von der Sozialbindung des Eigentums (Art. 14, Abs. 2 GG) und der Enteignungsmöglichkeit durch den Staat (Abs. 3), dem Eigentümer einen Abwehr- und Schutzanspruch gegen den Staat und gilt als Voraussetzung für eine freie und selbstverantwortliche Lebensgestaltung.

Artikel 14 GG enthält nicht nur eine Garantie des Eigentums an einer Sache, sondern garantiert auch Vermögensrechte wie z.B. Urheber-, Patent-, Verlagsrechte oder Gesellschaftsanteile, d.h. alle vermögensrechtlichen und wirtschaftlichen Verwertungsrechte.

Im BGB ist dagegen nur von Sachen die Rede. Nach § 90 BGB fallen darunter nur körperliche Gegenstände. Der Eigentümer einer Sache kann damit tun und lassen, was er will und andere von jeder Einwirkung ausschließen (§ 903). Daraus ergeben sich zahlreiche Anspruchsnormen für den Eigentümer, die ihm z.B. einen Anspruch auf Herausgabe seines Eigentums gegenüber dem unberechtigten Besitzer (§ 985 BGB), Abwehr- und Unterlassungsansprüche (§ 1004 BGB) gegen den Störer oder Schadensersatzansprüche (§ 823 BGB) gegen den Schädiger geben.

3. Aufbau und Umgang mit dem Bürgerlichen Gesetzbuch

a) Überblick über den Inhalt der fünf Bücher des BGB

Das ***Erste Buch des BGB „Der Allgemeine Teil“*** enthält diejenigen Vorschriften, die grundsätzlich für alle anderen Teile des BGB (2. bis 5. Buch) gelten. Der Allgemeine Teil enthält u.a. Bestimmungen über Rechtspersonen, Geschäftsfähigkeit, Rechtsgeschäfte, Willenserklärungen, Vertragsbegründung, Stellvertretung und Verjährung. Ebenso sind Regelungen über Wirksamkeit und Nichtigkeit von Rechtsgeschäften sowie deren Anfechtungsmöglichkeit darin enthalten.

Das ***Zweite Buch des BGB „Recht der Schuldverhältnisse“*** beinhaltet die Vorschriften, die für sog. Schuldverhältnisse gelten. Nach § 241 BGB kann aufgrund eines Schuldverhältnisses zwischen zwei oder mehreren Personen jemand ein bestimmtes Tun oder Unterlassen (Leistung) von einem anderen verlangen. Ein Schuldverhältnis entsteht entweder durch Vertrag oder kraft Gesetzes.

Das Zweite Buch wird in einen *Allgemeinen Teil* (§§ 241 – 432 BGB) und in einen Besonderen Teil (§§ 433 – 853) untergliedert. Während die Vorschriften des Allgemeinen Teils grundsätzlich für alle Schuldverhältnisse (z.B. Leistungsort, Rechtsfolgen aus Leistungsstörungen, Erfüllung, Aufrechnung) gelten, sind im *Besonderen Teil* die häufigsten Vertragstypen mit ihren spezifischen Regelungen enthalten, wie z.B. Kauf, Miete, Pacht, Darlehen, Leihe, Geschäftsbesorgung, Dienst- und Werkvertrag, Maklervertrag, Reisevertrag, Verwahrung, Schenkung u.a.. Darüber hinaus beinhaltet der Besondere Teil des Schuldrechts Regelungen über dic unerlaubte Handlung (Deliktsrecht) und die ungerechtfertigte Bereicherung.

Das ***Dritte Buch des BGB „Sachenrecht“*** regelt die Besitz- und Eigentumsverhältnisse an beweglichen und unbeweglichen Sachen (Grundstücke). Es regelt aber auch Nutzungsrechte wie Pfandrecht, Hypothek, Grundschuld oder Nießbrauch an Sachen. Sachenrechte wirken absolut, d.h. sie wirken gegenüber jedermann im Gegensatz zu Schuldrechten, die nur zwischen Gläubiger und Schuldner eines schuldrechtlichen Verhältnisses gelten.

Das ***Vierte Buch „Familienrecht“*** umfasst im Wesentlichen die Rechtsgebiete Eherecht, Scheidungsrecht, Kindschafts- und Verwandtschaftsrecht und das Vormundschaftsrecht. Im Gegensatz zu den anderen Büchern des BGB unterlag seit dessen Inkrafttreten am 1.1.1900 das Familienrecht mehreren Gesetzesänderungen, da es im stärkerem Maße als andere Rechtsgebiete von der jeweiligen gesellschaftlichen Ordnung abhängt.

Das ***Fünfte Buch „Erbrecht“*** behandelt recht ausführlich die Rechtsverhältnisse nach einem Todesfall in erbrechtlicher Hinsicht. So gibt es zahlreiche Vorschriften über letztwillige Verfügungen wie Testament, Erbvertrag und Vermächtnis, gesetzliche Erbfolge, Nachlassverbindlichkeiten, Erbunwürdigkeit, Pflichtteilsansprüche und vieles mehr. Das Erbrecht zählt wie die Eigentumsgarantie zu den klassischen „liberalen Freiheitsrechten“. Das Grundgesetz gewährleistet in Artikel 14 neben dem Eigentum ausdrücklich auch das Erbrecht. Das Privateigentum einer Person ist damit über den Tod hinaus gesichert.

b) Fallbearbeitung

Die Anwendung des Rechts auf einen konkreten Lebenssachverhalt mit dem Ziel, eine bestimmte Entscheidung zu treffen, nennt man vereinfacht gesagt „Falllösung“. In einem sog. juristischen Gutachten soll eine konkret gestellte Frage gemäß der Gesetzesvorschriften und der erworbenen juristischen Kenntnisse gelöst werden.

Beispiel: Volmer unterhält einen Partyservice. Kunze bestellt telefonisch drei Platten Kanapees zum Preis von jeweils 25 €. V sagt zu und liefert zum vereinbarten Zeitpunkt drei Platten der gewünschten Happen. K weigert sich nun, die gelieferten Kanapees zu bezahlen, da viele Gäste kurzfristig abgesagt haben. Hat V gegenüber K einen Anspruch auf Bezahlung des Kaufpreises in Höhe von 75 €?

Ein Anspruch ist das Recht, von einem anderen ein Tun oder ein Unterlassen verlangen zu könne (§ 194 I BGB).

Als „Tun" kann beispielsweise Bezahlung des Kaufpreises, der vereinbarten Vergütung oder Herausgabe einer Sache verlangt werden, und als „Unterlassen" z.B. das Nichtbetreten eines Privatgrundstückes.

Im Beispielsfall lautet die Frage also, ob V von K Zahlung des Kaufpreises verlangen kann.

Bei der Lösung eines Falles in einem schriftlichen Gutachten (Klausur) ist folgende Vorgehensweise ratsam:

I. Vorüberlegungen

(1) Wie lautet die Fallfrage?

Bevor eine passende Anspruchsgrundlage im Gesetz gesucht wird, ist erst einmal zu klären, in welche Richtung eine gutachterliche Bearbeitung gewünscht wird. Hier geht es also nicht um die Frage, ob K vom Vertrag zurücktreten kann, sondern ob V für seine Leistung Geld verlangen kann, in welcher Höhe und von wem.

Es ist daher immer, bevor mit der Lösung bzw. Ausarbeitung des Falles begonnen wird, zunächst die Frage ***„Wer will was von wem?"*** zu stellen. Erst wenn Anspruchsteller, Anspruchsgegner und Anspruchsgegenstand klar sind, stellt sich die Frage nach dem ***„woraus?"***. Gemeint ist damit die Anspruchsgrundlage, d.h. der Paragraf, der die erstrebte Rechtsfolge ausspricht. Mit der Anspruchsgrundlage ist bei der Lösung eines Falles immer anzufangen!

(2) Auffinden der Anspruchsgrundlage

Die Eingrenzung der in Betracht kommenden Rechtsnormen erfolgt durch die Zuordnung des Sachverhalts zu einem bestimmten Rechtsgebiet wie dem Kaufrecht, Dienst- oder Werkvertragsrecht, Mietrecht, Handelsrecht, Familien- oder Erbrecht. Durch Studium der einzelnen Rechtsgebiete fällt das Auffinden der möglichen Anspruchsgrundlagen nicht mehr allzu schwer. Entscheidend ist, ob die gefundene Norm die Rechtsfolge ausspricht, die der Anspruchsteller begehrt, etwa Kaufpreiszahlung, Lieferung, Schadensersatz, Rücktritt, Auflösung des Vertragsverhältnisses, Herausgabe oder Unterlassung. Normen hingegen, die kein Recht aussprechen, ein bestimmtes Tun oder Unterlassen zu fordern, sondern lediglich eine Aussage treffen wie z.B. mit wieviel Jahren man volljährig ist (§ 104) oder der Auslegung von Anspruchsvoraussetzungen dienen wie z.B. wann ein Sachmangel der gekauften Sache vorliegt (§ 434), sind keine Anspruchsgrundlagen!

(Anmerkung: Paragrafen ohne Angabe des Gesetzes sind solche des BGB)

Im genannten Beispiel geht es dem V um die Bezahlung der bestellten Kanapees. Da die Vertragsparteien Lieferung gegen Bezahlung von 25 € pro Platte vereinbart haben, handelt es sich um einen Kaufvertrag, der in § 433 BGB geregelt ist. § 433 II kommt daher als Anspruchsgrundlage für das Zahlungsbegehren des V in Betracht. Ob der Anspruch dann auch tatsächlich gegeben ist, hängt davon ab, ob die erforderlichen Voraussetzungen, die in § 433 II genannt sind, erfüllt sind. Ginge es um den Anspruch des K auf Lieferung der vereinbarten Leistung, so wäre § 433 I die richtige Anspruchsgrundlage, da dieser Absatz die Verpflichtung des V zur Lieferung und somit dem K das Recht auf die Leistung ausspricht.

II. Anfertigung des schriftlichen Gutachtens

(1) Obersatz (mit Anspruchsgrundlage und Rechtsfolge)

„Zu prüfen ist, ob V gegen K gemäß § 433 II BGB Anspruch auf Kaufpreiszahlung hat."

(2) Voraussetzungen

Die Voraussetzungen der Anspruchsgrundlage (AGL) werden nacheinander geprüft, d.h. der Sachverhalt wird mit den einzelnen Tatbestandsmerkmalen der Anspruchsgrundlage abgeglichen (Subsumieren). Dabei sollte erst die Voraussetzung abstrakt genannt und dann anhand des Sachverhaltes konkret beantwortet werden.

„V müsste zunächst mit K einen wirksamen Kaufvertrag nach § 433 BGB geschlossen haben. Dies setzt voraus, dass sie sich gemäß §§ 145 ff. geeinigt haben. Eine Einigung liegt vor, wenn sich Angebot und Annahme inhaltlich decken, man spricht dann von zwei übereinstimmenden Willenserklärungen. Hier haben sich K und V mündlich über die Lieferung von drei Platten Kanapees zum Preis von 75 € geeinigt. Da für den Kaufvertrag keine bestimmte Form vorgeschrieben ist, liegt ein gültiger Kaufvertrag vor".

(3) Ergebnissatz

„V kann von K Zahlung des Kaufpreises in Höhe von 75 € gemäß § 433 II BGB verlangen".

II. Das Rechtsgeschäft

1. Begriff des Rechtsgeschäfts

Im BGB selbst ist der Begriff nicht definiert. Dem BGB liegen vielmehr die im 19. Jahrhundert herausgearbeiteten Begriffsbestimmungen zugrunde. Die Definition eines Rechtsgeschäfts lautet:

Unter einem Rechtsgeschäft versteht man eine auf die Hervorbringung einer rechtlichen Wirkung gerichtete Willenserklärung.

Mit einem Rechtsgeschäft wird also eine ***bestimmte Rechtsfolge*** willentlich herbeigeführt. Das Rechtsgeschäft beruht auf den sog. ***Willenserklärungen,*** d.h. auf einem bestimmten Willen, den mindestens eine Person erklärt (einseitiges Rechtsgeschäft) oder verschiedene Personen (zwei- oder mehrseitiges Rechtsgeschäft) übereinstimmend erklären müssen.

Schließen also V und K einen Kaufvertrag ab, so tätigen sie ein Rechtsgeschäft. Sie geben hierzu zwei inhaltlich übereinstimmende Willenserklärungen ab, nämlich Angebot und Annahme, die zum Vertragsschluss führen. Genau diese Rechtsfolge war von den Vertragsparteien auch gewollt.

2. Arten des Rechtsgeschäfts

Es gibt einseitige und mehrseitige Rechtsgeschäfte. Bei einem einseitigen Rechtsgeschäft ist die Willenserklärung nur einer Person notwendig, um die angestrebte Rechtsfolge herbeizuführen. Bei einem mehrseitigen Rechtsgeschäft sind mindestens zwei Willenserklärungen erforderlich. Bei mehrseitigen Rechtsgeschäften handelt es sich meist um Verträge.

Beispiele für:

einseitige Rechtsgeschäfte:

- Kündigung eines Arbeitsverhältnisses (§ 622)
- Errichtung eines Testaments (§ 2247)
- Anfechtung eines Vertrages (§ 142)
- Aufrechnungserklärung (§ 388)

mehrseitige Rechtsgeschäfte:

- Kaufvertrag (§ 433)
- Mietvertrag (§ 535)
- Darlehensvertrag (§ 607)
- Dienstvertrag (§ 611)
- Werkvertrag (§ 631)
- Reisevertrag (§ 651a)
- Gesellschaftsvertrag (§ 705)
- Beschluss eines Vereins (§ 28)
- Beschluss einer offenen Handelsgesellschaft (§ 119 HGB)

Bei den mehrseitigen Verträgen können die Verpflichtungen auch in einem wechselseitigen Verhältnis stehen, d.h. der eine Vertragsteil verpflichtet sich nur deshalb zu einer Leistung, weil er dafür die Leistung seines Vertragspartners erhält. Man spricht dann von sog. ***gegenseitigen Verträgen***. Der Verkäufer beispielsweise verspricht die Leistung nur deshalb, weil sich der Käufer seinerseits zur Kaufpreiszahlung verpflichtet. Der Kaufvertrag ist daher nicht nur ein mehrseitiger, sondern auch ein gegenseitiger Vertrag.

3. Abgrenzung

Vom Rechtsgeschäft zu unterscheiden sind Rechtshandlungen und Gefälligkeitsverhältnisse.

a) Rechtshandlungen

Darunter versteht man sowohl ***geschäftsähnliche Handlungen*** (Mahnung, Fristsetzung, Mitteilung über Bevollmächtigung) als auch ***Realakte*** (Übergabe, Besitzerlangung, Verarbeitung).

Es geht hierbei um tatsächliches Handeln, das allein kraft Gesetzes eine bestimmte Rechtsfolge nach sich zieht, während bei den Rechtsgeschäften eine bestimmte Rechtsfolge erst mit der Willenserklärung herbeigeführt wird.

b) Gefälligkeitsverhältnis

Ebenfalls zu unterscheiden vom Rechtsgeschäft, bei dem ein Rechtsbindungswille erkennbar sein muss, sind die reinen Gefälligkeitsverhältnisse, bei denen sich der Erklärende rechtlich nicht verpflichten will.

Beispiel: Simon, ein geübter Skifahrer, verabredet sich am Montag mit Gabi, am Wochenende eine Skitour mit ihr zu machen. Er sagt jedoch am Freitag ab, weil er von Claudia zu einer Party eingeladen worden ist.

Hier will der Erklärende erkennbar keine Rechtsfolge herbeiführen. Damit hat Gabi auch keinen Anspruch auf Durchführung der Skitour.

Bei einem Gefälligkeitsverhältnis handelt es sich vielmehr um eine rechtlich unverbindliche (allenfalls moralisch verpflichtende) Abrede, die auf Freundschaft, Kollegialität oder Nachbarschaft beruht.

Ob es sich um ein verbindliches Rechtsgeschäft oder um eine *lediglich moralische Pflicht* handelt, ist durch Auslegung solcher Absprachen nach § 157 BGB zu ermitteln. Bei einem Gefälligkeitsverhältnis entsteht keine Erfüllungspflicht.

Beispiele:
- Beaufsichtigung von Nachbarskinder bei vorübergehender Abwesenheit
- Bereitschaft, auf das Haus eines abwesenden Nachbarn aufzupassen
- Ausfüllen und Einreichen des Lottoscheins für Lottogemeinschaft (str.)
- Winkzeichen im Straßenverkehr

Auch wenn dadurch keine Erfüllungspflicht entsteht, können gewisse Umstände allerdings dazu führen, dass bestimmte ***Sorgfaltspflichten*** entstehen, bei deren Verstoß der Versprechende sich schadensersatzpflichtig macht (§§ 280 I, 241 II, 311 II analog).

Beispiel: Simon unternimmt die Tour mit Gabi in schwierigem Gelände, die wenig Übung auf den Skiern hat. Als er zufällig Claudia auf der Piste vorbeiflitzen sieht, lässt er kurzer Hand Gabi stehen und eilt seiner Flamme hinterher. Gabi, die die Abfahrt alleine nicht meistert, bricht sich am Steilhang das Bein.

Hier ist Simon mit Gabi zwar kein vertragliches Schuldverhältnis eingegangen, Gabi darf aber aufgrund der unterschiedlichen Skierfahrung darauf vertrauen, dass er sie bei Mitnahme in steile Abfahrten auch sicher wieder mit zurückbringt. Durch dieses Verhalten hat Simon konkludent, d.h. durch schlüssiges Verhalten sogenannte Sorgfaltspflichten übernommen, die er beachten muss. Entsteht bei Verletzung solcher Schutz- und Obhutspflichten dem anderen ein Schaden, so macht er sich schadensersatzpflichtig.

Beispiele:
- Privat organisierte Safarifahrt (kein Gast darf verletzt werden)
- Gefälligkeitsfahrt zu einem Fest (Anvertrauen von Leben und Gesundheit)
- Einladung von Kindern zu einem Kindergeburtstag (Gefahrenquelle beseitigen)

Vom Gefälligkeitsverhältnis zu unterscheiden ist das sog. ***Gefälligkeitsschuldverhältnis***, bei dem ein einklagbarer Erfüllungsanspruch für den Begünstigten entsteht, obwohl er auch hier in der Regel für die versprochene Leistung nichts bezahlen muss. Ein solches unentgeltliches Schuldverhältnis mit vertraglicher Bindung liegt immer dann nahe, wenn der Begünstigte sich erkennbar auf die Zusage verlässt und für ihn erhebliche Werte auf dem Spiel stehen.

Es kommt nämlich nicht nur auf den Willen einer Partei an, sondern auch darauf, ob der Geschäftsverkehr die Vereinbarung als vertragliches Schuldverhältnis oder als reines Gefälligkeitsverhältnis ansieht. Nach §§ 133, 157 ist darauf abzustellen, wie ein neutraler Dritter die Erklärung verstehen und auslegen durfte *(sog.* ***objektiver Empfängerhorizont****)*.

Die Rechtsprechung hat eine Reihe von Indizien entwickelt, anhand derer ein Rechtsbindungswille unterstellt wird. Die Art der Gefälligkeit, ihr Grund und ihr Zweck, ihre wirtschaftlich und rechtliche Bedeutung, die Umstände und die dabei bestehende Interessenslage der Parteien können auf den Bindungswillen schließen lassen. Weiter ist der Wert der anvertrauten Sache und das erkennbare Interesse des Begünstigten sowie die dem Leistenden erkennbare Gefahr, in die der Begünstigte durch eine fehlerhafte Leistung geraten kann, von Bedeutung (Rspr. des BGH)

Beispiele:
- Zusage, beim Ausfüllen eines Rentenantrages zu helfen
- Verabredung zur Fahrgemeinschaft zum Arbeitsplatz
- Raumüberlassung an Gästegruppe durch Gastwirt oder Hotelier

4. Die Rechtssubjekte

Der Begriff „Rechtssubjekt“ wird in Abgrenzung zum Begriff „Rechtsobjekt“ gebraucht und unterscheidet sich vor allem durch seine Rechtsfähigkeit.

a) Rechtsfähigkeit

Unter Rechtsfähigkeit versteht man die Fähigkeit, Träger von Rechten und Pflichten zu sein.

Beispiel: Ein einsam gestorbener Zirkusdirektor hinterlässt bei seinem Tod ein formgültiges Testament, in dem unter anderem bestimmt ist: „Alleinerbe soll das Wesen sein, das mir in meinem Leben am nächsten stand, der Schimpanse Bobo. Sein Erbe soll der Tierpfleger Theo verwalten und für ein gutes Auskommen Bobos sorgen“. Sein enterbter Sohn behauptet, der Affe könne überhaupt nicht erben, weil er nicht rechtsfähig sei.

Die Rechtsfähigkeit besteht unabhängig von Staatsangehörigkeit, Herkunft, Geschlecht, Intelligenz oder Behinderungen.

Das BGB sieht nur aber natürliche Personen und juristische Personen als rechtsfähig an, d.h. Tiere oder Sachen können nicht Träger von Rechten und Pflichten sein, sondern nur Gegenstand solcher Rechte und Pflichten. Damit ist Bobo nicht erbrechtsfähig.

aa) natürliche Personen

Nach § 1 BGB beginnt die Rechtsfähigkeit des Menschen mit der Vollendung der Geburt. Lebensfähigkeit ist nicht erforderlich. Deshalb stehen Missbildungen der Rechtsfähigkeit nicht entgegen. Sie endet mit seinem Tod (Hirntod).

Obwohl nach der Definition des § 1 der erzeugte, aber noch nicht geborene Mensch (sog. ***nasciturus***) nicht rechtsfähig ist, wird er durch Gesetz und Rechtsprechung geschützt. Er kann danach gemäß § 1923 II erben, hat nach § 823 einen eigenen Schadensersatzanspruch bei vorgeburtlichen Schäden und hat im Falle der Tötung seines Unterhaltspflichtigen einen Ersatzanspruch gemäß § 844 II. Damit ist er ***beschränkt rechtsfähig***.

bb) juristische Personen

Die Rechtsfähigkeit juristischer Personen dient dazu, Personenzusammenschlüsse und rechtlich organisierte Vermögensmassen selbständig am Rechtsverkehr teilnehmen zu lassen. Das ist für den Rechtsverkehr einer entwickelten Industriegesellschaft unerlässlich. Die juristische Person ist eine Zweckschöpfung des Gesetzgebers. Sie ist die Zusammenfassung von Personen oder Sachen zu einer rechtlich selbständigen Organisation, die aufgrund der verliehenen Rechtsfähigkeit Träger eigener, gesetzlich geregelter Rechte und Pflichten sein kann. Während der Mensch mit Geburt rechtsfähig wird, muss den juristischen Personen die Rechtsfähigkeit durch einen staatlichen Hoheitsakt verliehen werden.

Beispiele:
- Verein durch Eintragung ins Vereinsregister (§ 21)
- Wirtschaftlicher Verein durch staatliche Verleihung (§ 22)
- Aktiengesellschaft durch Eintragung ins Handelsregister (§§ 36 ff. AktG)
- GmbH, OHG, KG durch Eintragung ins Handelsregister (§ 10 GmbHG; §§ 106, 162 HGB)

Die Gesellschaft bürgerlichen Rechts (GbR) gemäß § 705, auch BGB-Gesellschaft genannt, ist keine juristische Person, sondern ein Zusammenschluss mehrerer Personen zur Verfolgung eines gemeinsamen Zwecks ohne eine spezielle Rechtsform zu wählen (z.B. Sozietäten von Ärzten, Rechtsanwälten, Architekten und anderen freiberuflich Tätigen sowie im kleingewerblichen Bereich).

Daher besaßen bisher jeweils nur die einzelnen Gesellschafter Rechtsfähigkeit und alle konnten nur zusammen klagen bzw. mussten alle zusammen verklagt werden, wenn beispielsweise eine Forderung, die im Namen der Gesellschaft begründet wurde, nicht erfüllt wurde. Nach geänderter Rechtsprechung des Bundesgerichtshof (seit 29.1.2001) ist die Gesellschaft bürgerlichen Rechts aber dann rechtsfähig und in einem Prozess parteifähig, soweit sie als Teilnehmerin am Rechtsverkehr vertraglich eigene Rechte und Pflichten begründet, z.B. Verträge im Namen der Gesellschaft schließt (z.B. als „Dr. Best & Friends").

b) Schutz der Individualsphäre

So wie jedem Menschen Rechtsfähigkeit zukommt, stehen ihm zum Schutz seiner Selbstbestimmung und Achtung auch sog. ***Persönlichkeitsrechte*** zu. Allerdings kennt das BGB diesen Begriff nicht. Sie sind aber durch Grundgesetz, Kunsturhebergesetz und als „sonstiges Recht" in § 823 I geschützt. Allerdings ist der Name als Teil des Persönlichkeitsrechts in § 12 ausdrücklich vor unbefugtem Gebrauch geschützt.

aa) Namensrecht

§ 12 schützt den Namen als äußeres Kennzeichen einer Person, die sich dadurch von anderen Personen unterscheiden kann. Nicht nur Geburts-, Familien- oder Ehenamen natürlicher Personen sind vor unbefugtem Gebrauch geschützt, sondern auch Pseudonyme, Decknamen, Künstlernamen sowie Namen von Firmen und juristischen Personen des privaten und öffentlichen Rechts (GmbH, Gemeinden). Auch politische Parteien oder Träger sog. Domain-Namen im Internet können sowohl gegen eine ***Namensbestreitung*** (falsche Verwendung eines Namens) als auch gegen eine unbefugte ***Namensanmaßung*** (unbefugter Gebrauch eines fremden Namens) entsprechend § 12 gerichtlich vorgehen und eine Beseitigungsklage bzw. bei Wiederholungsgefahr eine Unterlassungsklage erheben.

Da der Name ein „sonstiges Recht" im Sinne des § 823 ist, kann der Namensinhaber bei schuldhaft begangener Namensrechtsverletzung auch Schadensersatz verlangen oder von demjenigen, der den Namen zwar ohne Verschulden, aber unberechtigt gewerblich nutzt, das dadurch Erlangte nach § 812 herausverlangen.

bb) Recht am eigenen Bild

Bei Schaffung des BGB dachte der Gesetzgeber noch nicht an die missbräuchliche Verwendung von Fotografien und Reproduktionstechniken. Erst mit Inkrafttreten des Kunsturhebergesetzes wurde das Recht am eigenen Bild gegen unerlaubte Eingriffe geschützt. Auf der anderen Seite des Persönlichkeitsschutzes steht das legitime Berichterstattungs- und Informationsinteresses der Medien und der Öffentlichkeit. Hier einen interessensgerechten Ausgleich zu finden, ist Ziel des Gesetzes und Aufgabe der Rechtsprechung.

§ 22 KunsturhG bestimmt, dass „Bildnisse" nur mit Einwilligung der Abgebildeten verbreitet oder veröffentlicht werden dürfen. Allerdings macht § 23 KunsturhG von diesem Grundsatz eine Ausnahme für Bildnisse aus dem Bereich der Zeitgeschichte und Personen, die als Beiwerk neben einer Landschaft oder sonstigen Örtlichkeit erscheinen. Einwilligungsfrei sind daher Bilder von Politikern, Sportlern, Künstlern oder anderen Prominenten (sog. *absolute* Personen der Zeitgeschichte) und Personen, die nur im Zusammenhang mit einem ganz bestimmten zeitgeschichtlichen Ereignis vorübergehend bekannt werden (sog. *relative* Personen der Zeitgeschichte).

Nicht zu dulden ist die Veröffentlichung von Aufnahmen aus der engsten Privatsphäre oder gar aus dem Intimbereich (§ 23 II KunsturhG). Nach der Rechtsprechung des Verfassungsgerichts sind Kinder Prominenter nicht zwangsläufig Personen der Zeitgeschichte und im stärkeren Maße gegen die Veröffentlichung ihrer Bilder geschützt.

Das Kunsturhebergesetz sieht lediglich die Strafbarkeit der rechtswidrigen Veröffentlichung und einen Anspruch des Abgebildeten auf Vernichtung der Bilder vor. Die Verletzung des Persönlichkeitsrechts gibt ihm auch hier als „sonstiges Recht" im Sinne des § 823 I einen Anspruch auf Schadensersatz und nach § 1004 einen Unterlassungsanspruch.

cc) das allgemeine Persönlichkeitsrecht

Die Rechtsprechung hat in den letzten Jahrzehnten eine Reihe von Fällen entschieden, in denen es um Ausgestaltungen des Persönlichkeitsrechts ging. Das Recht der Persönlichkeit nach § 823 I ist beispielsweise betroffen bei Ehrverletzungen, Eindringen in den Privatbereich, Verfälschungen von Zitaten oder des Lebensbildes in der Öffentlichkeit oder bei Weitergabe persönlicher Daten oder Informationen. Diese Eingriffe sind immer dann rechtswidrig, wenn sie nicht von der Zustimmung des Betroffenen gedeckt oder durch die Presse-, Meinungs- oder Kunstfreiheit des Eingreifenden gerechtfertigt sind. Hierbei müssen Persönlichkeitsrecht einerseits und Pressefreiheit andererseits sorgfältig gegeneinander abgewogen und das im Einzelfall überwiegende Interesse festgestellt werden.

c) der Kaufmann und der Kaufmannsbegriff

aa) Bedeutung der Kaufmannseigenschaft

Für Kaufleute gelten neben den Vorschriften des Bürgerlichen Gesetzbuches (BGB) zusätzlich die Vorschriften des Handelsgesetzbuches (HGB). Das HGB ist als Recht der Kaufleute ein Sondergesetz (lex specialis) und verdrängt daher das BGB als allgemeines Gesetz (lex generalis), soweit es besondere Vorschriften für die Rechtsbeziehungen der Kaufleute vorsieht. Das bedeutet andererseits, dass das BGB immer dann zur Anwendung kommt, wenn das HGB keine besonderen Vorschriften enthält. Geht es also beispielsweise um die Frage, ob ein Vertrag mit einem Kaufmann wirksam geschlossen wurde, ist dies anhand der Vorschriften im Allgemeinen Teil des BGB zu klären (§§ 145 ff.).

Das HGB regelt den Handelsverkehr und dient der *Vereinfachung und Beschleunigung des Geschäftsverkehrs*. Im Interesse einer schnellen Abwicklung und Rationalisierung sieht es beispielsweise vor, dass der Käufer, wenn er Kaufmann ist, Mängel an der gelieferten Ware sofort nach Erhalt rügen muss (§ 377 HGB), damit er seine Gewährleistungsrechte aus § 437 nicht verliert. Bei einer Geschäftsbesorgung kann ein Kaufmann auch ohne vorherige Vereinbarung Provision und Lagergeld, Vorschüsse für Auslagen oder Zinsen für Darlehen verlangen (§ 354 II HGB). Das HGB ist zudem freiheitlicher als das BGB ausgestaltet. Es sieht beispielsweise vor, dass Kaufleute sich auch mündlich verbürgen oder sich durch ein mündliches Schuldversprechen oder Schuldanerkenntnis verpflichten können. Gleichzeitig sind sie wegen ihrer Geschäftserfahrung im geringeren Maße schützenswert als Nichtkaufleute und haften z.B. als Bürgen selbstschuldnerisch, d.h. sie können nicht durch die sog. Einrede der Vorausklage verlangen, dass der Gläubiger zuerst gegen den Hauptschuldner vorgeht, bevor sie als Bürgen in Anspruch genommen werden.

bb) der Kaufmannsbegriff

Die Anwendung des Handelsrechts, das auf die besonderen Bedürfnisse des Handelsverkehrs zugeschnitten ist, setzt die Kaufmannseigenschaft voraus, da diese der zentrale Bezugspunkt der HGB-Regelungen darstellt. Der Kaufmannsbegriff steht in enger Verbindung mit dem Betrieb eines Handelsgewerbes und ist in § 1 HGB näher bestimmt.

Kaufmann ist, wer ein gewerbliches Unternehmen betreibt, das nach Art und Umfang einen in kaufmännischer Weise eingerichteten Geschäftsbetrieb erfordert und somit im Handelsregister eintragungspflichtig ist.

Maßgebliches Kriterium für die Eigenschaft als Kaufmann und damit für die Geltung des HGB ist daher, dass ein Gewerbe betrieben wird und dieses nach Art und Umfang eine Größe erreicht, das die Eintragung ins Handelsregister zur Pflicht macht. Liegt diese Größe nicht vor, gilt für diese Gewerbetreibende wie für Privatleute lediglich das BGB. Allerdings steht es Kleingewerbetreibenden oder BGB-Gesellschaftern frei, sich in das Handelsregister eintragen zu lassen. Mit Eintragung werden sie wie Kaufleute nach dem HGB behandelt.

cc) der Schutz der kaufmännischen Persönlichkeitssphäre

Die Firma ist der Name des Kaufmanns und ist ebenso wie der Name einer natürlichen oder juristischen Person vor unzulässigem Gebrauch gemäß § 37 HGB dadurch geschützt, dass derjenige, dem die Firmenbezeichnung nicht zusteht, zur Unterlassung des Firmengebrauchs durch Festsetzung von Ordnungsgeld durch das Registergericht aufgefordert wird (öffentlich-rechtlicher Schutz). Gleichzeitig kann er vom Inhaber der Firma auf Unterlassung und bei schuldhafter Verletzung des Firmenrechts auf Schadensersatz nach §§ 13, 16 UWG verklagt werden (privatrechtlicher Schutz).

5. Rechtsobjekte

Der Begriff Rechtsobjekt wird als Gegenbegriff zum Rechtssubjekt verwendet. Natürliche und juristische Personen können nur Rechtssubjekte, nicht aber Rechtsobjekte sein. Als Rechtsobjekte kommen *Sachen* und *Rechte* in Betracht.

a) Sachen

Unterschieden wird zwischen *beweglichen* Sachen (Auto, Buch, Kleidungsstücke etc.) und *unbeweglichen,* den sog. Immobilien (Grundstücke). Der Erwerb und die Übereignung finden nach unterschiedlichen Vorschriften statt (§§ 929 ff. bzw. §§ 873 ff.)

Tiere sind zwar keine Sachen, es sind aber die Vorschriften über bewegliche Sachen entsprechend anzuwenden (§ 90 a), d.h. sie können verkauft, verliehen oder vermietet werden.

b) Rechte

Hier wird zwischen *absoluten* und *relativen* Rechten unterschieden. Ein absolutes Recht ist z.B. das Eigentum, da es nach § 903 jedem Menschen gegenüber wirkt. Ein relatives Recht wie beispielsweise der Kaufpreisanspruch gilt hingegen nur gegenüber der Vertragspartei.

6. Geschäftsfähigkeit

Die Rechtsordnung sieht vor, dass nur diejenigen Personen eine wirksame Erklärung abgeben können, die ein Mindestmaß an Urteilsvermögen besitzen. Ein Rechtsgeschäft kann daher nur vornehmen, wer geschäftsfähig ist.

Geschäftsfähigkeit ist die Fähigkeit, durch die Abgabe oder den Empfang von Willenserklärungen Rechtsfolgen für sich oder andere herbeizuführen.

Geschäftsfähigkeit ist also nur für die Vornahme von Rechtsgeschäften notwendig, nicht aber für Realakte. Bekommt beispielsweise eine Person, die nicht geschäftsfähig ist, von jemand anderen Geld ausgehändigt, ist der Erwerb des Besitzes dennoch wirksam. Denn die Entgegennahme des Geldes ist kein Rechtsgeschäft, sondern eine bloße Handlung (Realakt), die keiner Geschäftsfähigkeit bedarf.

a) Die Geschäftsunfähigen

Nach § 104 sind Kinder unter 7 Jahren und Personen, die dauerhaft in ihrer freien Willensbetätigung gestört sind, geschäftsunfähig.

Willenserklärungen, die ein Geschäftsunfähiger abgibt, sind nach § 105 nichtig. Die Nichtigkeit einer Willenserklärung bedeutet, dass die angestrebte Rechtsfolge zu keinem Zeitpunkt eintritt, sie ist ohne rechtliche Bedeutung. Eine Ausnahme macht § 105 a für geistig behinderte Erwachsene, wenn sie mit geringwertigen Mitteln Geschäfte des täglichen Lebens tätigen (z.B. Kauf von Zeitung oder Zahnpasta). Diese Geschäfte sind von Anfang an voll wirksam und können nicht rückabgewickelt werden.

Nichtig sind nach § 105 II aber auch Willenserklärungen, die im Zustand der Bewusstlosigkeit oder vorübergehender Störung der Geistestätigkeit, also im Vollrausch durch Alkohol, Drogen oder Medikamente abgegeben wurden. Dabei muss die geistige Störung einen völligen Ausschluss der freien Willensbestimmung zur Folge haben.

Die gesetzliche Regelung schafft einen Schutz für die Geschäftsunfähigen. Da Rechtsgeschäfte in der Regel für die Betroffenen nicht nur Rechte, sondern auch Pflichten mit sich bringen, sollen diejenigen, die die Folgen ihres rechtsgeschäftlichen Handelns nicht überschauen können, vor den damit verbunden Risiken geschützt werden. Ebenso verhält es sich mit den beschränkt Geschäftsfähigen.

b) Die beschränkt Geschäftsfähigen

In ihrer Geschäftsfähigkeit beschränkt ist nach § 106 ein Minderjähriger, der das 7. Jahr vollendet hat, aber noch nicht volljährig ist (§ 2). Aber auch ein Erwachsener, für den Betreuung mit Einwilligungsvorbehalt (§ 1903) gerichtlich angeordnet wurde, ist in seiner Geschäftsfähigkeit beschränkt.

Die §§ 107 bis 113 regeln die Rechtsstellung des beschränkt Geschäftsfähigen.

aa) die Einwilligung

Die Willenserklärung eines Minderjährigen ist nach § 107 grundsätzlich nur mit Einwilligung der gesetzlichen Vertreter wirksam. Die gesetzlichen Vertreter eines Kindes sind nach § 1629 in der Regel die leiblichen Eltern. Aber auch Adoptiveltern (§ 1754), einem amtlich bestellten Vormund bzw. Pfleger (§§ 1793, 1794) kann die elterliche Sorge und damit die Vertretungsbefugnis übertragen worden sein.

Die Zustimmung ist der Oberbegriff für die ***Einwilligung*** (vorherige Zustimmung) zu einem Rechtsgeschäft und die ***Genehmigung*** (nachträgliche Zustimmung).

Beispiel: Die Eltern erlauben ihrem 12-jährigen Sohn, sich für die 100 €, die er von Opa zu Weihnachten geschenkt bekommen hat, eine Armbanduhr zu kaufen.

Das Rechtsgeschäft, hier der Kauf der Uhr, ist von Anfang an wirksam, weil es mit Einwilligung der gesetzlichen Vertreter erfolgt ist.

Hat ein minderjähriges Kind ohne Zustimmung seiner Eltern einen Kaufvertrag abgeschlossen und genehmigen die Eltern nachträglich den Kauf, so wird das Rechtsgeschäft wirksam. Die Genehmigung wirkt auf den Zeitpunkt der Abgabe der Willenserklärung zurück, das bedeutet, dass die Willenserklärung von Anfang an wirksam ist (§ 184 I).

Beispiel: K kauft sich am 16. Januar ein gebrauchtes Mofa ohne Zustimmung seiner Eltern. Am 20. Januar erfahren sie vom Kauf und erklären sich schließlich einverstanden. Damit ist der Kaufvertrag bereits am 16. Januar wirksam geschlossen worden.

Tätigt der in seiner Geschäftsfähigkeit beschränkte Minderjährige ohne Zustimmung seiner Eltern ein Rechtsgeschäft, so ist dies nicht von vornherein unwirksam. Die Wirksamkeit hängt dann nach § 108 von der Genehmigung der Eltern ab. Das Rechtsgeschäft ist bis dahin ***schwebend unwirksam.*** Wird die Genehmigung verweigert, ist die Willenserklärung bzw. das Rechtsgeschäft endgültig unwirksam.

Beispiel: Der 16-jährige Konrad kauft sich mit dem Geld von Opa ein altes Moped. Seine Eltern erfahren erst später vom Kauf und sind dagegen. Damit ist der Kauf von Anfang an nichtig. Der Verkäufer muss das Geld und Konrad das Moped zurückgeben (§ 812 I).

Die Einwilligung der gesetzlichen Vertreter muss grundsätzlich zu jedem einzelnen Rechtsgeschäft des Minderjährigen erteilt werden, damit die elterliche Aufsicht und die erzieherische Aufgabe der Eltern gewährleistet bleibt. § 107 verfolgt diesen Zweck durch das Erfordernis der Einwilligung. Ausnahmen zu diesem Grundsatz bestehen allerdings bei der begrenzten Generaleinwilligung, die im Voraus für Geschäfte erteilt wird, die wirtschaftlich eine Einheit bilden und üblicherweise mit einem bestimmten Vorhaben verbunden sind.

Beispiel: Die 17-jährige Tochter beginnt eine Ausbildung an einem anderen Ort. Die Eltern sind damit einverstanden, dass sie sich ein Zimmer sucht und anmietet. Sämtliche andere Geschäfte, die im Zusammenhang mit der Ausbildung stehen, sind von der Einwilligung der Eltern gedeckt (Kauf von Büchern, Lebensmittel, Kleidung etc.)

bb) der lediglich rechtliche Vorteil

Eine Ausnahme vom Grundsatz, dass der Minderjährige zur Wirksamkeit eines Rechtsgeschäfts der Einwilligung seines gesetzlichen Vertreters bedarf, macht § 107 insoweit, als der Minderjährige durch das Geschäft lediglich einen rechtlichen Vorteil erlangt. Abzustellen ist dabei nicht auf die wirtschaftlichen Folgen, sondern darauf, ob ihm eine rechtliche Verpflichtung entsteht. Nur solche Rechtsgeschäfte, die seine rechtliche Stellung verbessern, sind rechtlich vorteilhaft. Darunter fallen vor allem Schenkungen und der Eigentumserwerb ohne Gegenverpflichtung.

cc) der „Taschengeldparagraf"

Gemäß § 110 sind ausnahmsweise auch ohne ausdrückliche Zustimmung der gesetzlichen Vertreter geschlossene Verträge von Anfang an wirksam, wenn die vertragsmäßige Leistung mit Mitteln bewirkt wird, die dem Minderjährigen von den gesetzlichen Vertretern bzw. mit deren Zustimmung von einem Dritten zu diesem Zwecke oder zur freien Verfügung überlassen worden sind.

„Bewirkt" heißt in diesem Zusammenhang, dass beispielsweise die Verpflichtung zur Kaufpreiszahlung aus einem geschlossenen Kaufvertrag auf einmal erfüllt wird und keine Teilzahlungen geleistet werden. Ein Teilzahlungsgeschäft oder ein Kreditgeschäft ohne Einwilligung der Eltern wäre von § 110 nicht gedeckt und somit nach § 108 bis zur Genehmigung schwebend unwirksam.

Mit der Vorschrift des § 110 wird den praktischen Bedürfnissen des Wirtschaftslebens insofern Rechnung getragen, als ein Verkäufer davon ausgehen darf, dass Minderjährige Taschengeld zur Verfügung gestellt bekommen, um selbständig und altersgerecht Geschäfte abzuschließen, die von der Einwilligung der Eltern gedeckt sind. Taschengeld wird zur freien Verfügung u.a. auch deshalb überlassen, damit die Minderjährigen den eigenverantwortlichen Umgang mit Geld lernen können. Wenn der Minderjährige spart, was die Eltern im Allgemeinen schätzen, dann kann er auch über die gesparte Summe frei verfügen, egal ob die Eltern vom Sparen wissen oder nicht. Bei Verträgen nach § 110 wird also die stillschweigende Einwilligung der Eltern vermutet.

Anders ist es allerdings, wenn der Kauf einer bestimmten Sache dem ausdrücklichen Willen der Eltern widerspricht. Dann ist die „freie Verfügung“ über das Taschengeld insoweit eingeschränkt. Bei § 110 ist daher stets die Zweckbestimmung des Taschengeldes durch Auslegung des Willens des Erziehungsberechtigten zu prüfen.

Beispiel: Der 16-jährige M erhält monatliches Taschengeld, von dem er einen Teilbetrag zur Seite legt, um auf ein Mofa zu sparen. Als er schließlich zum Geburtstag von seinen Großeltern noch einen größeren Betrag erhält, kauft er mit dem ersparten Geld beim Händler ein Mofa, obwohl er weiß, dass seine Eltern wegen der damit verbundenen Unfallgefahren gegen den Kauf eines Mofas sind.

Da der Kauf nach § 107 nicht nur einen rechtlichen Vorteil für M bringt, hängt die Wirksamkeit des Vertrages von der Einwilligung seiner gesetzlichen Vertreter, also seinen Eltern ab. Da diese aber dem Kauf eines Mofas nicht zugestimmt haben, ist der Vertrag nur wirksam, wenn sie den Vertrag gemäß § 108 nachträglich genehmigen. Bis zur Genehmigung ist der Kaufvertrag schwebend unwirksam. Wird die Genehmigung nicht erteilt, ist der Vertrag von Anfang an nichtig. Die ausgetauschten Leistung sind wieder zurückzugewähren (§ 812).

dd) die Teilgeschäftsfähigkeit des Minderjährigen

Die §§ 112, 113 geben dem gesetzlichen Vertreter die Möglichkeit, den Minderjährigen zur Vornahme bestimmter Geschäfte zu ermächtigen und seine Geschäftsfähigkeit somit partiell zu erweitern. Diese sog. Handels- und Arbeitsmündigkeit befähigt den Minderjährigen, diejenigen Rechtsgeschäfte wirksam vorzunehmen, die der selbständige Betrieb eines Erwerbsgeschäfts oder das Dienst- oder Arbeitsverhältnis mit sich bringt. Er ist für solche Geschäfte voll geschäftsfähig. So ist z.B. durch die Ermächtigung zur Eingehung eines Arbeitsverhältnisses auch die Eröffnung eines Girokontos bei einem Geldinstitut und Barabhebungen gedeckt oder der Beitritt zu einer Gewerkschaft erfasst. Ob er über den ausgezahlten Arbeitslohn frei verfügen kann, hängt wiederum von der Einwilligung seiner gesetzlichen Vertreter ab und mit welcher Zweckbindung der Lohn zur Verfügung überlassen wird.

III. Die Willenserklärung

1. Begriff

Der Begriff der Willenserklärung ist im Gesetz nicht definiert. Wie aber aus dem Wort bereits hervorgeht, besteht die Willenserklärung aus dem *Willen* und der Äußerung dieses Willens, der *Erklärung*.

Eine Willenserklärung ist die Erklärung eines rechtlich erheblichen Willens, die auf eine Rechtsfolge gerichtet ist.

Eine Person, die rechtsgeschäftlich handeln möchte, also beispielsweise einen Mietvertrag kündigen will und damit eine bestimmte Rechtsfolge, nämlich die Beendigung des Mietverhältnisses herbeiführen will, muss eine entsprechende Erklärung, eine sog. Willenserklärung abgeben, und zwar regelmäßig gegenüber demjenigen, der von der Rechtsfolge betroffen sein soll.

Damit sie rechtliche Wirkung entfaltet, muss also einerseits ein innerer Wille zur Herbeiführung einer Rechtsfolge vorhanden sein und andererseits die Kundgabe dieses Willens erfolgen.

Beispiel:
- Mieter M erklärt gegenüber seiner Vermieterin V, er wolle sein Zimmer kündigen (Willenserklärung)
- M erklärt gegenüber V, er wolle demnächst sein Zimmer kündigen (Absichtserklärung ohne Rechtsfolge)

Eine Willenserklärung setzt sich folglich zusammen aus:

- dem inneren Willen *(subjektiver Tatbestand)* und
- der Kundgabe dieses Willens *(objektiver Tatbestand)*

2. Der subjektive Tatbestand

Dieser wird herkömmlicherweise in drei Bestandteile gegliedert:

a) Der **Handlungswille** umfasst das Bewusstsein, überhaupt zu handeln, welches beispielsweise bei Bewusstlosen fehlt. Bei Bewegungen, die ohne Steuerung des menschlichen Willens vorgenommen werden, wie z.B. bei Reflexen oder Handlungen im Traum, aber auch bei unmittelbarem körperlichem Zwang (vis absoluta) durch einen anderen fehlt der Handlungswille.

b) Beim **Erkärungsbewusstsein** geht es um die Erkenntnis des Handelnden, dass sein Handeln etwas rechtlich Erhebliches darstellt. Allerdings gibt es Fälle, in denen der Handelnde zwar keine rechtserhebliche Erklärung abgeben will, er aber gleichwohl weiß oder wissen müsste, dass ein anderer sein Verhalten als rechtsgeschäftliche Erklärung auffassen könnte.

Beispiel: Auf einer Versteigerung sieht K einen guten Freund. K hebt den Arm, um ihn zu grüßen. Der Auktionär erteilt ihm den Zuschlag.

Jeder Teilnehmer am Rechtsverkehr ist im Hinblick auf sein rechtsgeschäftliches Handeln verpflichtet, die nach den Umständen zumutbare und gebotene Sorgfalt aufzuwenden, um missverständliche Erklärungsäußerungen zu vermeiden. Hat er in zurechenbarer Weise durch sein Verhalten den Eindruck einer rechtserheblichen Erklärung erweckt, so muss er sich aus dem ***Grundsatz des Vertrauensschutzes*** für den Erklärungsempfänger so behandeln lassen, als habe er eine wirksame Willenserklärung abgegeben. K hat also einen Vertrag nach § 156 geschlossen. Allerdings besteht nach §§ 119 ff. die Möglichkeit der Anfechtung, *vgl. S. 41.*

c) Der **Geschäftswille** (auch Rechtsfolgewille oder Rechtsbindungswille genannt) liegt vor, wenn dem Handelnden bewusst ist, dass er durch sein Verhalten eine rechtsgeschäftliche Erklärung eines bestimmten Inhalts abgibt. Das Wesentliche ist der Wille des Erklärenden, sich rechtlich binden und somit eine bestimmte Rechtsfolge herbeiführen zu wollen.

3. Der objektive Tatbestand

a) Erklärungshandeln

Darunter versteht man eine sinnlich wahrnehmbare Erklärungshandlung wie Sprechen oder Schreiben. Das Gesetz schreibt in den meisten Fällen keine bestimmte Art vor, in der jemand seinen Willen, eine Rechtsfolge herbeizuführen, äußerlich erkennbar machen muss. Die Art und Weise der Kundgabe seines Willens bleibt in der Regel dem Einzelnen überlassen. Es ist allerdings erforderlich, dass der Wille des Erklärenden verstanden werden kann.

Wenn auch die meisten Willenserklärungen schriftlich oder mündlich abgegeben werden, so ist die Kundgabe des Willens auch in anderer Weise möglich. Der Erklärende kann auch durch Handzeichen, Kopfnicken, Winken oder kommentarloses Hinlegen des Kaufpreises seinen Willen zum Ausdruck bringen, ohne seinen Willen in Worte fassen zu müssen.

Ein solches ***schlüssiges (konkludentes) Verhalten*** muss allerdings für den Empfänger erkennbar den Schluss auf einen bestimmten Willen des Handelnden zulassen. Das ist immer dann der Fall, wenn der Adressat die allgemein übliche sozialtypische Bedeutung der Situation und des Verhaltens kennt.

Beispiele:
- Ablegen von Waren auf dem Förderband an der Kasse im Supermarkt
- Tanken an der Zapfsäule bei Selbstbedienungstankstellen
- Abstellen eines Fahrzeuges in einem gebührenpflichtigen Parkhaus

b) Schweigen als Willenserklärung

Es besteht der Grundsatz, dass Schweigen im Rechtsverkehr weder als Zustimmung noch als Ablehnung gilt.

Beispiel: K bekommt mit Postwurfsendung 10 Disketten zum Preis von 5 € zugeschickt. Der Anbieter V schreibt: „Falls Sie die Disketten nicht innerhalb einer Woche zurückschicken, gehe ich davon aus, dass Sie mein günstiges Angebot annehmen". K besitzt keinen Computer und wirft die Disketten in den Mülleimer. Nach zwei Wochen verlangt V Zahlung von K. Zu Recht?

Ein Vertrag nach § 433 wäre dann zustande gekommen, wenn zwei übereinstimmende Willenserklärungen zwischen V und K vorliegen, d.h. wenn das Angebot des V von K angenommen wurde. K hat nicht ausdrücklich gesagt, er nehme das Angebot an. Sein Schweigen auf das Angebot gilt aber nicht als Willenserklärung, so dass zwischen beiden kein Kaufvertrag zustande gekommen ist, aus dem K zur Zahlung verpflichtet wäre.

Von oben genanntem Grundsatz gibt es aber ***Ausnahmefälle***, in denen Schweigen eine rechtliche Bedeutung hat:

aa) Schweigen als konkludente Erklärung

Schweigen kann ebenso wie das Kopfnicken zum „schlüssigen Verhalten" gezählt werden, wenn sich aus den Umständen objektiv ergibt, dass ein entsprechender rechtsgeschäftlicher Wille des Schweigenden vorhanden war. Das ist immer dann der Fall, wenn die Vertragsparteien vorher *vereinbart* haben, dass das Schweigen des anderen als Annahme des Angebotes gelten soll.

Beispiel: V annonciert in der Zeitung und bietet ein Gemälde aus der Rokokozeit zum Kauf an. K meldet sich telefonisch und bekundet heftiges Interesse an dem Bild. Sie vereinbaren, dass V ihm das Bild zur Ansicht zuschicken und nach 14 Tagen in Rechnung stellen soll, wenn K es nicht in der Zwischenzeit zurückgegeben habe.

Aufgrund der Abrede ist erkennbar, dass hier das Schweigen ausdrücklich als Willenserklärung gewertet werden soll.

bb) Schweigen im Handelsverkehr

Auch im Handelsverkehr wird das Schweigens weder als Zustimmung noch als Annahme eines Angebots gewertet. Eine Ausnahme hiervon bildet ein anerkannter Handelsbrauch i.S. des § 346 HGB, das sog. *kaufmännische Bestätigungsschreiben.* Es gibt außerdem Fälle, in denen Schweigen *kraft gesetzlicher Fiktion,* d.h. ausdrücklich im Gesetz als zustimmende Willenserklärung gilt.

- kaufmännisches Bestätigungsschreiben

Dabei handelt es sich um die inhaltliche Zusammenfassung eines zwischen Kaufleuten geschlossenen Vertrages, der tatsächlich oder zumindest nach Auffassung des Bestätigenden bereits zustande gekommen ist. Voraussetzung ist, dass ein unmittelbarer zeitlicher Zusammenhang zum Verhandlungsgespräch besteht und dass nicht in eklatanter Weise hiervon abgewichen wird.

Beispiel: Die Kaufleute A und B einigen sich telefonisch über die Lieferung von 50 Tintenstrahldrucker der Marke x Modell 011 für 120 € pro Stück. Nach einigen Tagen geht dem Käufer B ein Schreiben des A zu, in dem A betätigt, 50 Tintenstrahldrucker der Marke x Modell 012 zu liefern. B antwortet darauf nicht. Was ist Vertragsinhalt geworden?

Im Handelsrecht gilt der Grundsatz, dass der Empfänger eines kaufmännischen Bestätigungsschreibens unverzüglich widersprechen muss, wenn er den Inhalt des Schreibens nicht gegen sich gelten lassen will. Widerspricht er nicht, ist der Vertrag mit dem aus dem Bestätigungsschreiben ersichtlichen Inhalt rechtsverbindlich, es sei denn, dass der Bestätigende das Verhandlungsergebnis bewusst unrichtig wiedergegeben hat oder so sehr vom Verhandlungsergebnis abweicht, dass er vernünftigerweise nicht mit dem Einverständnis des Empfängers rechnen konnte. Durch sein Schweigen wird der Vertrag nach Maßgabe des Bestätigungsschreibens geändert bzw. ergänzt. War noch kein Vertrag geschlossen, kommt er mit dem Inhalt des Bestätigungsschreiben zustande (Rspr.).

Da B Kaufmann im Sinne des Handelsgesetzbuches ist, muss er dem Inhalt des Bestätigungsschreibens widersprechen, wenn es vom Verhandlungsergebnis abweicht und er damit nicht einverstanden ist. Tut er dies nicht, tritt als Rechtsfolge ein, dass der Vertrag mit dem bestätigten Inhalt zustande kommt. Hier also über das Modell 012.

- kraft gesetzlicher Fiktion

In manchen Fällen bestimmt das Gesetz, dass das Schweigen Erklärungsbedeutung haben soll, es wird sozusagen die Willenserklärung „fingiert". Als *Ablehnung* gilt es z.B. in den Fällen der §§ 108 II 2, 177 II 2, 415 II 2.

Beispiel: Der minderjährige M bestellt beim Motorradhändler V ein Motorrad. Sie schließen einen entsprechenden Kaufvertrag schriftlich ab. Da dem V wegen des Alters des M Bedenken kommen, fordert er seine Eltern auf, binnen zwei Wochen dem Kauf zuzustimmen. Die Eltern reagieren nicht.

Nach § 108 hängt die Wirksamkeit eines Vertrages, den ein Minderjähriger schließt, von der Genehmigung des gesetzlichen Vertreters ab. Die gesetzlichen Vertreter sind in der Regel die Eltern (§§ 1626, 1629). Diese haben aber die Genehmigung des vom Minderjährigen geschlossenen Vertrages gegenüber dem Verkäufer nicht erklärt. In diesem Fall bestimmt § 108 II 2, dass die Zustimmung zum Vertrag damit als verweigert gilt. Die Ablehnung wird gesetzlich fingiert.

Schweigen gilt in den Fällen der §§ 416 I 2, 496 S. 2, 565 a II 1 ausnahmsweise als *Zustimmung* und vor allem bei Kaufleuten, die *in ständiger Geschäftsverbindung* stehen, im Fall des ***§ 362 HGB***, bei denen mangels Ablehnung ein Antrag als angenommen gilt.

4. Das Wirksamwerden von Willenserklärungen

a) Empfangsbedürftigkeit von Willenserklärungen

Die mit einer Willenserklärung beabsichtigte Rechtsfolge tritt erst zu dem Zeitpunkt ein, in dem der Empfänger die Möglichkeit hatte, die Erklärung zur Kenntnis zu nehmen. Es reicht also nicht, dass die Erklärung abgegeben wurde, sie muss auch zugegangen sein. Die Willenserklärung ist damit grundsätzlich *empfangsbedürftig*. Damit kommt es für die Wirksamkeit der Erklärung auf den Zugang beim Empfänger an. Eine Ausnahme hiervon bildet z.B. das Testament. Es gilt bereits mit Abgabe des erklärten Willens (sofern die entsprechenden Formvorschriften eingehalten wurden), ohne dass sie noch jemanden zugegangen sein muss.

Begrifflich sind Abgabe und Zugang einer Willenserklärung daher stets zu trennen. Eine briefliche Erklärung ist mit Einwurf in den Postkasten zwar abgegeben, sie ist damit dem Empfänger aber noch nicht zugegangen und deshalb noch nicht wirksam.

b) Zugang von Willenserklärungen

Im Hinblick auf das Wirksamwerden empfangsbedürftiger Willenserklärungen ist zunächst einmal zu unterscheiden zwischen Willenserklärungen, die unter *Anwesenden* und solchen, die unter *Abwesenden* abgegeben werden.

aa) unter Anwesenden

Willenserklärungen, die unter Anwesenden bzw. am Telefon abgegeben werden, werden praktisch im Zeitpunkt ihrer Abgabe wirksam. Bei schriftlichen folglich durch Übergabe, bei mündlichen durch Wahrnehmung der Worte und bei Willenserklärungen, die durch konkludentes (schlüssiges) Verhalten abgegeben werden, im Moment, in dem der Empfänger den Erklärungsinhalt des schlüssigen Verhaltens erkennt.

bb) unter Abwesenden

Das Gesetz regelt in den §§ 130 ff., wann Willenserklärungen wirksam werden, die gegenüber abwesenden Personen abgegeben werden. Danach wird eine empfangsbedürftige Willenserklärung in dem Moment wirksam, in dem sie dem Empfänger zugeht.

Der Begriff des Zugangs ist gesetzlich nicht definiert. Nach der Rechtsprechung gilt eine Erklärung dann als zugegangen, wenn sie so in den Bereich desjenigen, an den sie gerichtet ist, gelangt ist, dass dieser sie bei Annahme gewöhnlicher Verhältnisse zur Kenntnis nehmen konnte. Anders ausgedrückt:

Eine Willenserklärung ist zugegangen, wenn sie in verkehrsüblicher Weise so in den Machtbereich des Empfängers gelangt ist, dass dieser unter normalen Umständen die Möglichkeit hat, sie zur Kenntnis zu nehmen.

Beispiel: A schickt dem B ein Kaufangebot, das er auf 1 Woche befristet. Er bringt es am Samstag zur Post. Am Montag wirft der Briefträger den Brief bei B ein. Da B erst an diesem Tag die Möglichkeit hatte, den Brief an sich zu nehmen und zu lesen, ist das Angebot des A erst am Montag zugegangen.

Maßgeblich für das Wirksamwerden der Willenserklärung ist immer der ***Zugang*** der Erklärung beim Empfänger, auf dessen tatsächliche Kenntnisnahme kommt es nicht an.

Beispiel: Leert im obigen Beispiel B seinen Briefkasten erst nach einer dreitägigen Reise, dann ändert sich nichts am Zugang des Angebots.

Streitig ist, ob eine Erklärung auch schon dann als zugegangen gilt, wenn sie zu einem Zeitpunkt im Briefkasten eingeworfen wird, zu dem gewöhnlich nicht mehr geleert wird. Die herrschende Meinung lässt eine Zugangswirkung erst dann eintreten, wenn mit einer Kenntnisnahme unter *normalen Verhältnissen* zu rechnen ist.

Beispiel: Der Vermieter V legt kurz vor Mitternacht, als ihm die Musik seines Mieters mal wieder den Schlaf raubt, diesem eine Kündigungserklärung in den Briefkasten, damit die Kündigungsfrist noch am gleichen Tag zu laufen beginnt. M findet die Kündigung am nächsten Vormittag, als er den Briefkasten wie üblich leert.

Die Kündigung ist nicht sofort mit Einwurf wirksam, sondern erst am nächsten Tag, was bei der Kündigung eines Mietverhältnisses unter Umständen zur Folge hat, dass es sich wegen eines Tages um einen weiteren Monat verlängert (vgl. § 573 c).

Unter ***Kaufleuten*** besteht eine gesteigerte Pflicht, geeignete Empfangsvorkehrungen zu treffen, damit vor allem auch fristgebundene Erklärungen wie Kündigungen, Mängelrügen oder Fristsetzungen während der Geschäftszeit eingehen können. Bei Ortsabwesenheit wegen Urlaub, Geschäftsreise, Umzug oder Krankheit haben Kaufleute sicherzustellen, dass keine Zugangshindernisse in ihrem Bereich bestehen, sei es durch Bestellung von Empfangsbevollmächtigten oder durch Nachsendeantrag. Wird dies versäumt, ist eine Berufung auf den verspäteten Zugang der Geschäftspost nicht möglich (Rspr.).

Unterhält der Empfänger ein ***Postschließfach***, so geht ihm die schriftliche Willenserklärung in dem Moment zu, in dem er die Möglichkeit hat, das Schreiben zur Kenntnis zu nehmen, d.h. also mit dem Einsortieren in das Fach, wenn die Schließfächer für den Publikumsverkehr jederzeit zugänglich sind, andernfalls mit Öffnung des Postamtes.

Wird eine Willenserklärung per ***Telefax*** übermittelt, so wird sie erst mit Beendigung des Druckvorgangs wirksam. Bei Geschäftsleuten gilt dies nur, soweit das Fax während der üblichen Geschäftszeiten eingeht, ansonsten mit Beginn der nächsten Geschäftszeit.

Eine per ***E-Mail*** übermittelte Erklärung, die in einer Mailbox gespeichert wird, geht in dem Moment zu, in dem der Empfänger normalerweise seine Mailbox abruft. Bei Geschäftsleuten, die ihre E-Mail- Adresse im Geschäftsverkehr verwenden, geht die Erklärung bereits dann zu, wenn sie in die Mailbox gelangt ist und damit abrufbar ist (Rspr.).

Bei einer Willenserklärung, die per ***Einschreibesendung*** verschickt wird, reicht der Einwurf des Benachrichtigungszettels nicht aus, weil der Benachrichtigungszettel keinen Hinweis auf Absender oder Inhalt der Sendung enthält. Der Zugang erfolgt vielmehr erst, wenn der Einschreibebrief dem Empfänger oder einer empfangsberechtigten Person ausgehändigt wird. Allerdings geht es zu Lasten des Empfängers, wenn er das Einschreiben trotz ordnungsgemäßer Benachrichtigung nicht abholt. Hier besteht die Möglichkeit der Kenntnisnahme, so dass es gerechtfertigt ist, vom Zugang des Schreibens auszugehen. Ähnlich verhält es sich, wenn dem Empfänger zwar das Schreiben ausgehändigt wurde, er es aber vor Kenntnisnahme verliert, den Brief vernichtet oder die Entgegennahme verweigert. Hier gilt die Möglichkeit der Kenntnisnahme als Zeitpunkt des Zugangs.

c) Zugangsprobleme

aa) bei Einschaltung von Mittelspersonen

Oft bedienen sich die Vertragsparteien bei der Übermittlung von Willenserklärung anderer Personen, die entweder bei der Abgabe oder bei der Entgegennahme der Erklärungen beteiligt sind. Treten dabei Probleme auf, ist fraglich, wer dann das Risiko der Verspätung oder der Verstümmelung trägt. Grundsätzlich wird dieses Risiko zwischen Absender und Empfänger nach Risikobereichen aufgeteilt.

Der Empfänger hat nur diejenigen Umstände zu verantworten, die in seinem Machtbereich liegen, im Übrigen trägt der Absender die Gefahr, dass seine Willenserklärung den Adressaten erreicht.

Das gilt auf beiden Seiten auch hinsichtlich derjenigen Personen, deren sich die Beteiligten zur Abgabe oder Entgegennahme der Erklärungen bedienen.

Beispiel: Der Angestellte A überreicht der Sekretärin seines Chefs ein Schreiben, mit dem er fristgerecht zum Quartalsende kündigt. Das Schreiben verschwindet im Ablagestapel und taucht erst ein Monat später wieder auf. Der Chef lehnt die Kündigung zum gewünschten Zeitpunkt wegen der angespannten Auftragslage ab und beruft sich auf verspäteten Zugang.

Hier trägt der Arbeitgeber das Verspätungsrisiko, da die Sekretärin in seinem Machtbereich tätig ist und es zu ihrer Aufgabe gehört, Post entgegen zu nehmen. Das Versäumnis hat also der Empfänger zu verantworten, d.h. die Kündigung ist dem Chef mit Aushändigung an die Sekretärin zugegangen und somit rechtzeitig erfolgt. Entscheidend für den wirksamen Zugang einer Willenserklärung ist, dass die Person, die diese für einen anderen entgegennimmt auch dazu berechtigt und damit *Empfangsbote* ist.

Empfangsbote ist, wer erkennbar im Organisationsbereich des Empfängers für die Entgegennahme bestellt worden ist oder nach der Verkehrsanschauung zuständig ist.

Das sind nach der Rechtsprechung z.B. kaufmännische Angestellte, Rezeptionspersonal, Zimmervermieter, Eheleute, Partner einer nichtehelichen Lebensgemeinschaft, Eltern, erwachsene Familienangehörige, Hausangestellte und Mitbewohner einer Wohngemeinschaft.

Übermittelt der Empfangsbote die Erklärung verspätet, falsch oder überhaupt nicht, so geht das zu Lasten des Empfängers.

Wird die Erklärung gegenüber einer nach der Verkehrsauffassung nicht empfangsberechtigten Person, wie beispielsweise einem Kind, Nachbarn oder Handwerker abgegeben, so ist die Mittelsperson für den Absender sog. ***Erklärungsbote***, so dass der Absender auch das Risiko des Zugangs der Erklärung trägt. Die Erklärung geht nur zu, wenn sie dem Empfänger vom Erklärungsboten richtig übermittelt wird.

Beispiel: Mieter M kündigt schriftlich seinen Mietvertrag mit V. Er kuvertiert das Kündigungsschreiben und gibt es dem im Vorgarten des V arbeitenden Gärtner mit der Bitte, es dem V bei seiner Rückkehr auszuhändigen. Der Gärtner steckt den Brief in seinen Arbeitsanzug. Er vergisst den Brief nach getaner Arbeit und händigt ihn erst zwei Wochen später, also nach Ablauf der Kündigungsfrist, an V aus.

bb) bei Benutzung von Telekommunikationsmittel

Bei der Übermittlung von Daten, die unverkörpert erfolgt, verfügt der Empfänger dann über die Möglichkeit der Kenntnisnahme, wenn seine Empfangseinrichtung die eintreffenden Erklärungen ordnungsgemäß speichert und zum Abruf bereithält. Dies sicherzustellen gehört zur Risikosphäre des Empfängers, da nur er darauf Einfluss nehmen kann.

Scheitert die Datenübermittlung an einer Störung oder Unterbrechung im öffentlichen Netz, so geht das (entsprechend dem Grundgedanken des § 120) zu Lasten des Absenders. Die Erklärung ist nicht zugegangen.

Trifft die Erklärung auf ein Zugangshindernis im Bereich des Empfängers, obwohl der Erklärende auf einen ungehinderten Zugang vertrauen durfte, so wird die Erklärung in dem Zeitpunkt wirksam, in dem sie ohne Hindernis zugegangen wäre.

Beispiel: Vertreter V hat K - ohne von K bestellt worden zu sein - zu Hause besucht und ihm eine Bügelstation vorgeführt. K entschließt sich aufgrund des perfekt geführten Verkaufsgespräches zum Kauf. Auf dem Vertragsformular wurde er auf sein Widerrufsrecht binnen 14 Tagen hingewiesen. Nachdem K sich die Sache noch einmal überlegt hat, stellt er fest, dass er im Grunde keine Bügelstation für diesen Preis braucht. Auf dem Vertragsformular findet er eine Telefaxnummer des V, an die er ein Widerrufsschreiben faxen will. V, der damit rechnet, legt absichtlich kein Papier in das Gerät ein.

Da V auf seinen Telefaxanschluss hingewiesen hat, muss er sicherstellen, dass es auch einsatzbereit ist, damit rechtserhebliche Erklärungen empfangen werden können. Er hat daher den nicht ausgedruckten Widerruf gegen sich gelten zu lassen (Rspr.).

Ähnliches gilt für den Empfang von E-Mails. Mit Eingang der Erklärung in die Mailbox des Empfängers geht das Verlust- und Verzögerungsrisiko auf den Empfänger über, wenn Störungen in seinem Machtbereich auftreten.

d) Widerruf von Willenserklärungen

Eine Willenserklärung, die erst mit dem Zugang beim Adressaten wirksam wird, wird nach § 130 I 2 nicht wirksam, wenn sie widerrufen wird. Voraussetzung ist dann, dass ein Widerruf vor Zugang der Willenserklärung oder gleichzeitig mit dieser zugeht.

Beispiel: Hotelier H bestellt schriftlich 120 Flaschen Chardonnay beim Weinhändler W. Noch am selben Tag bereut er seine Bestellung und schreibt an W, er möchte seine Bestellung rückgängig machen. W findet am nächsten Tag in seinem Briefkasten die Bestellung und den Widerruf.

Da der Widerruf gleichzeitig mit der Bestellung eingegangen ist, ist die Bestellung nicht wirksam geworden (§ 130 I 2).

Aus Gründen des ***Verbraucherschutzes*** wird die allgemeine Regel, wonach Willenserklärungen mit ihrem Zugang beim Empfänger unwiderruflich wirksam werden, im Gesetz bei bestimmten Geschäftstypen wie z.B. beim Haustürgeschäft, Fernabsatzgeschäft oder beim Verbraucherkreditgeschäft durchbrochen. In diesen Fällen kann ein Verbraucher (§ 13) seine Willenserklärung auch nach deren Zugang innerhalb einer bestimmten Frist gegenüber einem Unternehmer (§ 14) widerrufen. Bis zu diesem Widerruf (rechtzeitige Absendung genügt) ist seine Willenserklärung *schwebend unwirksam*. Bei fristgerechtem Zugang des Widerrufs kommt kein Vertrag zustande. Läuft die Widerrufsfrist dagegen ohne Widerrufseingang ab, so wird der Vertrag wirksam (vgl. §§ 355; 312, 312 d, 485, 495).

Das Widerrufsrecht des Verbrauchers gilt auch bei Online-Auktionen (z.B. ebay), da nach der neueren Rechtsprechung des BGH hier keine „Versteigerung“ im Sinne der §§ 312 d IV Nr. 5, 156 sondern ein Kauf nach § 433 vorliegt (BGHZ 149, 129, 133 ff.).

IV. Die Vertragsbegründung

1. Zustandekommen des Vertrages

a) Einführung

Ein Vertrag zwischen zwei Personen wird durch zwei übereinstimmende Willenserklärungen (Angebot und Annahme) begründet. Aufgrund der Vertragsfreiheit steht es den Parteien frei, den Inhalt des Vertrages selbst zu bestimmen. Zustande kommt der Vertrag erst, wenn sie sich geeinigt haben.

Ein abgeschlossener Vertrag bindet die daran beteiligten Personen, die sich im Vertrag zu einer bestimmten Leistung verpflichten. Jede Vertragspartei ist an die vertragliche Zusage gebunden *(pacta sunt servanda)*. Jeder Vertragspartner kann bei gültigem Vertrag den anderen mit Hilfe von Gerichten und Vollstreckungsorganen zwingen, die von ihm eingegangene Verpflichtung zu erfüllen. Eine nachträgliche Änderung eines einmal abgeschlossenen Vertrages ist nur noch mit Zustimmung aller Vertragsparteien möglich.

Die Einigung der Vertragspartner begründet ein *vertragliches Schuldverhältnis* (§ 241), aufgrund dessen eine Person von einer anderen ein Tun oder Unterlassen verlangen kann. Dieses durch Rechtsgeschäft begründete Recht nennt man einen vertraglichen Anspruch.

Beispiel: Verpflichtet sich ein Wohnungseigentümer gegenüber einem anderen vertraglich, ihm die Wohnung zu vermieten, so hat dieser einen Anspruch auf Überlassung des Vertragsgegenstandes, also der Wohnung. Das bedeutet, er kann verlangen, dass die Wohnung so wie vereinbart beziehbar ist und ihm der Schlüssel zum vereinbarten Termin ausgehändigt wird.

Es gibt neben vertraglichen auch sog. *gesetzliche Schuldverhältnisse*, die nicht auf einer Einigung zwischen den Parteien beruhen, sondern sich kraft Gesetzes ergeben. Dies ist beispielsweise der Fall, wenn jemand eine andere Person widerrechtlich verletzt. Aus dieser unerlaubten Handlung ergibt sich für den Geschädigten ein gesetzlicher Anspruch auf Schadensersatz (§ 823).

Das Recht, von einer anderen Person ein Tun oder Unterlassen zu verlangen (Anspruch), kann auf einem vertraglichen oder gesetzlichen Schuldverhältnisses beruhen (§ 241 I).

Damit ein ***vertragliches Schuldverhältnis*** entstehen kann, muss ein Vertrag geschlossen werden. Ein Vertrag entsteht durch zwei übereinstimmende Willenserklärungen (Angebot und Annahme) zweier Personen. Dabei werden Angebot und Annahme häufig nicht ausdrücklich, sondern konkludent erklärt (z.B. im Supermarkt).

Das ***Angebot*** ist eine Willenserklärung, mit der sich jemand, der einen Vertrag abschließen will, an einen anderen wendet und die künftigen Vertragsbedingung so vollständig formuliert, dass der Andere - ohne inhaltliche Änderungen vorzunehmen - mit einem „ja“ (Annahmeerklärung) den Vertrag entstehen lassen kann.

Die ***Annahme*** ist die Erklärung, mit der sich derjenige, an den das Angebot gerichtet ist, mit dem Inhalt des Angebots einverstanden erklärt.

Mit der Erklärung, das Angebot anzunehmen, ist der Vertrag mit entsprechendem Inhalt zustande gekommen.

b) Angebot zum Abschluss eines Vertrages

aa) Bindungswirkung des Angebots

§ 145 regelt, dass jemand, der einem anderen gegenüber ein bestimmtes Angebot zum Zweck des Vertragsschlusses abgegeben hat, an dieses Angebot gebunden ist. Die Bindung besteht darin, dass er das Angebot, wenn es zugegangen und damit wirksam geworden ist, nicht mehr einseitig widerrufen kann, es sei denn es handelt sich ausdrücklich um ein unverbindliches Angebot.

Entscheidend ist, ob der Empfänger nach Treu und Glauben mit Rücksicht auf die Verkehrssitte (§§ 133, 157) die Erklärung als bindend werten durfte, *vgl. III 2. c).*

Voraussetzung für die Bindungswirkung ist auch, dass das Angebot hinreichend bestimmt ist, so dass derjenige, an den es gerichtet ist, nur noch mit einem einfachen „ja" annehmen kann. Sind wichtige Vertragspunkte im Angebot noch nicht enthalten, kann mangels Bestimmtheit des Vertragsinhalts das Angebot noch nicht angenommen werden, um einen wirksamen Vertrag schließen zu können. Ein solches Angebot entfaltet keine Bindungswirkung und ist somit auch nicht annahmefähig.

bb) Inhalt eines Angebotes

Zu den erforderlichen Bestandteilen eines Angebotes (*essentialia negotii*) gehören:

- Vertragsparteien
- Leistung und Gegenleistung
- Geschäftstyp (gekauft, gemietet, geliehen etc.)

Oft kann aus der Nennung von Leistung und Gegenleistung bereits auf den Geschäftstyp geschlossen werden. Wichtig für die Annahmefähigkeit eines Angebotes ist auch, dass es ***inhaltlich bestimmt*** genug ist. Inhaltlich unbestimmte Erklärungen wie „ich wäre nicht abgeneigt, Ihren Wagen zu kaufen", können nicht als Angebot aufgefasst werden.

Allerdings lässt das Gesetz in den §§ 315 bis 317 insoweit Ausnahmen zu, als die Bestimmung einzelner Vertragspunkte dem Empfänger überlassen werden können. Wenn dies zutrifft, liegt dennoch ein annahmefähiges Angebot vor, das in einzelnen Punkten durch den Annehmenden noch bestimmt wird.

Hinreichend bestimmt ist ein Angebot auch dann, wenn es an eine Vielzahl von Personen gerichtet ist und damit darauf verzichtet wird, den Vertragspartner genau zu bezeichnen. Das

Angebot muss dann aber mit dem Willen abgegeben werden, den Vertrag mit demjenigen schließen zu wollen, der die Annahme erklärt.

Beispiel: Mit dem Aufstellen eines gefüllten Warenautomaten gibt der Automatenaufsteller ein auf den Inhalt beschränktes bindendes Angebot zum Abschluss eines Kaufvertrages ab, das sich an eine unbestimmte Zahl potentieller Käufer richtet. Derjenige, der auf die dafür vorgesehene Weise Geld in den Automaten einwirft und den vorgesehenen Mechanismus ordnungsgemäß betätigt, nimmt das Angebot durch konkludentes Verhalten an und schließt damit einen Kaufvertrag mit dem Automatenhersteller, vorausgesetzt, der Automat funktioniert und der Vorrat reicht aus.

cc) invitatio ad offerendum

Von einem Angebot i.S. des § 145 ist die *Aufforderung zur Abgabe eines Angebotes* (sog. invitatio ad offerendum) abzugrenzen. Während das Angebot eine bindende Willenserklärung ist, handelt es sich bei der invitatio ad offerendum lediglich um eine unverbindliche Einladung zur Abgabe eines Angebotes.

Beispiele:
- Zeitungsanzeigen, die Waren oder Dienstleistungen anbieten
- Schaufensterauslagen mit Angabe des Kaufpreises
- Preislisten im Aushangkasten einer Gaststätte oder Hotels
- Abbildungen mit Preisangaben etc. in Katalogen und Prospekten
- Angebote im Fernsehen oder Internet beim sog. Teleshopping (nicht hingegen Angebote bei privaten Auktionen im Internet, die verbindlich und unwiderruflich sind)

Diese Angaben sind - auch wenn sie häufig mit „Angebot des Tages“ oder „Sonderangebot“ bezeichnet werden - keine bindenden Angebote, sondern lediglich Aufforderungen an mögliche Kunden, ihrerseits ein Angebot auf Abschluss eines Vertrages an den Werbenden abzugeben. Es fehlt also der Rechtsbindungswille.

Umstritten ist, ob die ausgelegte Ware im Selbstbedienungsladen ein bindendes Angebot des Ladeninhabers darstellt. Falls man dies bejaht, läge eine Annahme des Angebotes und damit ein wirksamer Kaufvertrag bereits dann vor, wenn der Kunde die Ware in seinen Einkaufskorb legt, spätestens jedoch wenn er sie an der Kasse zur Zahlung vorlegt.

Die herrschende Meinung in Literatur und Rechtsprechung verneint ein bindendes Angebot, da es sowohl am Erklärungsbewusstsein als auch am Rechtsbindungswillen des Verkäufers fehle. Vielmehr wolle er bzw. seine Mitarbeiter es sich offen halten, beispielsweise wegen Zahlungsunfähigkeit des Kunden, einen Kaufvertrag abzuschließen oder den Vertragsinhalt abzuändern (z.B. Preisnachlass). Damit ist die Auslage nur die Aufforderung an den Kunden, sich zu bedienen und ein Angebot auf Abschluss eines Kaufvertrages an der Kasse abzugeben, das dann durch Eintippen des Preises in die Ladenkasse konkludent angenommen wird.

c) Annahme eines Angebotes

Mit Erklärung der Annahme des Angebotes kommt der Vertrag zustande und zwar mit dem Inhalt des Angebotes. Wie jede Willenserklärung setzt auch die Annahmeerklärung einen Willen zur rechtlichen Bindung voraus. Oft erfolgt im alltäglichen Leben die Annahme durch schlüssiges Verhalten. Dies setzt stets ein Verhalten voraus, das eindeutig erkennen lässt, dass der Adressat des Angebotes den Vertrag als geschlossen ansieht.

Wird das Angebot abgelehnt, kommt kein Vertrag zustande.

aa) rechtzeitige Annahme

Die Annahme kann nur solange wirksam erklärt werden, wie das Angebot bindend ist. Da derjenige, der ein Angebot abgegeben hat, nach § 145 daran gebunden ist und vorerst nicht mehr anderweitig über den Vertragsgegenstand verfügen kann, setzt das Gesetz dem Empfänger des Angebotes in § 146 eine relativ kurze Frist zur Annahme. Danach erlischt das Angebot, wenn es abgelehnt wird oder die Annahme nach §§ 147 bis 149 nicht rechtzeitig angenommen wird.

Dabei ist zu unterscheiden, ob es sich um ein Angebot unter Anwesenden oder Abwesenden handelt.

Unter ***Anwesenden*** kann nach § 147 I ein Angebot nur sofort angenommen werden. Das gilt auch für telefonische Angebote (§ 147 I 1). Andernfalls erlischt das Angebot (§ 146).

Unter ***Abwesenden*** kann nach § 147 II ein Angebot nur bis zu dem Zeitpunkt angenommen werden, in welchem der Antragende den Eingang der Antwort unter regelmäßigen Umständen erwarten darf. Wer für die Übermittlung seiner Willenserklärung einen schnellen Weg wählt, darf auch erwarten, dass er in der gleichen Weise, also per Fax oder E-Mail eine Antwort erhält.

Ansonsten setzt sich die Frist, die nach den gewöhnlichen Umständen nach § 147 II erwartet werden darf, wie folgt zusammen:

  Zeit zur regelmäßigen Beförderung des Angebots (1 – 2 Tage)
+ Zeitraum für Überlegung und Bearbeitung des Angebots (3 – 4 Tage)
+ Zeit zur regelmäßigen Beförderung der Annahme (1 – 2 Tage)

= Annahmefrist, in der der Antragende gebunden ist (ca. 1 Woche)

Dabei sind insbesondere bei Geschäftsleuten die üblichen Geschäftszeiten und arbeitsfreien Tage (Feiertage) bei der Überlegungs- und Bearbeitungszeit zu berücksichtigen. Gleichzeitig darf derjenige, der schriftlich ein Angebot unterbreitet, darauf vertrauen, dass der Empfänger geeignete Empfangsvorkehrungen getroffen hat.

Nach § 148 kann der Antragende für die Annahme seines Angebots eine Frist setzen. Geht die Annahmeerklärung dem Antragenden nicht innerhalb der gesetzten Frist zu, ist sie verspätet und der Antragende ist nicht mehr an sein Angebot gebunden.

bb) verspätete Annahme

Nimmt der Empfänger eines Angebots dieses nicht rechtzeitig an, so gilt das Angebot gemäß § 146 als erloschen. Da aber in der verspäteten Annahme der Wille auf Abschluss eines Vertrages zu erkennen ist, deutet § 150 I die „Annahmeerklärung" in ein neues Angebot um, das nun der Empfänger, also der ursprüngliche Anbietende, seinerseits annehmen kann.

Einen Sonderfall regelt § 149. Hier wurde die Annahmeerklärung zwar rechtzeitig abgesandt, sie ist aber aufgrund unregelmäßiger Beförderung nicht rechtzeitig beim Antragenden eingegangen, was dieser erkennen konnte. Dieser hat jetzt zwei Möglichkeiten:

- entweder er zeigt die Verspätung dem Annehmenden unverzüglich an, was zur Folge hat, dass die Annahme als verspätet zurückgewiesen wird und das ursprüngliche Angebot erloschen ist (§ 149 S. 1),

- oder der Antragende äußert sich nicht oder verzögert die Anzeige der Verspätung, so *gilt* die Annahmeerklärung als rechtzeitig zugegangen (§ 149 S. 2) und der Vertrag wird zu diesem Zeitpunkt wirksam.

cc) abändernde Annahme

Eine Annahme, die das ursprüngliche Angebot erweitert, einschränkt oder in sonstiger Weise abändert wird gemäß § 150 II als neues Angebot gedeutet, das das ursprüngliche gleichzeitig ablehnt.

Beispiel: Kunsthändler A bietet dem Kunstfreund B einen Picasso für 100.000 € per Fax an. B faxt zurück: „Nehme Angebot für 99.000 € an".

Es liegen keine übereinstimmenden Willenserklärungen und somit kein Vertrag vor. Vielmehr liegt ein neues Angebot des B vor, das A erst noch annehmen müsste.

dd) vereinfachte Annahme gemäß § 151

Auf den ersten Blick erscheint es so, als reiche hier ausnahmsweise das bloße Schweigen. § 151 erfordert aber eine nach außen erkennbare *Annahmehandlung*. Diese erfolgt regelmäßig durch schlüssiges Verhalten, vor allem durch Zueignungs- oder Gebrauchshandlungen. Ersetzt wird also nicht die Willenserklärung, sondern lediglich ihr Zugang. Die Vertragsannahme nach § 151 ist damit eine nicht empfangsbedürftige Willenserklärung. Auf den Zugang der Willenserklärung wird verzichtet oder er ist nach der Verkehrssitte nicht üblich.

Beispiele:
- Ingebrauchnahme unbestellt zugesandter Ware
- Bestellung bei einem Versandhaus
- Aushändigung einer Garantiekarte an Verbraucher
- Auktionsgebot online per Mausklick

2. Einigungsmängel und ihre Folgen

Geben zwei Personen zwei übereinstimmende Willenserklärungen ab, kommt es zum Vertrag. Solange sich die Vertragsschließenden über die wesentlichen Teile des Vertrags nicht geeinigt haben, ist der Vertrag nicht geschlossen.

Von Dissens (Einigungsmangel) spricht man, wenn Angebot und Annahme sich nach ihrem objektiven Sinngehalt nicht decken.

a) Der offene Dissens

Ist offensichtlich, dass die Parteien sich noch nicht über alle Punkte eines Vertrages geeinigt haben, über die nach dem Willen auch nur einer Partei Einigung erzielt werden sollte, so liegt ein offener Dissens vor. In diesem Fall ist gemäß § 154 I 1 ein Vertrag im Zweifel nicht geschlossen.

Damit hat es jede Partei in der Hand, den Vertragsschluss scheitern zu lassen, selbst wenn über die meisten zu regelnden Punkte bereits Einigkeit erzielt worden ist. Diese Rechtsfolge ist notwendige Konsequenz der Privatautonomie, weil danach niemand gezwungen sein soll, einen Vertrag zu schließen, den er so nicht schließen würde. Erst wenn sich die Parteien in jedem Punkt einig sind, kommt es zu einem gegenseitig bindenden Vertrag, der das Ergebnis beider Willensäußerungen ist.

§ 154 ist eine gesetzlich Auslegungsregel für den Fall, dass Zweifel über die erfolgte Einigung bestehen. Natürlich können die Parteien diese Vorschrift insofern vertraglich abbedingen (ausschließen), dass die noch offenen Punkte einer späteren Einigung vorbehalten bleiben oder einer Partei das Bestimmungsrecht nach §§ 315, 316 eingeräumt wird. Der Vertragsteil, über den bereits Einigkeit erzielt wurde, ist dann bindend.

b) Der versteckte Dissens

Hierbei handelt es sich um eine unbewusste Einigungslücke. Die Parteien gehen davon aus, dass sie sich über alle wesentlichen Vertragspunkte geeinigt haben. In Wirklichkeit decken sich aber Angebot und Annahme nicht. Dies ist beispielsweise dadurch möglich, dass die Vertragsparteien einfach einen wesentlichen Punkt übersehen haben oder ihre Erklärungen missverständlich waren. Die Willenserklärungen stimmen nur scheinbar überein, in Wirklichkeit sind sie mehrdeutig.

Beispiel: Ein Australier und ein US-Bürger schließen in Deutschland einen Vertrag über einen Gebrauchtwagen ab. Den Preis setzen sie in Dollar fest. Dabei meint jeder der Vertragsschließenden seine Heimatwährung. Nach Überweisung des Kaufpreises kommt es zum Streit über den Kaufpreis.

Nach der Auslegungsregel des § 155 gilt der Vertrag, sofern anzunehmen ist, dass er auch ohne eine Bestimmung über diesen offenen Punkt geschlossen sein würde. Ein Vertragsschluss scheidet aus, wenn der nicht geregelte Punkt zum notwendigen Grundbestand des gewollten Vertragstypes gehört. Handelt es sich um einen untergeordneten, also nicht wesentlichen Vertragspunkt, so ist im Wege der ergänzenden Vertragsauslegung zu klären, was bei Kenntnis der Umstände gewollt gewesen wäre.

Im obigen Beispiel betrifft der Einigungsmangel den Kaufpreis und damit einen vertragswesentlichen Punkt. Es kann durch Auslegung die Einigungslücke nicht geschlossen werden, so dass ein wirksamer Kaufvertrag nicht zustande gekommen ist.

3. Die Auslegung

Auslegung bedeutet, dass der Sinn einer Erklärung zu ermitteln ist. Nicht nur Willenserklärungen und Verträge sind auszulegen, wenn sie nicht eindeutig formuliert sind, sondern auch Gesetze. Herauszufinden ist, was von den Parteien oder vom Gesetzgeber gemeint oder gewollt war.

a) Auslegung von Willenserklärungen

Nach § 133 ist bei der Auslegung einer Willenserklärung der wirkliche Wille zu erforschen. Am buchstäblichen Sinn der Erklärung darf nicht festgehalten werden. Diesen Grundsatz nennt man ***demonstratio falsa non nocet.*** Das Gesetz schreibt den einzelnen Personen nicht vor, wie sie sich auszudrücken haben. Entscheidend ist, dass erkennbar ist, was sie mit ihrer Bezeichnung meinen und wollen.

Beispiel: F betreibt eine Zucht mit Fledermäusen und kümmert sich um deren Überleben. D aus Transsilvanien betreibt eine alte Burg und möchte dort Fledermäuse ansiedeln. Telefonisch bestellt D, der der deutschen Sprache nicht ganz mächtig ist, bei F mit den Worten: „Kaufe 10 Flieger, Preis egal, hol sie ab“. F schmunzelt und nennt den Abholtermin.

Da beide Vertragsparteien den gleichen Kaufgegenstand meinen, ist die falsche Bezeichnung unerheblich, da es nach § 133 auf den wirklichen Willen ankommt. Es sind für F erkennbar Fledermäuse gemeint. Damit stimmen die Willenserklärungen inhaltlich überein. Die Höhe des Kaufpreises kann F nach §§ 316, 315 nach billigem Ermessen bestimmen.

b) Auslegung von Verträgen

Schließen die Parteien einen Vertrag, gehen sie in der Regel davon aus, dass sie alles Notwendige geregelt haben. Häufig stellt sich nachträglich aber heraus, dass Formulierungen unklar bzw. mehrdeutig sind. Dann ist eine ***erläuternde Auslegung*** erforderlich. Ziel ist die Ermittlung des Vertragsinhaltes. Dabei gibt § 157 einen Auslegungsmaßstab, nämlich die Verkehrssitte.

Beispiel: Beim Kauf eines Gebrauchtwagens bedeutet „wie besichtigt“ Gewährleistungsausschluss für solche Mängel, die beim Kauf wahrnehmbar waren.

Wurden bei Vertragsschluss aus Versehen eine oder mehrere regelungsbedürftige Fragen offen gelassen, muss durch ***ergänzende Auslegung*** ermittelt werden, was tatsächlich gewollt war, wenn der Wortlaut der abgegebenen Erklärungen Anhaltspunkte dafür hergeben. Eine solche ergänzende Vertragsauslegung scheidet aber aus, wenn verschiedene Gestaltungsmöglichkeiten bestehen, aber keinerlei Anhaltspunkte für die eine oder andere Regelungsvariante bestehen.

Beispiel: E ist Eigentümer eines Hauses mit mehreren Geschäftslokalen. Er schließt mit dem Blumenhändler B einen Mietvertrag, in dem unter anderen unter der Überschrift „Wettbewerb“ geregelt ist, dass E in dem Haus an niemanden vermieten darf, der auch einen Blumenhandel betreibt. Kurz darauf vermietet E den vor dem Haus gelegenen Kiosk an einen anderen Blumenhändler, der das gleiche Sortiment wie B anbieten will.

E und B haben keinerlei Aussage über den Kiosk in ihrem Vertrag getroffen. Da aber im Vertrag B erkennbar vor Konkurrenz in unmittelbarer Nähe geschützt werden sollte, ist die Vertragsbestimmung unter „Wettbewerb“ ergänzend so auszulegen, dass auch der im Eigentum des E stehende Kiosk nicht an einen Konkurrenten des B vermietet werden darf.

4. Die Form

Im Privatrecht gilt das ***Prinzip der Formfreiheit***, d.h. das Gesetz schreibt für Verträge in der Regel keine bestimmte Form vor, so dass auch mündliche Verträge volle Wirksamkeit haben. (Aus Beweisgründen empfiehlt sich aber die Schriftform).

Das Gesetz schreibt nur für einige Rechtsgeschäfte eine bestimmte Form vor, etwa die *gesetzliche Schriftform* nach § 126 oder *notarielle Beurkundung* nach § 128. Der Formzwang hat meist die Funktion, dass die Parteien vor leichtfertigen Geschäftsabschlüssen mit großer Reichweite gewarnt werden und sich vom Notar eventuell beraten lassen können.

Beispiele:
- Bürgschaftserklärung nach § 766 (Warnfunktion)
- Grundstückskauf nach § 311 b (Warn- und Beratungsfunktion)
- Gründung einer GmbH nach § 2 GmbHG (Gültigkeitsfunktion)

Ist für ein Rechtsgeschäft Schriftform oder notarielle Beurkundung gesetzlich vorgeschrieben und wird diese nicht eingehalten, so führt dieser Formmangel nach § 125 zur Nichtigkeit, d.h. zur Unwirksamkeit des Rechtsgeschäfts.

Die Parteien können vereinbaren, dass Erklärungen zu ihrer Gültigkeit schriftlich erfolgen müssen. Diese von den Parteien gewählte Form ist in § 127 geregelt und nennt sich *gewillkürte Schriftform.* Sofern nichts anderes vereinbart wurde, ist es nach dieser Vorschrift ausreichend, dass die Erklärungen telegrafisch abgegeben wurden oder der Vertrag sich aus einem Briefwechsel ergibt.

V. Allgemeine Geschäftsbedingungen

1. Einleitung

Die Privatautonomie als Freiheit des Einzelnen, seine Rechtsverhältnisse weitgehend nach seinen Willen zu gestalten, erlaubt eine individuelle Vertragsausgestaltung. Gestützt auf diesen Grundsatz versuchen diejenigen, die Allgemeine Geschäftsbedingungen vorformuliert verwenden, ihre an der gesetzlichen Regelung gemessene Rechtstellung dem Vertragspartner gegenüber zu verbessern, soweit die gesetzlichen Vorschriften nicht zwingend, sondern dispositiv (nachgiebig) sind.

Dies hat zu einer Vielzahl von Verträgen geführt, die einseitig die Interessen des Verwenders von AGB, meist Banken, Hersteller und Händler wahrten. Die Kunden mussten diese jedoch akzeptieren, wenn sie bestimmte Sachen erwerben oder Leistungen in Anspruch nehmen wollten. Oft blieb die Tragweite der Klauseln für den Kunden verborgen, da sie erst nach gründlicher juristischer und wirtschaftlicher Analyse erkennbar war. Die gesetzlichen Regelungen des BGB, die einen gerechten Interessensausgleich der Vertragspartner vorsahen, wurden immer bedeutungsloser. Diese Fehlentwicklung rief den Gesetzgeber auf den Plan.

Mit dem *Gesetz zur Regelung des Rechts der Allgemeinen Geschäftsbedingungen (AGBG)*, das am 1.4.1977 in Kraft trat, sollten aufgetretene Missstände beseitigt und künftig unangemessene Benachteiligungen von Personen vermieden werden, die ohne einen wirklichen Überblick über die vereinbarten Regelungen des Leistungsaustausches zu haben, einen Vertrag abschließen, dessen Bedingungen einseitig vom Vertragspartner formuliert wurden.

Im Zuge der Schuldrechtsreform wurde das AGBG in den Allgemeinen Teil des Schuldrechts integriert und ist jetzt mit geringfügigen Änderungen in den Paragrafen 305 bis 310 geregelt.

2. Begriff

Eine Begriffsbestimmung enthält § 305 I. Nach dieser gesetzlichen Definition liegen Allgemeine Geschäftsbedingungen vor, wenn

- der Verwender einen Vertragsentwurf für potentielle Vertragspartner *vorformuliert* hat,

- der für eine *Vielzahl von Verträgen* bestimmt ist; bei Verbraucherverträgen reicht es, wenn er für die einmalige Verwendung bestimmt ist (§ 310 III Nr. 2) und

- der Verwender die Vertragsbedingungen dem anderen *einseitig auferlegt*, d.h. ohne Möglichkeit, diese gemeinsam auszuhandeln.

<u>Beispiele</u>: Einheitsmietvertrag eines Vermieters, Geschäftsbedingungen einer Bank, vorgedruckter Kaufvertrag eines Händlers, Lieferbedingungen eines Versandhauses, Einheitsarbeitsvertrag eines Arbeitgebers

3. Anwendungsbereich

§ 310 bestimmt, auf welche AGB die Vorschriften der ***§§ 305 ff. nicht bzw. nur teilweise*** anzuwenden sind.

So sind beispielsweise juristische Personen des öffentlichen Rechts oder Versorgungsunternehmen bezüglich der Einbeziehung ihrer Bedingungen in den Vertrag oder ihrer inhaltlichen Kontrolle privilegiert, sofern sie den gesetzlichen Verordnungen entsprechen.

Nach § 310 IV finden die Vorschriften über Allgemeine Geschäftsbedingung keine Anwendung auf Verträge, die zum Gebiet des ***Erb-, Familien- und Gesellschaftsrechts*** gehören, sowie auf ***Tarifverträge, Betriebs- und Dienstvereinbarungen***. Letztere stellen nicht nur ausgehandelte Verträge zwischen den beteiligten Kollektivvertragsparteien dar, sondern enthalten gleichzeitig Rechtsnormen, die unmittelbar und zwingend für die Arbeitsverhältnisse der tarifgebundenen bzw. betriebsangehörigen Arbeitnehmer gelten.

4. Einbeziehung in den Vertrag

Wie Allgemeine Geschäftsbedingungen wirksamer Bestandteil eines Vertrages werden, ergibt sich aus § 305 II. Danach müssen folgende Voraussetzungen gegeben sein:

a) Voraussetzungen

- Die andere Vertragspartei muss ausdrücklich auf die AGB des Verwenders hingewiesen worden sein. Wenn dies wegen der Art des Vertrages nicht möglich oder unverhältnismäßig erschwert ist, muss der Verwender einen deutlich sichtbaren Aushang seiner Vertragsbedingungen am Ort des Vertragsschlusses anbringen.

- Der Verwender muss dem Vertragspartner die Möglichkeit verschaffen, in zumutbarer Weise vom Inhalt der Vertragsbedingungen Kenntnis zu nehmen. Der Verwender muss dabei auf eine körperliche Behinderung seines Vertragspartners Rücksicht nehmen, sofern diese für ihn erkennbar ist.

- Schließlich muss sich die andere Vertragspartei mit den AGB einverstanden erklärt haben (Annahme).

b) Rechtsfolge

Fehlt eine dieser Voraussetzungen, so werden die AGB nicht Vertragsbestandteil. In diesem Fall bleibt nach § 306 der Vertrag im Übrigen wirksam (Absatz 1) und die unwirksamen Klauseln werden durch die gesetzlichen Vorschriften ersetzt (Absatz 2). Die unwirksame Klausel entfällt als ganze und wird nicht durch eine noch zulässige ersetzt. Es findet keine „geltungserhaltende Reduktion" statt. Nur wenn sich durch den Wegfall der unzulässigen Klausel und der damit verbundenen Änderung durch die gesetzliche Regelung ergeben würde, dass ein Festhalten am Vertrag für ein Vertragsteil unzumutbar wird, ist der Vertrag insgesamt unwirksam (Absatz 3).

c) Ausnahmen

Eine Ausnahme von der Hinweispflicht auf die AGB macht § 305 a für eine Reihe von Verträgen, bei denen aus praktischen Gründen eine Einbeziehung der Vertragsbedingungen durch Hinweis oder Möglichkeit der Kenntnisnahme vor Vertragsschluss entfällt.

Tarife und Ausführungsbestimmungen der Deutschen Bundesbahn und anderer Beförderungsunternehmen, die behördlich genehmigt wurden, gelten auch ohne vorherige Kenntnisnahme, wenn der Fahrgast die Leistung des Unternehmens in Anspruch nimmt (§ 305 a Nr. 1). Die Allgemeinen Geschäftsbedingungen der Telekom und der Post gelten ohne vorherigen Hinweis oder Kenntnisnahmemöglichkeit, bei

- Einwurf von Postsendungen in Briefkästen außerhalb von geschlossenen Diensträumen der Post (§ 305 a Nr. 2 a)
- Call-by-Call-Verfahren (§ 305 a Nr. 2 b).

Mit der Ausnahmeregelung soll einerseits dem Umstand Rechnung getragen werden, dass die meisten Beförderungsverträge von Postsendungen nicht am Schalter, sondern durch Einwurf für dafür aufgestellte Briefkästen zustande kommen und andererseits, dass ein Telekommunikationsanbieter, dessen Leistung lediglich in der Herstellung einer Telefonverbindung besteht, keine Möglichkeit hat, dem Anrufer den Inhalt der AGB ohne erheblichen Zeitverlust für den Kunden bekannt zu geben.

5. Vorrang der Individualabrede

Individualabreden haben Vorrang vor AGB nach § 305 b. Soweit also ein inhaltlicher Widerspruch zwischen individuell vereinbarten Bedingungen und AGB bestehen, bleiben die AGB ohne Geltung.

Häufig werden in AGB sog. Schriftformklauseln aufgenommen, die besagen, dass mündliche Vereinbarungen nur wirksam sind, wenn sie schriftlich erfolgen.

Die Rechtsprechung hat eine Reihe von Einzelfällen entschieden, in denen die mündlich Abrede trotz Schriftformklausel wirksam ist. Werden in den AGB Ausnahmen vom Schriftformerfordernis nicht genannt und entsteht so der Eindruck, die mündliche Vereinbarung ist immer unwirksam, so sieht die Rechtsprechung darin eine unangemessene Benachteiligung nach § 307 des Vertragspartners mit der Rechtsfolge, dass die mündliche Abrede Vorrang hat. In der Rechtsliteratur wird eine derartige Schriftformklausel immer, d.h. auch ohne Hinweis auf Ausnahmen als Verstoß gegen § 305 b betrachtet und deshalb für unwirksam erachtet.

6. Überraschende Klauseln

Unwirksam sind nach § 305 c auch Klauseln, mit denen den Umständen nach niemand rechnen musste, insbesondere wegen des ungewöhnlichen Erscheinungsbildes. Dies ist immer dann gegeben, wenn die AGB an unerwarteter Stelle untergebracht sind oder sie einen Überrumpelungs- oder

Übertölpelungseffekt haben und zwischen Inhalt und den berechtigten Erwartungen des Kunden eine deutliche Diskrepanz besteht.

7. Inhaltskontrolle

Die Paragraphen 307 - 309 enthalten Maßstabsnormen für den rechtlich zulässigen Inhalt von Klauseln in AGB. Welche Klauseln unzulässig und damit unwirksam sind, ergibt sich zum einen aus einer Generalklausel (§ 307) und zum anderen aus einem großen Katalog einzeln aufgeführter unzulässiger Klauseln (§§ 308 und 309). Da letztere einen strengeren Prüfungsmaßstab anlegen, ergibt sich folgende Prüfungsreihenfolge: § 309 - § 308 - § 307

a) Die Generalklausel der Inhaltskontrolle

§ 307 legt für alle AGB den grundlegenden Wertmaßstab fest, wonach durch die Bestimmungen in AGB ***keine unangemessene Benachteiligung*** des Vertragspartners erfolgen darf. Konkretisiert wird dieser Maßstab einerseits durch § 307 selbst andererseits durch die §§ 308 und 309, die einzelne Verbote benennen. Aus § 310 I 2 ergibt sich, dass es sich bei § 307 um einen Auffangtatbestand handelt. So kann es sein, dass eine Klausel in den §§ 308 und 309 zwar nicht genannt ist, wegen der unangemessenen Benachteiligung aber nach § 307 gleichwohl unwirksam ist.

Eine unangemessene Benachteiligung liegt nach Absatz 1 der Generalklausel schon dann vor, wenn eine Klausel nicht klar und verständlich ist. Dieses sog. ***Transparenzgebot*** ist z.B. dann verletzt, wenn undurchschaubare Regelungen in den AGB über Bindungsdauer, Lohnvorausabtretungen, Zinsberechnung oder Wertstellung enthalten sind, die nicht ohne weiteres nachvollziehbar oder durch mündliche oder schriftliche Information erklärt werden. Unwirksam ist nach der Rechtsprechung des BGH auch eine Klausel, die die Rechtslage unrichtig darstellt, weil sie den Kunden möglicherweise davon abhält, seine Rechte geltend zu machen.

Eine unangemessene Benachteiligung ist auch zu bejahen, wenn die Bestimmung

- mit wesentlichen Grundgedanken der gesetzlichen Regelung, von der abgewichen wird, nicht zu vereinbaren ist (§ 307 II Nr. 1) oder

- wesentliche Rechte oder Pflichten, die sich aus der Natur des Vertrages ergeben, so einschränkt, dass die Erreichung des Vertragszwecks gefährdet ist (§ 307 II Nr. 2).

Ein Beispiel für Klauseln, die die Rechtsprechung nach § 307 als unwirksam betrachtet, ist u.a. die Bankklausel „Wertstellung der Gutschrift ein Tag nach Einzahlung“, wenn andererseits bei Abhebungen das Konto noch am gleichen Tag belastet wird. Oder eine Klausel in einem Maklervertrag, wonach der Anspruch auf Maklerlohn ohne Rücksicht auf die erbrachte Maklerleistung (Vermittlung) entsteht, widerspricht der gesetzlichen Regelung des § 652 und ist deshalb gemäß § 307 I Nr. 1 unwirksam.

Ein weiteres Beispiel für eine unangemessene Benachteiligung ist in einem Bewachungsvertrag eine Klausel, die eine Haftung für mangelhafte Bewachung ausschließt. Damit ist eine vertragsgemäße Erfüllung der Bewachungspflicht nicht mehr gewährleistet, so dass der Vertragszweck gefährdet ist. Eine solche Klausel verstößt gegen § 307 I Nr. 2 und ist somit unwirksam.

b) Klauselverbote mit Wertungsmöglichkeit

Für die Verbote des § 308 ist kennzeichnend, dass die Klauseln allein gesehen noch nicht unwirksam sind, sondern erst anhand des in § 307 festgelegten Wertungsmaßstabes auf ihre Wirksamkeit hin überprüft werden müssen. Maßgeblich bei einer Klausel wie sie in § 308 genannt sind, ist daher die unangemessene Benachteiligung des Vertragspartners des Verwenders von AGB. Entscheidend sind jeweils die Umstände des Einzelfalls sowie die Verkehrsanschauung. Auf die Gepflogenheiten des Handelsverkehrs ist angemessen Rücksicht zu nehmen (§ 310 I 2).

c) Klauselverbote ohne Wertungsmöglichkeit

§ 309 enthält einen Verbotskatalog an Klauseln, die ohne weitere Bewertung im Falle ihrer Verwendung unwirksam sind. Voraussetzung der Inhaltskontrolle ist auch hier, dass die entsprechenden Klauseln gemäß §§ 305, 305 a Vertragsinhalt geworden sind und in den Anwendungsbereich der Inhaltskontrolle nach §§ 307 - 309 fallen.

8. Kollidierende Klauseln

Verwenden zwei Geschäftspartner jeweils Allgemeine Geschäftsbedingungen und nehmen sie bei Abgabe ihrer Willenserklärungen auf ihre eigenen AGB Bezug, stellt sich die Frage, welche Geschäftsbedingungen gelten, wenn beide wirksamer Vertragsinhalt geworden sind.

Beispiel: Die V-AG mit Sitz in Hamburg verkauft an die K-GmbH in München eine Kühlanlage zum Preis von 45.000 €. Nach den AGB der V-AG ist Gerichtsstand Hamburg und nach den AGB der K-GmbH ist in München zu klagen. Schließlich klagt die V-AG den Kaufpreis beim Landgericht Hamburg ein. Die Anwältin der K-GmbH beantragt Klagabweisung wegen Unzuständigkeit des Gerichts. Der Anwalt der V-AG beruft sich auf deren Gerichtsstandsklausel.

Das Gericht wird in diesem Fall die sich widersprechenden Gerichtsstandklauseln, die zwischen Kaufleuten grundsätzlich zulässig sind, durch die gesetzliche Zuständigkeitsregelung der Zivilprozessordnung ersetzen, so dass in diesem Fall entsprechend dem Firmensitz der K-GmbH der Erfüllungsort der Kaufpreisschuld maßgeblich ist. Damit ist das Gericht in München für den Zivilprozess zuständig (§§ 17, 29 ZPO iVm §§ 269, 270 IV BGB).

VI. Willensmängel und Anfechtung

1. Einleitung

Willenserklärungen können mit verschiedenen Mängeln, den sog. Willensmängeln behaftet sein. Dabei lassen sich zwei Fallgruppen bilden: Fälle, in denen der Erklärende bewusst eine fehlerhafte Willenserklärung abgibt (§§ 116 - 118) und Fälle, in denen der Erklärende den Fehler erst nach Abgabe der Willenserklärung erkennt und eventuell korrigieren will.

Das Gesetz knüpft daran verschiedene Rechtsfolgen:

In der ersten Fallgruppe ordnet es die Nichtigkeit an. Ist ein Rechtsgeschäft wegen eines schweren Mangels nichtig, bedeutet dies, es wird von Anfang an juristisch als nicht vorhanden behandelt. Die Nichtigkeit tritt von Gesetzes wegen ein (vgl. §§ 105; 116 II, 117, 118; 125, 134, 138).

In der zweiten Fallgruppe ist das Rechtsgeschäft wirksam geworden, es lässt sich aber nachträglich wieder beseitigen, sofern der Erklärende von seinem Gestaltungsrecht der Anfechtung Gebrauch macht und die entsprechenden Voraussetzungen gegeben sind. Ficht der Anfechtungsberechtigte an, so wird das Rechtsgeschäft nach § 142 rückwirkend (ex tunc) vernichtet, so dass es von Anfang an als unwirksam gilt.

2. Anfechtungsgründe

Nach dem Prinzip der Privatautonomie soll ein Rechtsgeschäft nur dann bindend sein, wenn es vom Willen des Einzelnen getragen wird. Beruht die Willenserklärung auf einem Irrtum, so hat die Rechtsordnung zu entscheiden, ob der Interessenslage des Irrenden oder der des Geschäftspartners der Vorrang einzuräumen ist. Einerseits soll der Einzelne nur an seinen wirklichen und irrtumsfreien Willen gebunden sein, andererseits soll das Vertrauen des Erklärungsempfängers auf die Wirksamkeit einer einmal abgegebenen Erklärung geschützt werden.

Das BGB löst das Problem so, dass nur bestimmte, gesetzlich geregelte Gründe zur Anfechtung berechtigen und derjenige, der auf die Gültigkeit der angefochtenen Willenserklärung vertraut hat, Schadensersatz nach § 122 vom Anfechtenden verlangen kann. Nur wer aufgrund einer arglistigen Täuschung oder einer widerrechtlichen Drohung eine Willenserklärung abgegeben hat, kann ohne Schadensersatzpflicht seine Willenserklärung vernichten.

a) Anfechtung wegen Irrtums

Derjenige, der sich bei der Abgabe seiner Willenserklärung geirrt hat, hat nach § 119 die Möglichkeit, seine Erklärung anzufechten. Er soll dabei nämlich nicht gegen seinen wirklichen Geschäftswillen an die „falsche" Erklärung gebunden werden. Ob Wille und Erklärung voneinander abweichen, ist durch Auslegung zu ermitteln. Dabei ist danach zu fragen, was der Erklärende wirklich wollte, was er erklärt hat und wie der Erklärungsempfänger das Erklärte verstehen durfte (§§ 133, 157). Es gilt der Grundsatz: ***Auslegung geht vor Anfechtung,*** denn im Interesse der Rechtssicherheit sollen die Parteien an ihre einmal abgegebenen Willenserklärung gebunden sein. Gleichzeitig soll eine Partei durch Anfechtung nicht besser stehen als sie bei irrtumsfreier Willenserklärung gestanden hätte.

Beispiel: Kunstsammler E ist Eigentümer eines echten Miros sowie einer gelungenen Kopie. Er bietet seinem Neffen zur Geschäftseröffnung die Kopie an. N ist begeistert. Als E das Bild ihm übergeben will, vergreift er sich aber und händigt ihm das Original mit den Worten: „Hier dieses Bild schenke ich Dir“. Beiden war klar, dass er das Original aber auf jeden Fall behalten wollte.

Der tatsächliche Wille des E fällt mit der Schenkungserklärung auseinander, da er die Kopie und nicht „dieses Bild“ (Original) verschenken wollte. Damit könnte er aber seine Schenkungserklärung bezüglich des Originals nach § 119 I 2. Alt. anfechten mit der Folge, dass für ihn keine Schenkungsverpflichtung entsteht. Die Anfechtung darf aber nicht dazu führen, dass E, würde er sich nun die Übereignung der Kopie anders überlegen, im Ergebnis zu weniger verpflichtet wäre als wenn er sich nicht geirrt hätte. Die Auslegung seiner Erklärung ergibt, dass er die Kopie verschenken wollte. Die Anfechtung wird hier also durch die Auslegung seiner Willenserklärung verdrängt, so dass das ursprünglich gewollte Rechtsgeschäft gilt.

§ 119 I enthält zwei Irrtumstatbestände, den Erklärungsirrtum und den Inhaltsirrtum, wobei die Unterscheidung allgemein als misslungen gilt, da sie sich nicht immer eindeutig voneinander abgrenzen lassen. Wegen der gleichen Rechtsfolge ist der diesbezüglich geführte Rechtsstreit unergiebig.

aa) der Erklärungsirrtum, § 119 I 2. Alt.

Beim Erklärungsirrtum liegt ein *Irrtum in der Erklärungshandlung* vor, d.h. die Erklärung weicht objektiv von der gewollten Erklärung ab. Typischer Fall ist das Versprechen, Verschreiben oder Vergreifen. Weitere Voraussetzung ist, dass bei Kenntnis der Sachlage und verständiger Würdigung des Falles die Willenserklärung so nicht abgegeben worden wäre.

Auf falsches Ablesen eines Preisschildes und ähnliches ist § 119 I 2. Alt. entsprechend anwendbar.

Beispiel: Der Kunde K glaubt ein besonderes Schnäppchen entdeckt zu haben, als er einen Flug zu Sylvester nach New York, inklusive 3 Übernachtungen im Hotel Holiday Inn im Schaufenster eines Reisebüros für 599,- € angeboten sieht. Er betritt das Reisebüro und bucht sogleich für sich und seine Frau. Als er das Ticket bezahlen soll, stellt sich heraus, dass er sich beim Preis verlesen hat und von 399,- € ausging. Hätte er gewusst, dass der Flug in Wirklichkeit fast das Doppelte kostet, hätte er nicht gebucht. K kann seine Erklärung anfechten.

Anders verhält es sich, wenn jemand eine Erklärung abgibt ohne sich eine Vorstellung über deren Inhalt zu machen. Wer also eine Urkunde oder ein Formular ungelesen unterschreibt, hat daher kein Anfechtungsrecht. Das gilt auch für Ausländer oder Analphabeten, die den Inhalt der abgegebenen Erklärung nicht verstanden haben. Nur wenn der Erklärende sich vom Inhalt eine bestimmte Vorstellung gemacht hat, kann er anfechten, sofern der Inhalt seiner Erklärung von seinen Vorstellungen abweicht.

Ein Fall des Erklärungsirrtums ist auch der ***Übermittlungsirrtum (§ 120)***. Hier liefert der Übermittlungsbote unbewusst eine andere Erklärung ab, als der Erklärende eigentlich abgeben wollte.

Beispiel: Ein Azubi wird mit einer Bestellliste zu einem bestimmten Händler geschickt, irrt sich aber und bestellt bei einem anderen.

Übermittlungsbote kann auch ein Dolmetscher oder eine Post- oder Telegrafenanstalt sein, nicht jedoch der Empfangsbote (Zugangsproblem) oder ein Vertreter, der eine eigene Willenserklärung abgibt und keine fremde übermittelt.

bb) der Inhaltsirrtum, § 119 I 1. Alt.

Beim Inhaltsirrtum liegt ein *Irrtum über die Bedeutung der abgegebenen Erklärung* vor. Die Erklärung des Erklärenden stimmt zwar mit dem, was er erklären wollte überein, sie hat aber inhaltlich eine andere Bedeutung, als der Erklärende dachte. Es stimmt also die Vorstellung vom Inhalt einer Erklärung mit der objektiven Bedeutung nicht überein.

Beispiel: Der aus Berlin stammende A bestellt in einer Kölner Gaststätte nach der ihm vorgelegten Karte einen „halven Hahn“. Er weiß nicht, dass in Köln darunter eine mit Käse belegte Brötchenhälfte verstanden wird. A hatte ein halbes Hähnchen erwartet.

Da er mit dem Inhalt, den seine Erklärung nach dem Empfängerhorizont objektiv hat, eine andere Vorstellung verbindet, kann er gemäß § 119 I 1. Alt. anfechten und neu bestellen.

Zum Inhaltsirrtum zählen weitere Fallgruppen, auf die hier kurz eingegangen werden soll:

- Identitätsirrtum: Der Erklärende meint eine andere Person oder Sache, als er in seiner Erklärung tatsächlich bezeichnet (z.B. Namensverwechslung).

Keine Anfechtungsmöglichkeit besteht, wenn es dem Erklärenden auf die Identität seines Vertragspartners nicht ankommt (z.B. Absteigen im Hotel unter fremden Namen).

- Kalkulationsirrtum: Der Erklärende legt seine Kalkulationsgrundlage offen und nennt infolge eines offensichtlichen Rechenfehlers den Endpreis falsch (sog. *offener Kalkulationsirrtum*). Hier ist keine Anfechtung erforderlich, der Endpreis ist durch Auslegung zu ermitteln.

Etwas anderes gilt, wenn sich der Erklärende bei seiner Kalkulation verrechnet oder sich über die seiner Berechnung zugrundeliegenden Faktoren geirrt hat (sog. *verdeckter Kalkulationsirrtum*). Da der Irrtum bei der Willensbildung, also bereits vor der Erklärung auftritt, handelt es sich um einen unbeachtlichen Motivirrtum, der nicht zur Anfechtung berechtigt.

- *Rechtsirrtum:* Der Erklärende benützt Rechtsbegriffe, denen er eine falsche Bedeutung zumisst. Da er inhaltlich etwas anderes erklärt, als er wollte, liegt ein Inhaltsirrtum vor, der zur Anfechtung berechtigt.

cc) der Irrtum über verkehrswesentliche Eigenschaften, § 119 II

§ 119 II räumt demjenigen einen Anfechtungsgrund ein, der sich bei *der Abgabe seiner Erklärung* über solche Eigenschaften der Person oder der Sache irrt, die im Verkehr als wesentlich angesehen werden. Der Eigenschaftsirrtum wird dem Inhaltsirrtum gesetzlich gleichgestellt.

Als Eigenschaft kommen alle tatsächlichen oder rechtlichen Verhältnisse bzw. Merkmale in Betracht, die im Rechtsgeschäft als wesentlich zum Ausdruck gebracht worden sind und auf die Bewertung der Person oder Sache von Einfluss sind.

Bei dem Irrtum über Eigenschaften handelt es sich um einen Irrtum, der den Entschluss zur Abgabe der Erklärung beeinflusst und nicht um einen Irrtum, der den Erklärungsvorgang selbst betrifft, da er schon vor Abgabe der Willenserklärung, nämlich bei Bildung des Willens auftritt. Es handelt sich deshalb um einen Irrtum im Beweggrund, einem sog. ***Motivirrtum.*** Grundsätzlich sind Motivirrtümer unbeachtlich und berechtigen nicht zur Anfechtung.

Beispiel: Anton und Berta haben sich verlobt und wollen demnächst heiraten. Im Hinblick auf die Hochzeit kauft sich Berta ein sündhaft teures Brautkleid. Kurz darauf erfährt sie, dass Anton bereits seit einem Jahr ein intimes Verhältnis zu Carmen unterhält. Sie macht mit Anton Schluss und will den Kauf des Brautkleides anfechten.

Hier handelt es sich um einen typischen Fall der Kaufreue, der kein Anfechtungsrecht begründet. Bei Abgabe der Willenserklärung zum Vertragsschluss irrte sie nicht über Eigenschaften des Kleides, sondern über ihre Beweggründe zum Abschluss des Vertrages. Somit handelt es sich um einen unbeachtlichen Motivirrtum.

Bei § 119 II, der hiervon eine gesetzliche Ausnahme bildet und zur Anfechtung berechtigt, wird wie folgt unterschieden:

- Irrtum über verkehrswesentliche Eigenschaften einer Person

Wesentliche Eigenschaften können sowohl natürliche Persönlichkeitsmerkmale als auch tatsächliche oder rechtliche Verhältnisse der Person sein. Dazu gehören beispielsweise Alter, die Sachkunde, der Gesundheitszustand, die berufliche Qualifikation, Zuverlässigkeit, Vertrauenswürdigkeit, Zuverlässigkeit, Vorbestrafung (insbesondere bei Dienstverhältnissen), aber auch die Zahlungs- und Kreditwürdigkeit (jedenfalls bei Kreditgeschäften und Bürgschaften).

Verkehrswesentliche Eigenschaften einer Person sind nur solche, die vom Erklärenden in irgendeiner Weise erkennbar, sei es ausdrücklich oder stillschweigend dem Vertrag zugrunde gelegt worden sind. Fehlt eine ausdrückliche Vereinbarung, entscheidet die Verkehrsauffassung. Dabei ist zu prüfen, ob die Eigenschaft für das betreffende Geschäft objektiv von Bedeutung ist.

Beispiel: Die Bank B gewährt dem Herrn A, der als vermögend gilt, einen Kredit über 500.000 €. Kurz nach Unterzeichnung des Darlehensvertrages aber noch vor Valutierung wird der B bekannt, dass A überschuldet und vermögenslos ist. Sie will vom Darlehensvertrag wieder loskommen.

Die Kreditwürdigkeit ist für den Darlehensvertrag eine wesentliche Eigenschaft, die auch ohne ausdrückliche Erklärung von der Bank vorausgesetzt werden durfte. Da sie sich über diese Eigenschaft des A geirrt hat, kann sie gemäß § 119 II anfechten.

- Irrtum über verkehrswesentliche Eigenschaften einer Sache

Als Eigenschaften einer Sache werden alle *wertbildenden Faktoren* angesehen, d.h. alle tatsächlichen und rechtlichen Faktoren der Sache, die einen Einfluss auf ihren Wert und ihre Brauchbarkeit haben. Dazu gehören beispielsweise die Bebaubarkeit oder gewerbliche Nutzungsmöglichkeit eines Grundstücks, die Echtheit eines Kunstwerkes, das Alter eines Kraftfahrzeuges, der Umsatz eines Erwerbsgeschäfts, soweit sie für das jeweilige Geschäft verkehrswesentlich, d.h. also von typischer Bedeutung sind. Dabei scheiden solche Merkmale aus, die das Ergebnis einer Bewertung darstellen, so dass der Preis oder Wert keine wesentliche Eigenschaft im Sinne des § 119 II ist.

b) Anfechtung wegen Willensbeeinflussung

§ 123 schützt die Freiheit der Willensentschließung. Eine Person, deren Willenserklärung nicht auf ihrem freien Willen beruht, kann ohne Schadensersatzpflicht in zwei Fällen anfechten:

aa) bei arglistiger Täuschung

Ein Anfechtungsgrund liegt vor, wenn der Erklärende getäuscht worden ist und dadurch bei ihm ein Irrtum erzeugt wurde, aus dem heraus er eine Willenserklärung abgegeben hat und der Täuschende dabei arglistig, d.h. absichtlich die Irrtumserregung durch eine Täuschungshandlung herbeigeführt hat (§ 123 I 1. Alt).

Die Täuschungshandlung kann in einem Tun (Behaupten falscher Tatsachen) oder in einem Unterlassen bestehen, wenn eine Rechtspflicht zur Aufklärung besteht. Eine Aufklärungspflicht wird immer dann angenommen, wenn der Erklärungsgegner nach der Verkehrsauffassung mit einer Offenlegung der Tatsachen rechnen durfte. In einem solchen Fall verstößt das Verschweigen gegen den Grundsatz von Treu und Glauben gemäß § 242.

Beispiel: V verkauft seinem Arbeitskollegen K seinen Gebrauchtwagen. Auf die Frage, ob der Wagen unfallfrei sei, da er ihn ansonsten nicht nehme, sichert ihm V gegen besseren Wissens die Unfallfreiheit ausdrücklich zu. Sie werden sich zu einem Preis von 5.000 € einig. K stellt bei einer Inspektion fest, dass der Pkw einen schweren Unfall erlitten hatte. Er will vom Vertrag loskommen.

Da K durch falsche Angaben über die Unfallfreiheit von V bewusst getäuscht worden ist (Täuschung durch Tun) und K den Wagen bei Kenntnis nicht gekauft hätte, kann K gemäß § 123 I 1. Alt. anfechten.

Hätte K von einem Gebrauchtwagenhändler gekauft, hätte dieser wegen seiner Sachkunde sogar ohne Nachfragen auf den früheren Unfall hinweisen müssen, da für einen Käufer die Tatsache, ob ein Fahrzeug unfallfrei ist oder nicht, immer von Bedeutung ist (andernfalls Täuschung durch Unterlassen).

bb) wegen widerrechtlicher Drohung

Wer etwas nur deswegen erklärt hat, weil er widerrechtlich bedroht wurde, kann unter erleichterten Voraussetzungen gemäß § 123 I 2. Alt. seine Willenserklärung, die zunächst wirksam ist, anfechten.

Eine Drohung ist das In-Aussicht-Stellen eines Übels, dessen Eintritt der Drohende in der Hand zu haben vorgibt. Dabei kommt es nicht auf die Meinung des Drohenden, sondern auf die Sicht des Bedrohten an. Für ihn muss also eine Zwangslage entstehen, aus der er zur Abgabe seiner Erklärung gebracht wird. Dabei reicht jeder angedrohte Nachteil aus, wie etwa Strafanzeige, Kündigung eines Arbeitsverhältnisses u.Ä.

Die Drohung muss darüber hinaus widerrechtlich sein. Das ist immer dann zu bejahen, wenn entweder die angedrohte Handlung selbst widerrechtlich ist (Verprügeln) oder der verfolgte Zweck (falsche Zeugenaussage) unrechtmäßig ist. Die Widerrechtlichkeit kann sich aber auch aus der Zweck-Mittel-Relation ergeben, etwa dann, wenn sowohl das Mittel als auch der Zweck rechtmäßig sind, die Verknüpfung hingegen zu missbilligen ist, etwa weil kein sachlicher Zusammenhang zwischen Zweck und Mittel besteht.

Beispiel: Der Vermieter droht seinem Mieter wegen Schwarzarbeit anzuzeigen, wenn er nicht sofort die rückständige Miete bezahlt und das Mietverhältnis kündigt.

Der Vermieter ist grundsätzlich berechtigt, seinen Mieter wegen Schwarzarbeit anzuzeigen. Er hat auch ein Recht, die rückständige Miete einzutreiben oder ihm die Kündigung nahezulegen. Erst die Verknüpfung ergibt die widerrechtliche Drohung, die den M berechtigt, seine Kündigung nach § 123 anzufechten.

3. Anfechtungserklärung

Wer einem Irrtum oder einer unlauteren Beeinflussung seines Willens unterlag, hat einen Anfechtungsgrund nach §§ 119, 120 bzw. 123. Die Anfechtbarkeit allein führt aber noch nicht zur Nichtigkeit der Erklärung. Um die fehlerhafte Willenserklärung aus der Welt zu schaffen, ist nach § 143 noch die Anfechtungserklärung gegenüber dem Anfechtungsgegner erforderlich.

Dabei sind keine hohen Anforderungen an die Anfechtungserklärung zu stellen. Die Anfechtung muss nicht ausdrücklich erklärt werden. Es ist ausreichend, dass der Gegner erkennen kann, dass angefochten wird, etwa durch Rückforderung des Geleisteten oder durch Bestreiten der eigenen vertraglichen Verpflichtung.

Die Anfechtung ist gemäß § 144 ausgeschlossen, wenn der Anfechtungsberechtigte trotz Kenntnis seines Anfechtungsrechts erklärt, er wolle es nicht ausüben (sog. Bestätigung).

4. Anfechtungsfrist

Die Anfechtung wegen Irrtums hat nach § 121 ohne schuldhaftes Zögern, d.h. unverzüglich zu erfolgen, sobald der Anfechtende den Anfechtungsgrund kennt. Bestimmte Verdachtsmomente allein reichen noch nicht aus.

Die Anfechtung wegen Täuschung oder Drohung hat nach § 124 binnen Jahresfrist zu erfolgen. Der Beginn dieser Frist bestimmt sich nach Absatz 2, wonach im Falle der Täuschung deren Entdeckung und im Falle der Drohung das Ende der Zwangslage maßgeblich ist.

5. Rechtsfolgen der Anfechtung

a) Nichtigkeit des Rechtsgeschäfts

Sind die Voraussetzungen der Anfechtung erfüllt, (Anfechtungsgrund, rechtzeitige Erklärung innerhalb der entsprechenden Anfechtungsfrist gegenüber dem Anfechtungsgegner) tritt als gewünschte Rechtsfolge die Nichtigkeit der Willenserklärung ein und das damit abgeschlossene Rechtsgeschäft wird nach § 142 unwirksam.

Die Anfechtung bewirkt, dass das Rechtsgeschäft rückwirkend (ex tunc) unwirksam wird, d.h. es wird so behandelt, als wäre es von Anfang an ungültig gewesen. Eine Ausnahme hiervon gilt bei sog. Dauerschuldverhältnissen (Arbeits-, Gesellschafts- oder Mietverhältnissen), die schon in Vollzug gesetzt wurden. Hier hat die Anfechtung in der Regel die Beseitigung des Rechtsverhältnisses nicht für die Vergangenheit, sondern von nun an für die Zukunft (ex nunc) zur Folge, da eine Rückabwicklung schwer durchzuführen wäre.

b) Schadensersatzpflicht des Anfechtenden

In den Fällen, in denen jemand wegen Irrtums seine Willenserklärung angefochten hat, ist der Anfechtende nach § 122 verpflichtet, den Schaden zu ersetzen, den der andere Teil dadurch erleidet, dass er auf die Gültigkeit der Erklärung vertraut hat (sog. Vertrauensschaden). Er ist so zu stellen, wie er stehen würde, wenn er von dem Geschäft nie etwas gehört hätte. Allerdings soll der Schadensersatzanspruch nicht dazu führen, dass der Berechtigte durch die Anfechtung besser gestellt wird, als wenn das angefochtene Rechtsgeschäft zustande gekommen wäre. Daher wird der Schadensersatz begrenzt auf das Erfüllungsinteresse, d.h. der Anfechtungsgegner erhält nicht mehr als er bei Erfüllung der vertraglichen Pflicht bekommen hätte.

Beispiel: V in München macht dem K in Genf ein schriftliches Angebot für einen Kupferstich. Dabei verschreibt er sich und schreibt statt 1.500 € versehentlich 150 € in sein Angebot. K, der mit den Worten „ich nehme den Kupferstich wie angeboten an", reist für 200 € mit dem Flugzeug nach München, um das Kunstwerk abzuholen. Dabei merkt V den Irrtum und ficht an. K kann lediglich 150 € als Schadensersatz verlangen.

VII. Die Stellvertretung

1. Überblick und Abgrenzung

In einer von Arbeitsteilung geprägten Industriegesellschaft ist es oft notwendig, dass jemand für einen anderen rechtsgeschäftlich handelt. Dies kann dadurch geschehen, dass eine andere Person bevollmächtigt wird, entweder im eigenen Namen oder im Namen des Vertretenen Willenserklärungen abzugeben, um bestimmte wirtschaftliche Folgen für den Vertretenen herbeizuführen (sog. ***gewillkürte Vertretung***).

Während bei der *gesetzlichen Vertretung* die Befugnis des Vertreters, für den Vertretenen Rechtsgeschäfte abzuschließen *auf Gesetz* beruht (vgl. §§ 1629, 1773, 1909; 26 II BGB; 125, 161 HGB, 35 GmbH, 78 I AktG), wird bei der gewillkürten Stellvertretung jemand ***durch Rechtsgeschäft*** zur Vertretung ermächtigt (z.B. durch Vollmachtserteilung, Auftrag, Arbeitsvertrag).

Dabei gibt es zwei Möglichkeiten der Vertretung, je nach dem, ob der Vertretene nach außen hin in Erscheinung treten will oder nicht:

- der Handelnde schließt das Geschäft *im eigenen Namen* für fremde Rechnung ab, d.h. die wirtschaftlichen Folgen treffen den Vertretenen ***(mittelbare Vertretung)*** oder

- der Handelnde tritt als Stellvertreter erkennbar *für einen anderen* auf und schließt in dessen Namen das Geschäft für diesen ab ***(unmittelbare Vertretung)***.

a) Die mittelbare Vertretung

Die mittelbare Stellvertretung ist im BGB nicht geregelt, ihre Zulässigkeit ist aber unbestritten und ergibt sich beispielsweise aus dem Handelsgesetzbuch, das mit der Regelung des Kommissionärs in § 383 einen Fall der mittelbaren Stellvertretung vorsieht.

Entscheidend ist, dass hier der (im wirtschaftlichen und nicht im juristischen Sinne) Vertretene zwar einen Auftrag durch Abschluss eines Kommissionsvertrags an den Kommissionär erteilt, für ihn Waren zu kaufen. Der Kommissionär handelt aber *im eigenen Namen* und schließt selbst Verträge mit anderen ab. Eine vertragliche Beziehung zwischen Auftraggeber und Dritten entsteht nicht. Da das Geschäft aber auf seine Rechnung erfolgt, tritt zumindest mittelbar eine wirtschaftliche Wirkung bei ihm ein. Dabei muss er nicht nach außen in Erscheinung treten.

b) Die unmittelbare Vertretung

Die unmittelbare Stellvertretung ist in den §§ 164 ff. BGB geregelt. Danach sollen den Vertretenen nicht nur die wirtschaftlichen, sondern auch die rechtlichen Folgen treffen. Der Stellvertreter tritt daher *im fremden Namen* für einen anderen auf und gibt für diesen rechtlich verbindliche Willenserklärungen ab und nimmt diese entgegen, soweit er dazu bevollmächtigt ist.

Daneben gibt es noch eine Reihe typisierter Vollmachten, wie beispielsweise die Prokura und die Handelsvollmachten (§§ 48 ff. HGB).

Abzugrenzen ist der Stellvertreter vom Boten. Während der ***Bote*** eine fremde, bereits mündlich oder schriftlich fertig formulierte Willenserklärung dem Empfänger überbringt, gibt der Stellvertreter eine eigene Willenserklärung im Namen des Vertretenen mit Wirkung für und gegen diesen ab. Dabei bleibt dem Stellvertreter ein Mindestmaß an Entscheidungs- bzw. Abschlussfreiheit, d.h. er kann innerhalb der gemachten Vorgaben entscheiden, ob der Vertrag unter den ausgehandelten Bedingungen geschlossen wird.

2. Handeln für den Vertretenen

a) Wirkung der Stellvertretung

Gibt ein Vertreter im Namen des Vertretenen eine Willenserklärung innerhalb der ihm zustehenden Vertretungsmacht einem Dritten gegenüber ab oder nimmt er die eines Dritten entgegen, so wirkt nach § 164 seine Erklärung für und gegen den Vertretenen. Die Rechtsfolgen treten also nicht beim Stellvertreter, sondern beim Vertretenen ein. Deshalb kann auch ein beschränkt Geschäftsfähiger zum Vertreter wirksam bestellt werden (§ 165).

Beispiel: Großmutter G beauftragt ihren 17-jährigen Enkel E, ihr zu Ostern eine Zugreise an den Vierwaldstätter See zu buchen und ihr eine ihm adäquat erscheinende Unterkunft mit Vollpension zu suchen. E reserviert für sie kurzer Hand ein Einzelzimmer im schönsten, aber auch teuersten Hotel am Ort.

Da die Rechtsfolgen nur die Großmutter treffen, steht hier der Minderjährigenschutz nicht in Frage, so dass eine in ihrer Geschäftsfähigkeit beschränkte Person nach §§ 165, 164 wirksam für einen anderen Willenserklärung abgeben kann, sofern eine Bevollmächtigung vorliegt.

b) Voraussetzungen der Stellvertretung

Nach § 164 I müssen folgende Voraussetzungen erfüllt sein, damit die Rechtsfolgen einer vom Stellvertreter abgegebenen Willenserklärung nicht den Erklärenden selbst, sondern den, für den sie abgegeben wurde, treffen sollen:

(1) der Stellvertreter muss eine ***eigene Willenserklärung*** abgeben,

(2) er muss die Willenserklärung ***im Namen des Vertretenen*** abgeben
(sog. Offenkundigkeitsprinzip) und

(3) er muss ***Vertretungsmacht*** für das Rechtsgeschäft haben, das er tätigt.

Kann der Geschäftspartner nicht erkennen, dass der Stellvertreter eigentlich für einen anderen und nicht für sich handeln wollte, wird nach der *Auslegungsregel des § 164 II* der Vertreter selbst Vertragspartei, auch wenn er dies nicht wollte. Es muss also immer erkennbar sein, dass ein Dritter Vertragspartei werden soll. Wird dieses Offenkundigkeitsprinzip nicht beachtet, entstehen für den Stellvertreter die Rechte und Pflichten aus dem von ihm geschlossenen Vertrag.

Ausnahmen vom Offenkundigkeitsprinzip gelten beim sog. *Strohmanngeschäft* und beim sog. *Geschäft für den, den es angeht.* Hier handelt ein Stellvertreter zwar mit Vollmacht, gibt aber nicht zu erkennen, wen er vertritt. Der Vertrag kommt in diesen Fällen mit dem Vertretenen zustande, wenn es dem Geschäftspartner völlig gleichgültig ist, wer Partner des Vertrages wird und sofern der Stellvertreter mit Vertretungsmacht handelt.

- *Strohmanngeschäft*

Will jemand einen Vertrag schließen, sich aber dem Geschäftsgegner nicht zu erkennen geben, beauftragt er häufig einen „Strohmann“, der das Geschäft für ihn abschließt. Lässt sich der Geschäftsgegner darauf ein und ist ihm schließlich die Identität seines Vertragspartners gleichgültig, kommt der Vertrag zwischen dem Hintermann und ihm zustande. In der Regel wird dies aber nur dann der Fall sein, wenn das Geschäft bar abgewickelt wird.

- *Geschäft für den, den es angeht*

Bei den *Bargeschäften des täglichen Lebens* ist für den Verkäufer oft nicht erkennbar, ob diejenige Person, die ihm gegenüber eine Willenserklärung zum Abschluss eines Kaufvertrages abgibt, diese Erklärung für sich oder eine andere Person abgeben will. Hier ist es dem Geschäftspartner gleichgültig, ob der Erklärende für sich oder mit Vertretungsmacht für einen anderen abschließt. Der Vertrag kommt mit demjenigen zustande, für den das Geschäft getätigt wurde.

Gleich behandelt wird der *Fall der bloßen Namenstäuschung*, z.B. wenn jemand unter fremden Namen oder unter einem Fantasienamen in einem Hotel absteigt. Auch hier hat der Name für den Geschäftspartner keine Bedeutung und führt nicht zu falschen Identitätsvorstellungen. (Daher ist auch keine Anfechtung wegen Identitätsirrtum möglich). Der Vertrag kommt hier mit demjenigen zustande, der das Zimmer tatsächlich anmietet.

3. Willensmängel bei der Vertretung

§ 166 regelt auf den ersten Blick etwas unverständlich, wer anfechtungsberechtigt ist, wenn ein Stellvertreter für einen anderen ein Rechtsgeschäft getätigt hat. Da der Stellvertreter ja eine eigene Willenserklärung abgibt und nicht eine fremde nur als Bote überbringt, ist es möglich, dass er sich bei Abgabe der Willenserklärung irrt. § 166 soll klarstellen, dass eine Anfechtung nach §§ 119 ff. nur dann in Betracht kommt, wenn *der Stellvertreter* sich geirrt hat. Soweit es nach anderen Vorschriften auf die Frage der Kenntnis oder des Kennenmüssens bestimmter Umstände ankommt (z.B. Kenntnis von Sachmängeln bei Vertragsschluss nach § 442), ist immer die Kenntnis des Stellvertreters und nicht des Vertretenen maßgeblich.

Beispiel: A ist Angestellter des Galeristen G. Beim Verkauf eines Bildes schreibt A anstatt 12.500 € versehentlich 2.500 € in den Kaufvertrag. Das Bild soll am nächsten Tag abgeholt und bis dahin für eine größere Reise entsprechend verpackt werden. Als der Käufer am Tag darauf das Bild abholen und bezahlen will, stellt G den Irrtum des A fest und ficht an.

Eine Ausnahme hierzu bilden die Fälle des Absatz 2, wonach der Vertretene sich nicht auf die Unkenntnis oder Kenntnis des Stellvertreters berufen kann, soweit letzterer sich an die Weisung des Vertretenen gehalten hat.

Beispiel: Kunstsammler K entdeckt in der Galerie des G ein Gemälde, das vom weniger bekannten Bruder des Künstlers van Gogh stammt. Da ihm das Bild dennoch gefällt, schickt er einige Zeit später seinen Kunstfreund F mit dem Auftrag, sich das Bild anzusehen und es seinem Urteil entsprechend zu kaufen. Er sagt ihm aber nicht, dass es sich nicht um den berühmten van Gogh handelt. F, der den Kaufpreis für einen echten van Gogh für außerordentlich günstig hält, kauft sofort das Bild.

Auch wenn F einem Eigenschaftsirrtum erlegen ist, kann K, sollte er plötzlich doch vom Vertrag loskommen wollen, nicht wegen Eigenschaftsirrtum nach § 119 II, 166 I anfechten, da er selbst sich nicht geirrt hat.

4. Erteilung der Vollmacht

Die durch Rechtsgeschäft erteilte Vertretungsmacht nennt man Vollmacht. Die Erteilung erfolgt durch eine einseitige, empfangsbedürftige Willenserklärung, daher ist eine Annahmeerklärung des Bevollmächtigten nicht erforderlich, sie muss lediglich zugegangen sein.

Beispiel: A möchte der Frau seines Bruders B ein Geburtstagsgeschenk kaufen und beauftragt B per Fax, im Wert von 50 € etwas Passendes für ihn zu besorgen.

a) Arten der Vollmacht

§ 167 regelt, wie eine Vollmacht erteilt wird. Danach gibt es zwei Möglichkeiten:

- entweder durch Erklärung gegenüber dem Bevollmächtigten ***(Innenvollmacht)***
- oder dem Dritten gegenüber, dem die Vertretung gegenüber stattfinden soll ***(Außenvollmacht)***

Beispiel: Frau M erzählt ihrer Tochter T, sie wolle ihr Auto verkaufen. Sie solle nach einem geeigneten Käufer suchen und den Verkauf in die Hand nehmen. Die Tochter, die sich dazu nicht äußert, erfährt zufällig am nächsten Morgen, dass ihre Arbeitskollegin A ein gebrauchtes Auto sucht, das dem Wagen ihrer Mutter entspricht. T schließt mit A einen schriftlichen Kaufvertrag und setzt ihre Mutter als Verkäuferin ein.

Nach § 164 wirkt die von der T abgegebene Willenserklärung für und gegen die M, sofern T wirksam zum Verkauf des Fahrzeugs bevollmächtigt war. Da die Bevollmächtigung eine einseitige Willenserklärung ist, musste T die Vollmachtserteilung nicht „annehmen“. Da sie gegenüber ihrer Stellvertreterin abgegeben wurde, handelt es sich um eine Innenvollmacht. Der Kaufvertrag ist somit wirksam zwischen M und A geschlossen worden.

Bei der Außenvollmacht muss demjenigen, mit dem das Geschäft abgeschlossen werden soll, die Bevollmächtigung gegenüber erteilt werden, damit der Stellvertreter wirksam für den Vertretenen handeln kann.

Beispiel: Herr K ruft beim Autohaus V an und erkundigt sich nach einem passendem Modell. Er werde seinen Sohn in den nächsten Tagen mal vorbeischicken, damit dieser einen Pkw für ihn hole.

Hier hat K dem Vertragspartner gegenüber mitgeteilt, dass er seinen Sohn zum Kauf ermächtigt hat. Die Vollmacht wurde nicht gegenüber dem Stellvertreter, sondern gegenüber dem Dritten gemäß § 167 I 2. Alt. erteilt. Es handelt sich um eine Außenvollmacht.

Die Erteilung der Vollmacht ist nach § 167 II grundsätzlich ***formlos***. Damit kann die Vollmacht sowohl mündlich als auch schriftlich erteilt werden.

Eine *Ausnahme* gilt nur für die *unwiderrufliche* Vollmacht zum Abschluss eines formbedürftigen Rechtsgeschäfts wie etwa beim Abschluss eines Kaufvertrages über ein Grundstück.

Beispiel: Der Hauseigentümer E beauftragt den Makler M mit dem Verkauf seines Hausgrundstückes. M möchte, dass die Vollmacht unwiderruflich ist. Der Notar, bei dem sie sich erkundigen, teilt mit, dass der Grundstückskauf nach § 311b I BGB zwar notariell beurkundet werden muss, die einfache Vollmacht gemäß § 167 II aber formfrei ist. Nur wenn die Vollmacht unwiderruflich sein soll, muss sie ebenfalls vor ihm beurkundet werden.

b) Umfang der Vollmacht

Je nach Umfang der Vollmacht unterscheidet man wie folgt:

- bei einer ***Spezialvollmacht*** wird der Stellvertreter für ein bestimmtes *einzelnes Geschäft* bevollmächtigt;

- eine ***Gattungsvollmacht*** liegt vor, wenn der Vertreter zur Abgabe von Willenserklärungen in einem *bestimmten Geschäftsbereich* ermächtigt ist. Der Einkäufer der Textilabteilung eines Warenhauses darf beispielsweise nur Textilien, nicht aber Haushaltsgeräte bestellen;

- bei der ***Generalvollmacht*** wird der Vertreter zu *Rechtshandlungen aller Art* bevollmächtigt. Der Gesetzgeber hat im Interesse der Verkehrssicherheit den Umfang der Generalvollmacht gesetzlich festgelegt. So ist etwa die Prokura (Vertretungsmacht eines Prokuristen) nach § 50 HGB auf bestimmte Rechtsgeschäfte nicht beschränkbar. Ebenso ist nach § 56 HGB die Beschränkung der Handlungsvollmacht von Angestellten in Läden oder Warenlager im Verhältnis zu Dritten nicht zulässig. Auch die Vertretungsmacht eines Gesellschafters nach außen kann nach § 126 HGB nicht auf einzelne Geschäfte beschränkt werden.

5. Rechtsscheinvollmachten

Das Vertrauen des Geschäftspartners in die Vollmacht des Vertreters wird über die gesetzlichen Regelungen der §§ 170 bis 173 hinaus geschützt. Rechtsprechung und Lehre haben nämlich die sog. ***Rechtsscheinhaftung*** entwickelt.

Hat der Vertretene zwar keine Vollmacht erteilt, verursacht er aber in zurechenbarer Weise gegenüber einem gutgläubigen Dritten den Anschein einer Vollmachtserteilung, so muss er sich so behandeln lassen, als läge eine wirksame Bevollmächtigung vor. Der Geschäftspartner ist aber nicht schützenswert, wenn er weiß, dass der als Stellvertreter Handelnde in Wirklichkeit nicht bevollmächtigt ist. Man unterscheidet zwei Rechtsfiguren der Rechtsscheinhaftung:

a) Duldungsvollmacht

Eine Duldungsvollmacht liegt vor, wenn der Vertretene weiß, dass ein anderer für ihn als Stellvertreter auftritt, er aber in zurechenbarer Weise nichts dagegen unternimmt und der Geschäftspartner dieses Dulden nach Treu und Glauben so verstehen darf, dass der Stellvertreter mit Vertretungsmacht handelt.

Beispiel: Witwe W beauftragt ihren Stiefsohn S mit der Vermietung ihrer zahlreichen Wohnungen in einem Mietshaus und erteilt ihm hierzu Vollmacht. Nachdem S die Geschäfte nicht gewissenhaft erledigt, widerruft sie ihm gegenüber die Vollmacht. Obwohl sie bemerkt, dass S zwei frei gewordene Wohnungen vermietet hat, unternimmt sie nichts. Später wird sie wegen Mietmängel in Anspruch genommen. W beruft sich auf die mangelnde Vertretungsmacht des S und behauptet, mit ihr sei gar kein Mietvertrag zustande gekommen.

S hat zwar ohne Vollmacht der W gehandelt. Diese muss sich aber so behandeln lassen, als habe sie eine Vollmacht erteilt, denn sie wusste, dass S für sie als Vertreter auftritt. Dadurch dass sich nichts dagegen unternommen hat, hat sie den Rechtsschein einer Bevollmächtigung erweckt, auf den sich die Mieter verlassen durften. Da die Mieter von einer wirksamen Vertretungsmacht des S ausgingen, ist W Vertragspartnerin geworden und haftet für die Mängel der Mietsache.

b) Anscheinsvollmacht

Eine Anscheinsvollmacht ist gegeben, wenn der Vertretene das Handeln seines angeblichen Stellvertreters zwar nicht kennt, er es aber bei pflichtgemäßer Sorgfalt hätte erkennen und verhindern können, und so in zurechenbarer Weise den Anschein hervorruft, er habe diesem Vollmacht erteilt. Dabei reicht leichte Fahrlässigkeit des Vertretenen aus. Auch hier muss er sich so behandeln lassen, als habe er ihn bevollmächtigt.

Beispiel: A führt seit vielen Jahren einen kleinen Handwerksbetrieb, in dem seine Frau und der Auszubildende L im ersten Lehrjahr mitarbeiten. Da er sich einer Operation im Krankenhaus unterziehen muss, hinterlässt er auf dem Büroschreibtisch ein paar leere Briefpapierbögen mit seiner Unterschrift, damit seine Frau dringende Geschäfte während seiner Abwesenheit erledigen kann. L sieht die Bögen liegen und bestellt kurzerhand bei V Werkzeug, da er sich schon lange über die veralteten Arbeitsmittel in der Werkstatt ärgert. V verlangt Zahlung von A.

Zwar hat A dem L keine Vollmacht erteilt, durch die Blankounterschrift aber den Anschein einer Bevollmächtigung erzeugt. Dieser Anschein ist ihm auch zuzurechnen, da er bei pflichtgemäßer Sorgfalt keine Bögen mit Blankounterschrift hätte offen liegen lassen dürfen. Die Missbrauchsgefahr hätte ihm bekannt sein müssen. Da V nichts wusste, wird er in seinem Vertrauen auf eine wirksame Bevollmächtigung geschützt. A muss bezahlen.

6. Erlöschen der Vollmacht

Nach § 168 bestimmt sich das Erlöschen der Vollmacht nach dem ihrer Erteilung zugrunde liegenden Rechtsverhältnis (z.B. Arbeits- oder Dienstverhältnis, Auftrag).

Weiter erlischt die Vollmacht nach § 168 S. 2 durch einseitigen Widerruf der Vollmacht auch dann, wenn das Rechtsverhältnis weiter besteht. Der Widerruf kann sowohl gegenüber dem Stellvertreter als auch dem Dritten gegenüber erfolgen. Der Widerruf führt zum Erlöschen der Vollmacht.

Tätigt der Stellvertreter trotz Erlöschen der Vollmacht dennoch ein Geschäft für den Vertretenen, hängt dessen Wirksamkeit von der Genehmigung des Vertretenen nach § 177 I ab.

Beispiel: F ist Eigentümerin eines Grundstücks und erteilt ihrem Mann gegenüber eine schriftliche Vollmacht zum Verkauf des Grundstücks. Wegen eines Streits widerruft sie diese und nimmt ihm die Vollmachtsurkunde wieder weg. Damit erlosch die Vollmacht. Daraufhin entwendet M ihr den Tresorschlüssel und verkauft mit der Vollmachtsurkunde das Grundstück an K.

Der Vertrag ist schwebend unwirksam. F kann den Vertrag aber genehmigen, wenn sie den Verkauf des Grundstücks an sich ziehen will. Der Vertrag kommt dann zwischen ihr und K nach §§ 433, 164 zustande. Ist sie gegen den Verkauf und genehmigt sie ihn nicht, so haftet der vollmachtslose M dem Käufer gegenüber gemäß § 179, d.h. er ist in diesem Falle zum Schadensersatz verpflichtet, da er das Grundstück nicht übereignen kann.

7. Überschreitung der Vertretungsmacht

Es kommt vor, dass jemand im Namen einer Person rechtsgeschäftlich handelt, ohne von dieser bevollmächtigt zu sein. Das Gesetz spricht in diesem Fall vom ***Vertreter ohne Vertretungsmacht***.

Die Rechtsfolge des § 164, dass der Vertretene die abgegebenen Erklärungen gegen sich gelten lassen muss, ist nur gerechtfertigt, weil und soweit der Vertretene die Wahrnehmung seiner eigenen Interessen bewusst aus der Hand gibt. In Fällen hingegen, in denen jemand unbefugt in seine Interessensphäre eingreift, wird der dadurch entstehende Konflikt zwischen den Beteiligten mit Hilfe der §§ 177 - 180 gelöst.

Es gibt verschiedene Situationen, in denen jemand als Vertreter ohne Vertretungsmacht auftritt. Ein Vertreter ohne Vertretungsmacht ist gegeben wenn:

- jemand ***ohne jede Vertretungsmacht*** für einen anderen rechtsgeschäftlich handelt,
- derjenige, der zwar Vertretungsmacht hat, ***die Grenzen der Vollmacht überschreitet,*** die durch den Umfang der Vollmacht gesetzt wurden,

- *die Vollmacht angefochten wird,* nachdem der Vertreter ein zunächst wirksames Rechtsgeschäft abgeschlossen hat,

- der Vertreter *nach Erlöschen der Vollmacht* weiter für den anderen rechtsgeschäftlich handelt.

Die §§ 177 und 178 regeln, welche Auswirkungen das Handeln des vollmachtslosen Vertreters für das Rechtsverhältnis zwischen Vertretenem und dem anderen Vertragspartner („der andere Teil") hat. § 179 spricht die Rechtsfolgen im Verhältnis Vertreter ohne Vertretungsmacht und dem Vertragspartner aus.

a) Rechtsverhältnis zwischen Vertretenem und Drittem

Schließt ein Vertreter ohne Vertretungsmacht einen Vertrag, so bestimmt § 177, dass die Wirksamkeit des Vertrages für und gegen den Vertretenen von dessen Genehmigung abhängt. Das bedeutet, der Vertrag ist bis dahin schwebend unwirksam. Genehmigt der Vertretene das Geschäft, wird der Vertrag ex tunc wirksam, d.h. die Genehmigung wirkt auf den Zeitpunkt des Vertragsabschlusses zurück (§ 184). Verweigert er die Genehmigung, so gilt der Vertrag von Anfang an als nichtig. Die Genehmigung kann sowohl dem Stellvertreter als auch dem Vertragspartner gegenüber erfolgen (§ 182).

Der Vertragspartner, der mit einem Vertreter ohne Vertretungsmacht abgeschlossen hat, hat nach § 177 II die Möglichkeit, den Vertretenen zur Genehmigung aufzufordern. Lehnt dieser ab oder erklärt er sich nicht binnen zwei Wochen, gilt die Genehmigung als verweigert. Der Vertragspartner kann aber auch nach § 178 bis zur Erteilung der Genehmigung seine Willenserklärung widerrufen und damit das Geschäft zu Fall bringen. Das Widerrufsrecht steht ihm allerdings nur dann zu, wenn ihm der Mangel der Vertretungsmacht bei Abschluss des Vertrages nicht bekannt war.

Lässt sich das Geschäft in einen durch Vollmacht gedeckten und einen ungedeckten Teil aufgliedern, so ist nach § 139 zu verfahren und zu entscheiden, ob das Rechtsgeschäft insgesamt oder nur teilweise unwirksam ist. Ist das Rechtsgeschäft unteilbar, so sind die §§ 177 ff. auf das ganze Rechtsgeschäft anzuwenden. Handelt es sich hingegen um ein teilbares Rechtsgeschäft, so ist nur derjenige Teil wirksam, für den Vollmacht vorlag. Für den anderen Teil liegt ein Handeln eines Vertreters ohne Vertretungsmacht vor, für den die §§ 177 ff. anzuwenden sind.

Beispiel: Die Angestellte A soll für den Eingangsbereich des Geschäftsbüros ihres Chefs K verschiedene Grünpflanzen im Gesamtwert von maximal 100 € auf Rechnung kaufen. Sie kauft ein besonders schönes, exotisches Exemplar, das allein schon 99,90 € kostet, und entschließt sich, statt einer weiteren Pflanze lieber noch einen Wandteppich aus Sisalfasern für 30 € zu kaufen.

Hier hat A ihre Vertretungsbefugnis überschritten und zwar in zweierlei Hinsicht. Zum einen war sie nur zum Kauf von Grünpflanzen befugt, zum anderen war ihre Vollmacht auf 100 € begrenzt. Da das Rechtsgeschäft teilbar ist, kann K in Bezug auf den Wandteppich entweder genehmigen, oder die Genehmigung verweigern. Dann wird nur der Vertrag über die Grünpflanze wirksam.

b) Rechtsverhältnis zwischen Vertreter ohne Vertretungsmacht und dem Dritten

In Fällen, in denen der Vertretene den Vertrag, den ein Vertreter ohne Vertretungsmacht für ihn abgeschlossen hat, nicht genehmigt, hängen die in § 179 genannten möglichen Rechtsfolgen davon ab, ob dem Stellvertreter oder dem Vertragspartner der Mangel in der Vertretungsbefugnis bekannt war.

aa) Stellvertreter kennt den Mangel der Vertretungsmacht

Genehmigt der Vertretene einen Vertrag nicht, ***haftet*** der Vertreter, der bewusst ohne Vollmacht gehandelt hat, dem Dritten gegenüber nach § 179 I. Das bedeutet, der Vertragspartner hat die Wahl, vom vollmachtslosen Vertreter entweder:

- die ***Erfüllung*** des von ihm geschlossenen Vertrages
- oder ***Schadensersatz*** zu verlangen.

Bei der Haftung des Vertreters ohne Vertretungsmacht handelt es sich sozusagen um eine gesetzlich angeordnete Einstandspflicht. Er selbst wird deswegen aber nicht Vertragspartei. Wählt der Vertragspartner Schadensersatz statt Erfüllung (Erfüllungsschaden), muss der Stellvertreter nach § 177 I den Vertragspartner so stellen, wie dieser bei vertragsgemäßer Erfüllung wirtschaftlich gestanden hätte (sog. ***positive Interesse***). Das positive Interesse beinhaltet somit auch den entgangenen Gewinn.

Beispiel: Genehmigt F im obigen Ausgangsfall den Grundstücksverkauf ihres Mannes an K nicht, so kann K von M zwar keine Erfüllung verlangen, weil M nicht Eigentümer ist und er daher kein Eigentum auf K nach § 873 übertragen kann. K könnte aber, wenn er das Grundstück nachweislich gewinnbringend weiterverkaufen hätte können, von M den entgangenen Gewinn verlangen.

bb) keine Kenntnis des Stellvertreters vom Vertretungsmangel

Hatte der Vertreter keine Kenntnis vom Mangel der Vertretungsmacht, so ***haftet*** er dem Vertragspartner gegenüber auf Ersatz des Vertrauensschadens nach § 179 II. Das bedeutet, er hat dem Vertragspartner den Schaden zu ersetzen, der diesem im Vertrauen auf die wirksame Vertretungsmacht entstanden ist. Mit anderen Worten, er ist so zu stellen, wie er stehen würde, wenn er mit dem Vertreter nie einen Vertrag abgeschlossen hätte (sog. ***negatives Interesse***). Das sind meist Telefonat-, Porto- oder Fahrtkosten, die er umsonst aufgewendet hat.

cc) Ausschluss der Haftung bei Kenntnis des Dritten

Wenn der Dritte (der Geschäftspartner) den Mangel der Vertretungsmacht kannte oder bekannt sein hätte müssen, ist er nicht schützenswert und die Haftung des Stellvertreters ohne Vertretungsmacht entfällt. Es ist nicht erforderlich, dass er Erkundigungen über die Vollmacht einzieht, aber sofern Anhaltspunkte für eine fehlende Bevollmächtigung vorliegen, besteht eine Nachprüfungs- bzw. Erkundungspflicht.

8. Innen- und Außenverhältnis

Wurde die Vollmacht durch Rechtsgeschäft erteilt, wird damit in der Regel zugleich der Umfang der Vollmacht bestimmt.

Liegt der Vollmacht hingegen ein Rechtsverhältnis (Auftrag, Arbeits- oder Dienstvertrag) zugrunde, so ist zwischen Innen- und Außenverhältnis zu unterscheiden:

a) Innenverhältnis

Das Innenverhältnis bestimmt die Geschäftsführungsbefugnis, d.h. das ***rechtliche Dürfen*** des Vertreters. Das Innenverhältnis, also beispielsweise der Arbeitsvertrag legt fest, welche Geschäfte der Arbeitnehmer nach außen tätigen darf. Aus diesem ergibt sich der Umfang der Vertretungsmacht

b) Außenverhältnis

Das Außenverhältnis regelt die Frage der Vertretungsmacht, also das ***rechtliche Können*** des Vertreters. Danach bestimmt sich, ob das von ihm abgeschlossene Rechtsgeschäft im Außenverhältnis Wirkung hat, d.h. ob ein Vertrag des Vertreters mit einem Dritten zustande gekommen ist. Typische Fälle für den gesetzlich festgelegten Umfang der Vertretungsmacht ist die Prokura nach §§ 49, 50 HGB und die Vertretungsmacht eines Geschäftsführers einer GmbH nach §§ 35, 37 II GmbHG. Eine Beschränkung im Innenverhältnis ist ohne Wirkung für das Außenverhältnis.

9. Das Insichgeschäft

Der Gesetzgeber hat mit § 181 sog. Insichgeschäfte, d.h. den Abschluss von Rechtsgeschäften mit sich selbst als Vertragspartei auf der einen Seite und als Stellvertreter für einen anderen auf der anderen Seite für unzulässig erklärt. Es sollen dabei Interessenskollisionen vermieden werden, die dazu führen, dass der Stellvertreter seine Vertretungsmacht missbraucht.

Ein Insichgeschäft liegt beim sog. ***Selbstkontrahieren*** und bei der sog. ***Mehrvertretung*** vor.

1. Beispiel: S ist bei K angestellt. K will günstig an einen gebrauchten Pkw herankommen und beauftragt S mit der Suche. S kommt auf die Idee, seinen Pkw über Marktwert zu verkaufen und sich dann einen neuen Wagen anzuschaffen. Er schließt den Vertrag als Stellvertreter des K und mit sich selbst als Vertragsgegner (Selbstkontrahieren).

Da S einmal als Vertragspartei und einmal als Stellvertreter der anderen Vertragspartei beim Abschluss mitgewirkt hat, ist der Vertrag als sog. Insichgeschäft nach § 181 unwirksam.

2. Beispiel: S soll für K den Pkw bei V kaufen. Da sowohl K als auch V verhindert sind, beauftragen beide den S, für sie die erforderlichen Willenserklärungen jeweils in ihrem Namen abzugeben (Mehrvertretung).

Auch hier besteht die Gefahr, dass S, der als Stellvertreter für beide Vertragsparteien handelt, die Interessen nur einer Seite angemessen vertritt und somit in Kollision mit den Interessen der anderen Seite gerät. Zur Vermeidung dieser Interessenkollision ist in diesem Fall das Geschäft ebenfalls nach § 181 als sog. Insichgeschäft unwirksam.

Ausnahmen von der Unwirksamkeit nach § 181 werden gemacht,

- wenn es dem Vertreter gesetzlich (§§ 1009 BGB; 125 HGB, 78 IV AktG) oder rechtsgeschäftlich *gestattet ist* (Überweisung vom Konto des Vertretenen auf eigenes),

- wenn der Vertreter das Geschäft ausschließlich in *Erfüllung einer Verbindlichkeit* vornimmt (bereits abgeschlossener Abtretungsvertrag wird erfüllt), oder

- wenn damit *nur rechtliche Vorteile für den Vertretenen* verbunden sind (Schenkung).

Da hier die Gefahr einer Interessenkollision für den Stellvertreter nicht gegeben ist, sind diese Geschäfte nicht nach § 181 unzulässig, sondern ausnahmsweise wirksam.

TEIL B: SCHULDRECHT / SACHENRECHT

I. Einleitung

Das Schuldrecht ist der Teil des Privatrechts, der die Schuldverhältnisse behandelt, und befindet sich im ***Zweiten Buch*** des BGB. Es wird untergliedert in einen Allgemeinen Teil (§§ 241 - 432) und in einen Besonderen Teil (§§ 433 - 853). Während der Allgemeine Teil für alle Schuldverhältnisse, d.h. sowohl für rechtsgeschäftliche als auch für gesetzliche gilt, sind im Besonderen Teil die im praktischen Leben am häufigsten vorkommenden Rechtsbeziehungen bzw. Vertragstypen mit ihren spezifischen Regelungen enthalten.

Das Gesetz definiert den Begriff des Schuldverhältnis nicht, verwendet ihn aber in doppeltem Sinn:

1. Schuldverhältnis im weiteren Sinne

Darunter versteht man diejenigen Rechtsverhältnisse als Ganzes, aus denen sich eine Reihe von Rechten und Pflichten zwischen mindestens zwei Personen ergeben. In *Abschnitt 8* des Zweiten Buches sind unter der Überschrift „Einzelne Schuldverhältnisse“ die Schuldverhältnisse i.w.S. genannt, die im Rechtsleben am häufigsten vorkommen.

Beispiele: Kaufvertrag, Verbrauchsgüterkauf, Darlehensvertrag, Mietverhältnis, Schenkungsvertrag, Dienstverhältnis, Werkvertrag, Reisevertrag, Auftrag und Geschäftsbesorgungsvertrag, Bürgschaft, Sonderverbindungen aus ungerechtfertigter Bereicherung oder unerlaubter Handlung u.a.

Das schuldrechtliche Verhältnis bezeichnet man auch als pflichtenbegründende Sonderverbindung zwischen Schuldner und Gläubiger, da die Rechte und Pflichten grundsätzlich nur im Verhältnis zwischen denen am Schuldverhältnis beteiligten Personen entstehen (z.B. Kaufvertrag). Man spricht insoweit von der Relativität des Schuldverhältnisses. Anders bei den Sachenrechten, denn sie wirken absolut, d.h. gegenüber jedem Menschen (z.B. Eigentumsrecht).

2. Schuldverhältnis im engeren Sinne

Darunter versteht man den einzelnen Anspruch, also ein Rechtsverhältnis, aufgrund dessen die eine Person (Gläubiger) berechtigt ist, von der anderen Person (Schuldner) eine Leistung zu fordern. Die Leistung kann sowohl in einem positiven Tun als auch in einem Unterlassen bestehen (§ 241).

Beispiele: Übereignung der Kaufsache, Zahlung des Kaufpreises, Überlassung des Wohnraumes, Vergütung einer Dienstleistung, Ersatz des verursachten Schadens, Unterlassen eines Konkurrenzgeschäfts

Aus dem Schuldverhältnis ergibt sich also das Recht des Gläubigers, vom Schuldner eine bestimmte Leistung zu verlangen (= Anspruch, Forderung). Der Gläubiger wird auch als Anspruchsinhaber bezeichnet. Für den Schuldner ergibt sich aus dem Schuldverhältnis die Verpflichtung, dem Gläubiger eine bestimmte Leistung zu erbringen (= Schuld, Verbindlichkeit). Man bezeichnet den Schuldner auch als Anspruchsgegner.

In *Abschnitt 3 und 4* des Zweiten Buches gebraucht das Gesetz den Begriff im engeren Sinne. So ist beispielsweise in § 362 der einzelne Anspruch gemeint, wenn es heißt: „Das Schuldverhältnis erlischt, wenn die geschuldete Leistung durch den Gläubiger bewirkt wird".

3. Entstehen des Schuldverhältnisses

Das Schuldverhältnis kann entweder aufgrund eines Rechtsgeschäfts oder kraft Gesetzes entstehen. Zu unterscheiden ist daher zwischen *rechtsgeschäftlichen* und *gesetzlichen* Schuldverhältnissen.

a) Das rechtsgeschäftliche Schuldverhältnis

Das rechtsgeschäftliche Schuldverhältnis entsteht nach § 311 I aufgrund eines Vertrages. Dieser setzt zwei übereinstimmende Willenserklärungen (Angebot und Annahme) voraus. Nur ausnahmsweise genügt ein einseitiges Rechtsgeschäft. Vertragliche Schuldverhältnisse sind in erster Linie die in Abschnitt 8 genannten Vertragstypen (Kauf, Tausch, Miete, Pacht, Werkvertrag usw.). Auch die sog. vorvertraglichen Schuldverhältnisse, die in § 311 Absatz 2 und 3 erwähnt sind, gehören dazu.

Das Schuldverhältnis unterscheidet sich auch danach, ob sich eine, zwei oder mehrere Personen zu einer Leistung verpflichten und ob diese im Gegenseitigkeitsverhältnis steht.

- Bei einem ***einseitig*** *verpflichtenden Vertrag* verpflichtet sich nur eine Partei zu einer Leistung, z.B. beim Schenkungsversprechen und beim Bürgschaftsvertrag (§ 765). Dem Vertragspartner entsteht keine Leistungsverpflichtung, er hat hingegen einen Anspruch.

- Bei einem ***zweiseitig*** *verpflichtenden Vertrag* entstehen für beide Seiten Leistungspflichten, wie z.B. beim Auftrag (§ 662), bei dem der eine sich zur Ausführung einer bestimmten Tätigkeit verpflichtet und der andere unter Umständen zum Ersatz der Aufwendungen verpflichtet wird. Man spricht auch von *zufällig* zweiseitigen Verträgen, da bei Vertragsschluss nicht feststeht, ob auf der Gegenseite ebenfalls eine vertragliche Verpflichtung entsteht.

- Bei einem sog. ***gegenseitig*** *verpflichtenden Vertrag* stehen die beiderseitigen Leistungspflichten in einem Austauschverhältnis, d.h. der eine Vertragsteil verspricht nur oder gerade deshalb eine Leistung, weil auch der andere sich zu einer Leistung verpflichtet (z.B. Tausch, Kauf). Die im Austauschverhältnis (Synallagma) sich gegenüber stehenden Leistungspflichten werden als Hauptpflichten bezeichnet. Die Besonderheit dieser Verträge besteht in der gegenseitigen Abhängigkeit der beiderseitigen Hauptverpflichtungen. Der eine kann seine Leistung solange verweigern, bis der andere die Gegenleistung erbracht hat (§§ 320 ff.). Leistet der eine Vertragsteil nicht oder nicht richtig, hat dies unter Umständen Einfluss auf seinen Anspruch auf die Gegenleistung (§§ 323 ff.).

- Bei einem ***mehrseitig*** *verpflichtenden Vertrag* verpflichten sich mehr als zwei Vertragspartner zu einer bestimmten Leistung, wie beispielsweise beim Gesellschaftsvertrag (§ 705). Entsprechend der vertraglichen Vereinbarung verpflichten sich die Gesellschafter, einen gemeinsamen Zweck zu fördern und die vereinbarten Beiträge zu leisten.

b) Das gesetzliche Schuldverhältnis

Das gesetzliche Schuldverhältnis zwischen Schuldner und Gläubiger entsteht kraft Gesetzes, beispielsweise durch eine unerlaubte Handlung. Gemäß § 823 hat der Schädiger in diesem Fall dem Geschädigten den entstandenen Schaden zu ersetzen. Dieses Schuldverhältnis entsteht also nicht durch Abschluss eines Vertrages, sondern allein aufgrund der gesetzlichen Anordnung des § 823, sofern die entsprechenden Voraussetzungen erfüllt sind.

II. Veräußerungsgeschäfte und ihre Durchführung

Veräußerungsgeschäfte sind die Vertragstypen, bei denen der Austausch eines Vermögenswertes gegen Geld stattfindet. Der Kaufvertrag stellt die Grundform dieser vertraglichen Regelung dar und ist gleichzeitig der wirtschaftlich bedeutendste Vertragstyp und das wichtigste Umsatzgeschäft.

1. **Kaufvertrag** (§ 433)

a) Begriff und Abstraktionsprinzip

Der Kaufvertrag ist ein gegenseitig verpflichtender Vertrag, bei dem sich der Verkäufer durch den Abschluss des Vertrages verpflichtet, dem Käufer die Sache zu übergeben und ihm das Eigentum daran zu verschaffen (§ 433 I). Ist die Kaufsache ein Recht, so hat er dem Käufer das Recht zu verschaffen (Satz 2). Der Käufer ist aus dem Kaufvertrag verpflichtet, dem Verkäufer den vereinbarten Kaufpreis zu zahlen und die gekaufte Sache abzunehmen (§ 433 II).

Der Kaufvertrag ist auch ein schuldrechtliches *Verpflichtungs*geschäft, aus dem sich die vertraglichen Pflichten von Käufer und Verkäufer ergeben.

Das Verpflichtungsgeschäft ist ein Rechtsgeschäft, durch das sich eine Person einer anderen gegenüber verpflichtet, eine Leistung zu erbringen *(sog. schuldrechtlicher Vertrag).*

Hiervon streng zu trennen ist das sog. *Verfügungs*geschäft, das zur Übertragung des Eigentums an der gekauften Sache noch erforderlich ist. Denn allein durch das Verpflichtungsgeschäft (Kaufvertrag) geht das Eigentum an der Sache noch nicht über. Hierzu bedarf es eines weiteren Rechtsgeschäfts, nämlich dem Verfügungsgeschäft (Übereignungsvertrag), der im Gegensatz zum schuldrechtlichen Kaufvertrag ein dinglicher Vertrag ist, weil er auf die Eigentumsverhältnisse an der Sache Einfluss hat. Beim Kauf einer beweglichen Sache erfolgt die Übereignung nach § 929, beim Kauf einer unbeweglichen Sache (Grundstück) nach § 873 und bei einem Rechtskauf erfolgt die Übereignung durch eine Abtretung gemäß § 398.

Das Verfügungsgeschäft ist ein Rechtsgeschäft, durch das auf ein Recht unmittelbar eingewirkt wird, d.h. übertragen, belastet, geändert oder aufgehoben *(sog. dinglicher Vertrag).*

Diese strikte Trennung zwischen Verpflichtungs- und Verfügungsgeschäft wird mit dem Begriff ***Abstraktionsprinzip*** bezeichnet. Danach sind Verpflichtungsgeschäft und Verfügungsgeschäft hinsichtlich Vornahme und Wirksamkeit rechtlich selbständig und damit getrennt voneinander zu beurteilen.

Am Beispiel des Kaufvertrages soll das Abstraktionsprinzip, das im Übrigen für alle Verträge gilt, in einem Schema verdeutlicht werden:

Verkäufer	**§ 433 (Kaufvertrag)** (Einigung über Vertragsinhalt)	Käufer	**Verpflichtungsgeschäft** (= Rechtsgeschäft)
Verkäufer Schuldner	**§ 929 (Übereignungsvertrag)** (Einigung über Eigentumsübergang Sache) *Übergabe der Sache*	Käufer Gläubiger	**1. Verfügungsgeschäft** (= Rechtsgeschäft) *= Realakt, kein RG*
Verkäufer Gläubiger	**§ 929 (Übereignungsvertrag)** (Einigung über Eigentumsübergang Geld) *Übergabe des Geldes*	Käufer Schuldner	**2. Verfügungsgeschäft** (= Rechtsgeschäft) *= Realakt, kein RG*

Beispiel: Der minderjährige K sucht sich im Laden des V für 250 € einen DVD-Spieler aus. Da V ihn nicht auf Lager hat, vereinbaren sie, dass V ihn beim Hersteller bestellt und K ihn nach Eintreffen bei V abholen soll. K bezahlt den Kaufpreis sofort. Als V bei K anruft, ist der Vater des K am Telefon und ist gegen den Kauf. Er verlangt die bezahlten 250 € zurück. V meint, das von K getätigte Geschäft sei wirklich gut und außerdem sei K schon Eigentümer des DVD-Players.

Mit Bestellung, die V angenommen hat, ist ein Kaufvertrag gemäß § 433 geschlossen worden, der allerdings mangels Einwilligung der gesetzlichen Vertreter schwebend unwirksam war. Aus einem wirksamen Kaufvertrag entstehen die gegenseitigen Verpflichtungen, d.h. die Pflicht des V zur Übereignung und Übergabe einerseits und die Pflicht des Käufers zur Kaufpreiszahlung andererseits. Dieser Verpflichtung ist K durch die Übereignung des Geldes nach § 929 bereits im Laden des V nachgekommen.

Allein aufgrund der Verpflichtung des V durch den Kaufvertrag (Verpflichtungsgeschäft) ist K aber noch nicht Eigentümer geworden. Dazu hätte V sich noch mit K nach §§ 929, 107 über den Eigentumsübergang einigen (Verfügungsgeschäft) und ihm schließlich durch Übergabe (Realakt) den Besitz an der Anlage verschaffen müssen. Der Eigentumserwerb wäre für K nach § 107 ein rechtlicher Vorteil und daher ohne Zustimmung des Vaters wirksam. Diese Übereignung an K ist aber noch nicht erfolgt.

b) Inhalt

Gegenstand des Kaufvertrages können Sachen und Rechte sein, also alle verkehrsfähigen Güter, auch unkörperliche Gegenstände (Know-how, Gewinnchancen) oder sonstige Vermögensgegenstände, die wirtschaftlich eine Einheit bilden (Unternehmenskauf).

Beispiele: Fahrzeug, Bücher, Tiere, Grundstücke, Gas, Wasser, Strom (Sachkauf)
Forderungen, Patente, Warenzeichen, Gesellschaftsanteile (Rechtskauf)

Der Kaufvertrag spricht lediglich die ***Verpflichtung*** aus, dem Käufer das Eigentum und den Besitz zu verschaffen (§ 433 I lesen!).

Da der Kaufvertrag allein noch nicht zum Eigentumswechsel an der verkauften Sache führt, muss erst noch über das Eigentum am Kaufgegenstand verfügt werden (Abstraktionsprinzip!).

Bei einem ***Sachkauf*** muss unterschieden werden, ob es sich um eine bewegliche oder unbewegliche Sache handelt. Eine bewegliche Sache wird nach § 929 durch Einigung über den Eigentümerwechsel und durch Übergabe der Sache übereignet. Eine unbewegliche Sache wird gemäß § 873 durch Einigung über den Eigentümerwechsel und durch Eintragung in das Grundbuch übereignet.

Bei einem ***Rechtskauf*** ist ein Abtretungsvertrag nach § 398 erforderlich, nach dem das Recht auf den neuen Eigentümer übertragen werden soll. Erst die Durchführung dieser Verfügungsgeschäfte führt zum Eigentümerwechsel (vgl. §§ 929, 873, 398).

Beim ***Unternehmenskauf*** hat sich der Verkäufer zu einer Vielzahl an Einzelübertragungsakten verpflichtet. Damit der Käufer Eigentümer wird, sind eine Reihe von Verfügungsgeschäften erforderlich, die je nach Inhalt des Kaufvertrages nach unterschiedlichen Vorschriften erfolgen. Der Verkäufer aus dem Unternehmenskauf ist also verpflichtet, dem Käufer

- das Eigentum an den zum Unternehmen gehörenden beweglichen Sachen (Maschinen, Waren, Büromöbel usw.) nach § 929 zu übereignen

- das Eigentum an unbeweglichen Sachen (Grundstück) nach § 873 zu verschaffen,

- die zum Unternehmen zählenden Rechte (offene Forderungen, Patente) auf den Käufer durch Abtretung nach § 398 zu übertragen

und im Übrigen dem Käufer die Verfügungsmacht über alle Bestandteile des Unternehmens einzuräumen, damit dieser die tatsächliche Einwirkungsmöglichkeit über das ganze Unternehmen hat.

c) Arten

Der Kaufvertrag kann je nach Vertragsinhalt ein *Stückkauf* oder ein *Gattungskauf* sein. Eine besondere Art des Kaufvertrags ist der *Handelskauf* und der *Verbrauchsgüterkauf.*

aa) Bei einem ***Stückkauf*** (Spezieskauf) schuldet der Verkäufer die Übergabe und Übereignung einer ganz bestimmten, individuellen Sache, die durch eine andere nicht ersetzt werden kann. Wird diese vor Übergabe zerstört, ist dem Verkäufer die Erfüllung der geschuldeten Leistung unmöglich geworden.

bb) Bei einem ***Gattungskauf*** schuldet der Verkäufer die Übergabe und Übereignung einer Sache, die lediglich nach Gattungsmerkmalen wie Material, Maß, Gewicht, Farbe, Größe bestimmt ist. Er kann daher die zu liefernde Sache auswählen, die nur von mittlerer Art und Güte, nicht aber die wertvollste sein muss (§§ 243; 360 HGB). Hat der Verkäufer aus der Gattung die geschuldete Sache nach Art und Menge für den Käufer ausgesucht und ausgesondert, so wird aufgrund dieser Aussonderung (Konkretisierung) aus der Gattungsschuld eine Stückschuld (§ 243 II).

cc) Der ***Handelskauf*** ist ein Kaufvertrag, bei dem auf mindestens einer Seite ein *Kaufmann* im Sinne der §§ 1 ff. Handelsgesetzbuch Vertragspartner ist und für den der Vertrag „zum Betrieb seines Handelsgewerbes gehört“ (§ 343 HGB). Gegenstand des Handelskaufes können nur *Waren oder Wertpapiere* sein. Waren sind bewegliche körperliche Sachen des Handelsverkehrs. Da es sich bei Grundstücken und Unternehmen als Gesamtheit nicht um Waren handelt, können diese auch nicht Gegenstand eines Handelskaufes sein.

Das HGB enthält in den §§ 373 bis 382 spezielle Vorschriften über den Handelskauf, die als Sonderbestimmungen (lex specialis) die entsprechenden allgemeinen Vorschriften des BGB verdrängen.

dd) Der ***Verbrauchsgüterkauf*** ist ein Kaufvertrag, bei dem ein Verbraucher von einem Unternehmer eine bewegliche Sache kauft (§ 474). Verbraucher ist nach § 13 jede natürliche Person, die ein Rechtsgeschäft zu rein privaten Zwecken abschließt, also weder als gewerblich noch als selbständig tätige Person. § 14 definiert den Unternehmer als eine natürliche oder juristische Person bzw. rechtsfähige Personengesellschaft, die bei Abschluss eines Rechtsgeschäfts in Ausübung ihrer gewerblichen oder selbständigen beruflichen Tätigkeit handelt.

Für den Verbrauchsgüterkauf gelten ergänzend zu den Regelungen zum Gewährleistungsrecht beim normalen Kaufvertrag die §§ 474 bis 479. Gleichzeitig werden die Gefahrtragungsregeln zugunsten des Verbrauchers modifiziert.

2. Leistungspflichten des Verkäufers

Haben sich Käufer und Verkäufer über den Kauf bzw. Verkauf eines bestimmten Vertragsgegenstandes geeinigt, so liegt ein wirksamer Kaufvertrag vor. Durch den Kaufvertrag verpflichtet sich der Verkäufer zu bestimmten Haupt- und Nebenleistungspflichten. Gleichzeitig löst der Vertrag nach § 242 sog. Nebenpflichten aus.

a) Hauptleistungspflichten

Der Verkäufer einer beweglichen Sache ist nach § 433 I vertraglich verpflichtet, das Eigentum an der verkauften Sache gemäß § 929 Satz 1 durch Einigung und Übergabe auf den Käufer zu übertragen. Er ist also einerseits verpflichtet, einen Vertrag über den Eigentümerwechsel mit dem Käufer zu schließen (Verfügungsgeschäft) und andererseits die Sache dann tatsächlich auch zu übergeben (Realakt).

aa) Leistungsort

Leistungsort, d.h. der Ort, an dem die Leistungshandlung vorzunehmen ist, ist grundsätzlich der Wohnsitz des Schuldners nach § 269 I. Der Verkäufer hat zur Erfüllung des Vertrags alles Erforderliche getan, wenn er die geschuldete Leistung am Ort seines Wohnsitzes zur Abholung durch den Käufer bereithält. Der Leistungsort wird im Gesetz manchmal irreführenderweise Erfüllungsort genannt.

Vom Leistungsort zu unterscheiden ist der Ort, an dem die Erfüllung des Vertrages eintritt. Dieser Ort wird *Erfolgsort* oder auch Erfüllungsort genannt. Der Leistungsort kann mit dem Erfolgsort zusammenfallen, muss es aber nicht.

Der gesetzliche Regelfall ist die ***Holschuld*** gemäß § 269 I. Der Schuldner muss die Sache bereithalten und der Gläubiger muss die Sache beim Verkäufer abholen, damit der Vertrag erfüllt werden kann. Leistungsort und Erfolgsort liegen hier beide am Wohnsitz des Schuldners (z.B. Kauf im Supermarkt).

Statt der Holschuld kann aber auch eine ***Bringschuld*** vereinbart sein. Bei der Bringschuld muss der Schuldner dem Gläubiger die Leistung bringen. Er muss also seine Leistungshandlung am Wohnsitz des Gläubigers vornehmen. Vertragserfüllung, also beispielsweise Übereignung findet erst beim Gläubiger statt. Leistungs- und Erfolgsort sind hier beide am Wohnsitz des Gläubigers. Die Bringschuld ist die Ausnahme. Sie gilt nur aufgrund besonderer Vereinbarung oder wenn sie sich aus speziellen Vorschriften oder aus der Natur des Schuldverhältnisses ergibt (z.B. Heizöllieferung ins Haus).

Bei der ***Schickschuld*** muss der Schuldner die Leistung schicken. Der Verkäufer hat seine geschuldete Leistung erbracht, wenn er an seinem Wohnsitz die Sache einer Transportperson übergeben oder die Sache abgeschickt hat. Da Vertragserfüllung aber erst am Wohnsitz des Gläubigers eintritt, fallen Leistungsort und Erfolgsort bei der Schickschuld auseinander (z.B. Versendungskauf, Geldüberweisung).

bb) Leistungszeit

Mit der Leistungszeit wird der Zeitpunkt festgelegt, wann die Leistung zu erfolgen hat. Der Schuldner muss seine Leistungshandlung innerhalb der vereinbarten Leistungszeit vornehmen. Haben die Vertragsparteien keine bestimmte Zeit vereinbart, gilt § 271 I. Die Leistung des Schuldners ist dann sofort *fällig*, d.h. der Gläubiger kann sie sofort verlangen.

Ist für die Leistung eine Zeit bestimmt, so ist die Leistung nach § 271 II *erfüllbar*, das bedeutet, der Schuldner darf vor der vereinbarten Zeit leisten, der Gläubiger kann die Leistung vorher aber nicht verlangen.

b) Nebenpflichten

Unter dem Begriff der Nebenpflichten werden, zum Teil terminologisch uneinheitlich, sowohl Nebenleistungspflichten als auch leistungsunabhängige Nebenpflichten verstanden.

Es ist daher zu unterscheiden:

aa) leistungsbezogene Nebenpflichten

Damit die vertraglich vereinbarte Leistung sachgerecht verwendet werden kann, ist es unter Umständen erforderlich, dass weitere Leistungen, sog. Nebenleistungen erbracht werden (Verpackung, Installation, Montage, Instruktion, Gebrauchsanweisungen, Aushändigung von Urkunden etc.). Sie sind allgemein auf die Erfüllung der Hauptleistungspflicht gerichtet und dienen der Vorbereitung, Durchführung und Sicherung der Hauptleistung. Sie haben ohne Hauptleistung keinen selbständigen Wert. Der Gläubiger hat einen Anspruch auf Erfüllung der Nebenleistungspflichten. Weigert sich der Schuldner, kann die Erfüllung der Nebenleistungspflicht selbständig eingeklagt werden und im Wege der Zwangsvollstreckung durchgesetzt werden. Man spricht bei den Nebenleistungspflichten auch von *echten Nebenpflichten*. Sie können sich aus Parteivereinbarung oder aus § 242 ergeben.

Beispiel: Der Verkäufer einer Computeranlage schuldet neben seiner Hauptleistungspflicht aus § 433 I unter Umständen auch die Installation der Anlage und eine Einweisung in die Grundfunktionen des Computers als Nebenleistungspflicht nach § 242. Eine Schulung des Personals des Käufers schuldet er als Nebenleistung jedoch nur bei entsprechender vertraglicher Vereinbarung.

bb) leistungsunabhängige Nebenpflichten

Gleichzeitig ergibt sich aus § 241 II die Pflicht des Schuldners, seinen Vertrag so zu erfüllen, dass keine Rechtsgüter des Vertragspartners gefährdet oder verletzt werden. Es handelt sich um sog. Schutz- oder Verhaltenspflichten, die den Schuldner zur Rücksichtnahme verpflichten. (z.B. Aufklärungs-, Offenbarungs-, Hinweis-, Sorgfalts-, Verkehrssicherungs- oder Treuepflichten). Diese *unechten Nebenpflichten* sind nicht selbständig einklagbar. Verletzt der Schuldner eine seiner Nebenpflichten, ist der Gläubiger zum Schadensersatz oder Rücktritt nach §§ 280 ff. wegen Pflichtverletzung des Vertrages berechtigt.

3. Leistungspflichten des Käufers

Der Käufer einer Sache ist gemäß § 433 II verpflichtet, dem Verkäufer den vereinbarten Kaufpreis zu zahlen und die gekaufte Sache abzunehmen. Die Zahlung des Kaufpreises ist für den Käufer eine Hauptpflicht, die Abnahme der gekauften Sache im Regelfall lediglich eine Nebenpflicht des Vertrags.

a) Abnahme der Kaufsache

Damit der Verkäufer seinen Vertrag erfüllen kann, muss der Käufer mitwirken, indem er die Sache abnimmt. Die Abnahmeverpflichtung ist - sofern nichts anderes vereinbart ist - eine Nebenleistungspflicht. Nimmt der Käufer die Sache nicht ab, obwohl der Verkäufer sie anbietet, kommt er nach §§ 293 ff. in Annahmeverzug.

b) Kaufpreiszahlung

Leistungsort für Geldschulden ist in der Regel der Wohnsitz des Schuldners zur Zeit des Vertragsschlusses (§§ 270 I, IV, 269 I). Geldschulden sind, sofern nichts anderes vereinbart ist, Schickschulden. Das bedeutet, Leistungsort und Erfolgsort fallen auseinander. Der Schuldner hat nach § 270 I das Geld auf seine Kosten zu versenden. Er hat bezüglich seiner Zahlungsverpflichtung aber alles Erforderliche getan, wenn er das Geld rechtzeitig abgesandt hat. Leistungsort ist sein Wohnsitz bzw. Niederlassungsort. Erfüllt ist der Vertrag aber erst, wenn das Geld beim Verkäufer angekommen ist.

Die Besonderheit dieser Schickschuld besteht darin, dass das Geld auf Gefahr des Schuldners reist (§ 270 I). Kommt das Geld beim Gläubiger der Geldschuld (Verkäufer) nämlich nicht an, muss der Schuldner (Käufer) nochmals bezahlen. Der § 270 I ist eine Gefahrtragungsregel, die bestimmt, wer die sog. Preisgefahr zu tragen hat.

4. Gefahrtragungsregeln beim zufälligen Untergang der Sache

Haben Verkäufer und Käufer einen Vertrag geschlossen, diesen aber noch nicht erfüllt, kann es vorkommen, dass die Kaufsache untergeht, d.h. zerstört oder entwendet wird, ohne dass eine Vertragspartei den Untergang der Sache verschuldet hat. Man spricht dann vom zufälligen Untergang der Sache.

Beispiel: Verkäufer V und Käufer K haben sich über den Verkauf eines Oldtimers geeinigt und einen Kaufvertrag geschlossen. Als Übergabetermin wird das nächste Wochenende vereinbart. Noch bevor K den Wagen abholt, schlägt der Blitz in die Garage ein. Diese fängt Feuer und der Oldtimer wird durch das Feuer zerstört.

Dem Verkäufer ist seine Leistung unmöglich geworden, da er nicht mehr leisten kann. Die Folge ist nach § 275 I, dass der Anspruch des Käufers ausgeschlossen ist. Der Verkäufer wird von seiner Verpflichtung frei. Andererseits stellt sich die Frage, ob der Verkäufer seinen Anspruch auf Zahlung des Kaufpreises behält. Das Risiko, seinen Anspruch zu verlieren, wird unter dem Begriff der „Gefahrtragung" verstanden. Es ist zwischen der Leistungsgefahr und der Preisgefahr zu unterscheiden:

a) Leistungsgefahr

Der Verkäufer wird durch den Untergang des Fahrzeuges von seiner Leistungsverpflichtung (Übereignung und Übergabe) nach § 275 I frei. Das Risiko bei Unmöglichkeit der Leistung trägt hier also der Käufer.

Unter Leistungsgefahr versteht man das Risiko, die Leistung aus einem gegenseitigen Vertrag wegen Unmöglichkeit nicht zu erhalten. Die Leistungsgefahr trägt der Käufer gemäß § 275 I.

Demnach muss der Verkäufer weder einen Ersatzwagen liefern noch durch einen Deckungskauf seine Leistungsfähigkeit wiederherstellen.

Es stellt sich die Frage, was mit der Verpflichtung des Käufers zur Zahlung des Kaufpreises geschieht. Die Frage, ob der Verkäufer dennoch seinen Anspruch auf die Gegenleistung (Kaufpreis) behält, hängt davon ab, wer beim zufälligen Untergang der Sache die sog. Preisgefahr trägt.

b) Preisgefahr

Nach § 326 verliert der Schuldner seinen Anspruch auf die Gegenleistung, wenn er wegen Unmöglichkeit gemäß § 275 nicht zu leisten braucht. Das Risiko des zufälligen Untergangs trägt hinsichtlich des Kaufpreises also der Verkäufer.

Unter Preisgefahr versteht man das Risiko, den Kaufpreis beim zufälligen Untergang der Sache nicht zu erhalten. Die Preisgefahr trägt gemäß § 326 I grundsätzlich der Verkäufer.

Haben beide Vertragsparteien den Untergang nicht zu vertreten, d.h. zu verantworten, gehen demzufolge die gegenseitigen Ansprüche unter. Von diesem Grundsatz macht das Gesetz aber drei wichtige Ausnahmen:

aa) Übergang der Preisgefahr nach Übergabe (§ 446)

Mit Übergabe der Sache an den Käufer geht die Preisgefahr nach § 446 auf diesen über. Der Grund für diese Gefahrtragungsregel liegt darin, dass der Verkäufer keinerlei Einwirkungsmöglichkeit auf die Sache mehr hat und der Käufer bereits die Sachgewalt hat und den Nutzen aus der Sache ziehen kann.

Beispiel: K kauft beim Autohändler einen Gebrauchtwagen, den er gleich mitnehmen darf. Über den Kaufpreis erhält er eine Rechnung, die er binnen 10 Tagen begleichen soll. Das Eigentum und die Fahrzeugpapiere sollen nach Bezahlung des Kaufpreises übergehen. Noch bevor K die Rechnung beglichen hat, wird das Fahrzeug des Autohändlers durch einen Sprengstoffanschlag im Zentrum der Stadt zerstört. K will wissen, ob er das Auto trotzdem noch bezahlen muss.

Grundsätzlich trägt nach § 326 I der Verkäufer das Risiko, den Kaufpreis nicht mehr zu erhalten, wenn die Kaufsache zufällig, also von beiden Parteien unverschuldet untergeht. Da das Fahrzeug aber bereits an den Käufer übergeben worden ist, greift die Gefahrtragungsregel des § 446, wonach mit Aushändigung der Sache an den Käufer die Preisgefahr auf ihn übergeht. K muss den Kaufpreis an V trotz der Zerstörung des Fahrzeugs bezahlen.

bb) Übergang der Preisgefahr beim Versendungskauf (§ 447)

Haben die Parteien einen Versendungskauf vereinbart, entsteht nach § 447 die Verpflichtung des Verkäufers, die Kaufsache an eine sorgfältig ausgewählte Versandperson auszuhändigen. Beim Versendungskauf bleibt gemäß § 269 der Erfüllungsort (Ort der Leistungshandlung) beim Verkäufer, auch wenn der Vertrag erst erfüllt ist, wenn die Sache am Wohnort des Käufers (Erfolgsort) angekommen ist. Der Verkäufer hat mit Aushändigung an die Versandperson seine Leistungshandlung erbracht. Damit geht auch das Transportrisiko bzw. die Preisgefahr über. Verschlechtert sich die Sache während des Transports oder geht sie unter, hat der Käufer dennoch den Kaufpreis an den Verkäufer zu zahlen.

Beispiel: V aus Kiel verkauft aus seinem Privatbesitz dem K aus Halle einen antiken Schrank aus der Rokokozeit. Auf Bitte des K beauftragt V ein Transportunternehmen, das den Schrank auf Kosten des K nach Bremen liefern soll. Bei einer Massenkarambolage auf der Autobahn wird der Schrank zerstört. V verlangt dennoch Bezahlung von K.

Der Zahlungsanspruch des V ergibt sich aus § 433 II, nachdem beide einen wirksamen Vertrag abgeschlossen haben. Dieser Anspruch könnte aber durch die Zerstörung gemäß § 326 I untergegangen sein, da niemand der Vertragsparteien den Unfall zu verantworten hatte. Da es sich aber um einen Versendungskauf im Sinne des § 447 handelt, ging die Preisgefahr bereits mit Übergabe an die Transportfirma auf den Käufer über, so dass der Käufer das Risiko des zufälligen Untergangs zu tragen hat. K bleibt daher nach §§ 433 II, 447 zur Kaufpreiszahlung verpflichtet.

Eine ***Ausnahme*** von § 447 macht § 474 II beim ***Verbrauchsgüterkauf,*** wonach die Gefahrtragungsregel des § 447 nicht zur Anwendung kommt. Verkauft also ein Unternehmer an einen Verbraucher eine bewegliche Sache, so trägt der Verkäufer das Versendungsrisiko. Bei einer Gattungsschuld muss er nochmals liefern, da die Gefahr erst durch Übergabe an den Käufer nach § 446 übergeht. Bei einer Stückschuld, deren Lieferung unmöglich geworden ist, muss er zwar nach § 275 nicht mehr leisten, sofern ihn bei der Auswahl des Transportunternehmens kein Verschulden trifft. Es bleibt aber bei der grundsätzlichen Regelung des § 326 I, so dass der Verkäufer seinen Anspruch auf Kaufpreiszahlung verliert.

cc) Übergang der Preisgefahr im Annahmeverzug (§ 326 II)

Nimmt der Käufer die Sache nicht an, so kommt der Käufer nach §§ 293 ff. in Annahmeverzug. Voraussetzung ist, dass der Verkäufer seine Leistung tatsächlich angeboten hat (§ 294). Geht die Sache nach Eintritt des Annahmeverzuges unter, so bestimmt § 326 II, dass der Verkäufer den Anspruch auf Kaufpreiszahlung behält.

Beispiel: K bestellt für Sonntagnachmittag eine Geburtstagstorte bei V, die dieser um 15 Uhr liefern soll. Als V am Sonntag pünktlich vor der Haustüre des K steht, macht K nicht auf, weil er aufgrund seines bereits bestehenden Alkoholpegels auf dem Sofa eingeschlafen ist. V nimmt die Torte wieder mit. Auf dem Heimweg wird ihm die Vorfahrt durch ein anderes Fahrzeug genommen. Bei dem Aufprall wird die Torte zerstört. V will wissen, ob K die Torte bezahlen muss.

Da V zum vereinbarten Termin seine Leistung anbot und K diese nicht annahm, kam K in Verzug. Der Untergang der Torte wurde von einem Dritten verursacht, so dass keine der Vertragsparteien die Zerstörung zu vertreten hat. Dem V wurde die Lieferung durch den Unfall unmöglich. Er muss nach § 275 nicht mehr liefern. Den Anspruch auf die Gegenleistung verliert er in diesem Fall grundsätzlich nach § 326 I. Da K sich aber in Annahmeverzug befand, greift die Gefahrtragungsregel des § 326 II 1, wonach der Verkäufer seinen Anspruch auf die Gegenleistung behält. K muss die Torte nach §§ 433 II, 326 II 1 also bezahlen.

5. Sachmängelhaftung

Der Verkäufer hat nach § 433 I 2 dem Käufer die Sache frei von Sach- und Rechtsmängeln zu verschaffen. Der Käufer hat also einen Anspruch auf eine mangelfreie Sache.

Ist die Sache bei Gefahrübergang dennoch mangelhaft, so haftet der Verkäufer dem Käufer auch ohne Verschulden (sog. Garantiehaftung). Der Käufer kann dann die in § 437 genannten Gewährleistungsrechte geltend machen.

a) Voraussetzungen

aa) Vorliegen eines Sachmangels

Nach § 434 I 1 ist die Sache frei von Sachmängeln, wenn sie im Zeitpunkt des Gefahrübergangs (§§ 446, 447) die ***vereinbarte Beschaffenheit*** hat. Damit kommt es in erster Linie darauf an, was durch die Vereinbarung der Parteien zum Vertragsinhalt geworden ist.

Beispiel: K sieht sich beim Hundezüchter V nach einem Hund für sich um. Da er oft zum Segeln geht, fragt er nach einem Hund, der schwimmen kann. V empfiehlt ihm einen Irish Setter, den K auch kauft. Zuhause stellt er fest, dass der Hund nicht schwimmen kann.

Ein Hund, der nicht schwimmen kann, wird in der Regel noch kein mangelhafter Hund sein. Haben sich die Parteien aber im Kaufvertrag auf einen schwimmenden Hund geeinigt, so liegt ein Sachmangel vor.

Für die Beurteilung der Frage, ob die Sache einen Mangel hat, kommt es also nicht darauf an, wie die Sache objektiv zu bewerten ist, sondern was durch den Vertrag vorausgesetzt wurde und ob die Sache diese Beschaffenheit hat (sog. ***subjektiver Mangelbegriff***).

Haben Verkäufer und Käufer vertraglich keine bestimmte Beschaffenheit vereinbart, dann ist gemäß § 434 I 2 die Sache mangelfrei, wenn sie sich entweder

- für die ***vertraglich vorausgesetzte Verwendung*** eignet (Nr. 1) oder
- für die ***gewöhnliche Verwendung*** eignet und eine Beschaffenheit aufweist, die bei Sachen gleicher Art *üblich* ist und die der Käufer nach der Art der Sache *erwarten* kann (Nr. 2).

Beispiel: Käufer K sucht sich in einem Warenhaus ohne Beratung durch einen Verkäufer ein Zelt für seinen Campingurlaub aus und bezahlt an der Kasse. Auf dem Campingplatz beginnt es plötzlich zu regnen. Es stellt sich heraus, dass das Zelt undicht ist. K, der sich zum Zeitpunkt des Platzregens im Restaurant aufhält, muss bei seiner Rückkehr feststellen, dass seine Sachen komplett durchnässt wurden und seine Fotoausrüstung Schaden genommen hat.

Bei der Beantwortung der Frage, welche Beschaffenheit erwartet werden darf, kommt es auf den ***Erwartungshorizont eines Durchschnittskäufers*** an. War dem V bei Vertragsschluss der Verwendungszweck der Kaufsache bekannt, dann durfte K voraussetzen, dass ihm V ein Zelt zeigt, das zum Campen geeignet ist. Aber auch ohne Vertragsgespräch zwischen V und K kann man davon ausgehen, dass ein Zelt wasserdicht ist und einem Platzregen standhält. Es handelt sich hier nach § 434 I 2 Nr. 2 um eine mangelhafte Sache, da sich das Zelt nicht für die gewöhnliche Verwendung eignet und die Wasserdichte üblich ist und von K erwartet werden durfte.

Nach der bisherigen Rechtsprechung kann auch ein bestimmter, begründeter Verdacht einen Sachmangel begründen, wenn der vertraglich vorgesehene Zweck dadurch nicht mehr gegeben ist (Verkauf, Bebauung etc.). Der Verdacht darf allerdings nicht nachträglich, d.h. nicht erst nach Übergabe entstanden sein.

Beispiele:
- Hasenfleisch aus Argentinien soll mit Salmonellen verseucht sein
- Wein aus Österreich soll mit Glykol versetzt sein
- Grundstück soll in einer bestimmten Gegend mit Altlasten verseucht sein
- Haltbarkeitsdatum von verderblicher Ware ist abgelaufen und eventuell ungenießbar

Zur Beschaffenheit im Sinne des § 434 I Satz 2 Nr. 2 gehören auch mündliche oder schriftliche ***Werbeaussagen,*** d.h. Eigenschaften, die der Käufer nach den *öffentlichen* Äußerungen des Verkäufers, Herstellers oder seines Gehilfen erwarten durfte (§ 434 I 3).

Beispiel: Der Autohersteller X hat ein Auto produziert, das nach den Prospektangaben normalerweise 4 Liter Kraftstoff auf 100 km benötigt, in günstigen Fällen aber auch mit 3 Litern auskommt. Um den Verkauf zu steigern, bewirbt V es in Anzeigen als 3-Liter-Auto. Im Hinblick auf diese Werbung kauft K bei V dieses Auto und stellt später fest, dass es doch keine 3, sondern 4 Liter verbraucht.

Da das Fahrzeug nach § 434 I 3 mit einem Sachmangel behaftet war, kann der Käufer seine Rechte aus § 437 geltend machen. Der Verkäufer würde auch dann haften, wenn nicht er, sondern der Autohersteller das Fahrzeug als 3-Liter-Auto in der Werbung angepriesen hätte.

Die Haftung des Verkäufers ist aber ausgeschlossen, wenn er die Werbeaussage nicht kannte und auch nicht kennen musste, die falsche Werbeaussage berichtigt hat oder diese keinen Einfluss auf die Kaufentscheidung des Käufers hatte (§ 434 I 3, 2. Hs.). Allerdings ist der Verkäufer hierfür beweispflichtig.

Ein Sachmangel liegt auch bei einer ***fehlerhaften Montage*** vor (§ 434 II 1). Dies gilt beispielsweise dann, wenn ein zunächst fehlerfreier Küchenschrank nicht richtig montiert und durch Bohrlöcher beschädigt wird. Lag der Kaufsache eine ***mangelhafte Montageanleitung*** bei und wird deshalb die Montage falsch durchgeführt, so liegt ebenfalls ein Sachmangel vor (§ 434 II 2). Eine Haftung des Verkäufers scheidet aus, wenn die Montage trotz falscher Anleitung richtig durchgeführt wurde.

Ferner ist ein Sachmangel gegeben, wenn der Verkäufer eine ***andere Sache*** (aliud) als bestellt oder eine ***zu geringe Menge*** liefert (§ 434 III).

Bei einem *beiderseitigen* Handelskauf gelten bezüglich der Lieferung einer mangelhaften Sache Sondervorschriften. Der Käufer muss, wenn er ebenfalls Kaufmann i.S. der §§ 1 ff. HGB ist, die Ware sofort untersuchen und etwaige Mängel gemäß § 377 HGB unverzüglich rügen (sog. *Mängelrüge*), da er ansonsten seine Gewährleistungsrechte verliert.

Beispiel: Einzelhändler K bestellt beim Großhändler V 50 kg Kaffee der Sorte Arabica. V liefert Kaffee der Sorte Robusta. K untersucht und rügt die falsche Lieferung erst nach 3 Wochen und verlangt Nachlieferung der richtigen Sorte.

K hat zwar grundsätzlich einen Anspruch auf Nachlieferung, da die Falschlieferung einen Sachmangel im Sinne des § 434 III darstellt. Der Gewährleistungsanspruch ist aber ausgeschlossen, wenn er als Kaufmann die Falschlieferung nach § 377 HGB nicht unverzüglich, d.h. ohne schuldhaftes Zögern gerügt hat. Drei Wochen nach Lieferung ist nicht mehr unverzüglich. Sein Anspruch auf Nacherfüllung ist daher ausgeschlossen.

bb) keine Kenntnis vom Mangel

Der Käufer darf bei Vertragsschluss gemäß § 442 keine Kenntnis vom Mangel haben. Wusste er, dass die Sache einen Mangel aufweist, so sind Gewährleistungsrechte ausgeschlossen. Das gleiche gilt, wenn er den Mangel hätte kennen müssen, d.h. wenn ihm der Mangel infolge grober Fahrlässigkeit unbekannt geblieben ist und jeder normale Käufer in seiner Situation den Mangel ohne weiteres gesehen hätte.

Beispiel: Der Käufer eines älteren Gebrauchtwagens hätte bei einer Probefahrt feststellen können, dass die Bremsen des Pkw defekt waren.

Der Käufer hat keine Kenntnis, wenn es sich um sog. verborgene Mängel handelt, die erst später ans Tageslicht treten. Der private Käufer hat - anders als ein Kaufmann - keine diesbezügliche Untersuchungspflicht.

b) Rechtsfolgen

Hat der Verkäufer seinen Vertrag zwar erfüllt, jedoch eine mangelhafte Sache geliefert bzw. übergeben, so hat er seinen Vertrag schlecht erfüllt und damit seine Pflicht aus § 433 I 2 verletzt. Diese Pflichtverletzung löst die Rechtsfolgen des § 437 aus. Danach hat der Käufer bei Vorliegen der jeweiligen Voraussetzungen folgende Rechte:

aa) Nacherfüllungsanspruch

Nach §§ 437 Nr. 1 kann der Käufer gemäß § 439 nach seiner Wahl als Nacherfüllung entweder

- ***Nachbesserung*** (Beseitigung des Mangels) oder
- ***Ersatzlieferung*** (Lieferung einer mangelfreien Sache)

verlangen. Der Nacherfüllungsanspruch hat Vorrang vor den anderen Gewährleistungsansprüchen, die erst nach Fristsetzung geltend gemacht werden können. Die Nacherfüllung kann auch bei unerheblichen, d.h. geringfügigen Mängeln geltend gemacht werden.

Beispiel: Käufer K kauft bei V ein Fahrrad und stellt nach wenigen Tagen fest, dass der Dynamo defekt ist. Da ihm das Fahrrad gefällt, möchte er nicht das Fahrrad zurückgeben, sondern nur den Dynamo austauschen (Nachbesserung).

Aus § 439 II ergibt sich, dass der Verkäufer auch die zusätzlich anfallenden Nebenkosten zu tragen hat (Arbeits-, Material- und Wegekosten). Der Nacherfüllungsanspruch findet allerdings seine ***Grenzen*** dort, wo wegen der Art des Geschäfts eine Nachlieferung oder eine Nachbesserung *nicht möglich* ist (§ 275).

Beispiele:
- Das als Original verkaufte Picassobild ist in Wirklichkeit eine Fälschung (Ersatzlieferung unmöglich)
- Der als „unfallfrei“ verkaufte Gebrauchtwagen hat in Wirklichkeit die Reparatur eines Unfallschadens hinter sich (Nachbesserung unmöglich)

Das Wahlrecht des Käufers ist gemäß § 439 III auch dann eingeschränkt, wenn die gewählte Art der Nacherfüllung *unverhältnismäßig* ist. Der Verkäufer kann die gewählte Art der Nacherfüllung verweigern, wenn sie mit unverhältnismäßigen Kosten verbunden ist. Verlangt der Käufer z.B. Nachbesserung und sind die Aufwendungen des Verkäufers als unverhältnismäßig hoch zu beurteilen, weil er beispielsweise die Reparatur selbst mangels Kenntnis oder Werkstatt nicht durchführen kann, so kann ihn der Verkäufer auf Ersatzlieferung verweisen. Bei der Beurteilung der Verhältnismäßigkeit kommt es auf den Wert der Sache, den Mangel und den Aufwand an, den die gewählte Form der Nachlieferung verursachen würde.

Beispiele:
- Nachlieferung einer Waschmaschine nur wegen einer defekten Schraube
- Nachbesserung bei einem Radiowecker, der einen schwer auffindbaren Fehler in der Elektronik aufweist

bb) Rücktritt

Nach § 437 Nr. 2 kann der Käufer bei Vorliegen der Voraussetzungen nach §§ 440, 323 vom Vertrag zurücktreten. Es handelt sich hierbei um ein Gestaltungsrecht, d.h. die Ausübung des Rücktrittsrechts steht dem Käufer frei. Hat er sich aber für die Rückgängigmachung des Kaufvertrages entschieden, so ist er daran gebunden und der Kaufvertrag ist rückgängig zu machen. Das bedeutet, der Käufer erhält nach den Rücktrittsvorschriften der §§ 323 ff. sein Geld und der Verkäufer die mangelhafte Sache zurück.

Der Käufer kann Rücktritt verlangen, wenn folgende Voraussetzungen vorliegen:

(1) Es muss ein ***Mangel*** vorliegen (§§ 437, 434), von dem der Käufer im Zeitpunkt des Vertragsschlusses weder Kenntnis hatte noch hätte kennen müssen (§ 442).

(2) Der Käufer hat dem Verkäufer eine angemessene ***Frist zur Nacherfüllung*** gesetzt und diese ist erfolglos abgelaufen (§ 323 I).

Die *Fristsetzung* ist nach § 323 II *entbehrlich* (nicht erforderlich), wenn:

- der Verkäufer die *Nacherfüllung verweigert* hat (Nr. 1),
- ein sog. *Fixgeschäft* vorliegt, bei dem nur die rechtzeitige Leistung für die Vertragserfüllung Sinn macht (Nr. 2),
- *besondere Umstände* den sofortigen Rücktritt rechtfertigen (Nr. 3),
- die *Nacherfüllung fehlgeschlagen* und für den Käufer *unzumutbar* geworden ist, in der Regel nach dem zweiten Nachbesserungsversuch (§ 440), oder
- wenn die *Nacherfüllung unmöglich* geworden ist, so dass die Fristsetzung keinen Sinn mehr macht (§§ 326 V 2. Hs., 275 I).

(3) Es darf ***kein Rücktrittsausschluss*** gegeben sein. Der Rücktritt ist ausgeschlossen, wenn der Mangel unerheblich ist (§ 323 V 2) oder bei überwiegender Verantwortlichkeit bzw. Annahmeverzug des Käufers (§ 323 V, VI).

Die Nachfristsetzung soll dem Verkäufer die Chance geben, den Rücktritt und die damit verbundenen wirtschaftlichen Nachteile abzuwenden und den Vertrag aufrecht zu erhalten. Die Nacherfüllung hat daher Vorrang vor dem Rücktritt vom Vertrag. Die gesetzte Frist muss angemessen sein, das bedeutet, sie muss so bemessen sein, dass der Verkäufer eine Nacherfüllung noch bewerkstelligen kann.

Die Anzahl der Nachbesserungsversuche ergibt sich indirekt aus § 440 S. 2, wonach der Käufer dem Verkäufer grundsätzlich zwei Versuche einräumen muss, bevor er ein Recht auf Rücktritt, Minderung oder Schadensersatz hat. Allerdings ist die Anzahl der Nachbesserungsversuche keine starre Grenze, sondern lediglich ein Anhaltspunkt für die Angemessenheit des Zeitraums, in dem der Mangel behoben werden muss. Entscheidender ist, ob weitere Nachbesserungen dem Käufer aufgrund der Art des Mangels oder der Sache noch zumutbar sind.

Der Käufer soll nach § 323 V 2 nicht berechtigt sein, wegen einer unerheblichen Wert- oder Tauglichkeitsminderung vom Vertrag zurückzutreten. Unerheblich ist ein Fehler, wenn er in Kürze von selbst verschwindet oder wenn er vom Käufer mit nur ganz unerheblichem Aufwand selbst schnell beseitigt werden kann.

Der Ausschluss wegen Unerheblichkeit gilt allerdings nicht, wenn der Verkäufer eine bestimmte Beschaffenheit der Sache dem Käufer zugesichert hat. Denn bei einer zugesicherten Eigenschaft übernimmt der Verkäufer gleichsam die Garantie für diese Beschaffenheit und es kann hinsichtlich des subjektiven Mangelbegriffes dann nicht mehr von einer unerheblichen Pflichtverletzung gesprochen werden. Voraussetzung ist aber, dass die Zusicherung der Eigenschaft in irgendeiner Form Vertragsinhalt geworden ist.

Zugesichert sind Eigenschaften, wenn der Verkäufer für deren Vorhandensein die Gewähr übernimmt, d.h. für alle nachteiligen Folgen ihres Fehlens einstehen will, und die Verpflichtungserklärung des Verkäufers Vertragsbestandteil geworden ist

Beispiel: Käufer K sucht eine passende Fototasche für seinen Fotoapparat. Der Verkäufer, der die original Fototasche nicht auf Lager hat, bietet ihm eine andere, preiswertere Tasche einer anderen Firma an. Auf Frage des K versichert ihm V, alle gängigen Modelle würden hineinpassen. Zu Hause muss K feststellen, dass die Tasche minimal zu klein ist. K will den Vertrag rückgängig machen. V weigert sich, die Tasche zurückzunehmen.

Voraussetzung für den Rücktritt ist unter anderem, dass der Mangel erheblich ist. Da es dem K aber gerade auf die Passform der Tasche ankam und V dem K diese auch zugesichert hat, kann nicht mehr von einem unerheblichen Fehler gesprochen werden. Der Käufer kann bei fehlender zugesicherter Beschaffenheit der Sache entgegen dem Wortlaut des § 323 V 2 vom Vertrag zurücktreten.

cc) Minderung

Nach § 437 Nr. 2 kann der Käufer anstatt vom Vertrag zurückzutreten den Kaufpreis gemäß § 441 mindern. Minderung bedeutet, dass die Parteien am Vertrag festhalten, der Käufer jedoch einen Anspruch auf verhältnismäßige Herabsetzung des Kaufpreises geltend macht. Die Minderung ist ein Gestaltungsrecht, das mit der Erklärung, mindern zu wollen, ausgeübt wird.

Beispiel: Frau Kunze kauft im Bekleidungshaus Volmer ein Modellkleid für 250 €, das sie zur Hochzeit ihrer Schwester tragen möchte. Zuhause stellt sie fest, dass sich der Faden am Saum gelöst hat. Am Montag bringt sie es zurück, um es nachbessern zu lassen. Dabei weist sie auf den Hochzeitstermin vom Samstag hin und sagt, es müsse am Freitag fertig sein. Als sie es an diesem Tag abholen will, ist daran noch nichts gemacht worden. Sie erklärt, sie wolle dann den Kaufpreis mindern und es lieber selbst nähen.

Der Käufer kann mindern, wenn:

(1) ein ***Mangel*** vorliegt (§§ 437, 434), den der Käufer bei Vertragsschluss nicht kannte oder hätte kennen müssen (§ 442),

(2) der Käufer dem Verkäufer eine angemessene ***Frist zur Nacherfüllung*** gesetzt hat, die erfolglos abgelaufen ist (§§ 441 I, 323 I); es sei denn die Fristsetzung ist nach § 323 II ausnahmsweise *entbehrlich*, und

(3) der Käufer die ***Minderungserklärung*** gegenüber dem Verkäufer abgibt (§ 441 I, II).

Anders als beim Rücktritt kann der Kaufpreis auch bei unerheblichen Mängeln gemindert werden (§ 441 I 2 iVm § 323 V 2). Der Grund liegt darin, dass der Rücktritt den Verkäufer wirtschaftlich härter trifft als die Minderung und daher nur bei einem erheblichen Mangel gerechtfertigt ist.

Die *Berechnung der Minderung* erfolgt nach § 441 III. Danach ist der Kaufpreis in dem Verhältnis herabzusetzen, in welchem zur Zeit des Verkaufs der Wert der Sache in mangelfreiem Zustand zu dem wirklichen Wert gestanden haben würde. Der Minderungsbetrag ist, wenn es nicht anders geht, zu schätzen.

Ist der Kaufpreis *niedriger* als der Wert der Kaufsache in mangelfreiem Zustand und daher für den Käufer besonders vorteilhaft gewesen, so soll ihm dieser Vorteil auch bei Minderung des Kaufpreises erhalten bleiben. Der Minderungsbetrag ist hier ebenfalls in Verhältnis zum bezahlten Kaufpreis zu setzen und nach folgender Rechnung zu ermitteln:

$$\frac{\text{Minderungsbetrag}}{\text{vereinbarter Kaufpreis}} = \frac{\text{wirklicher Wert}}{\text{Wert der Sache ohne Mangel}}$$

$$\text{Minderungsbetrag} = \frac{\text{wirklicher Wert x vereinbarter Preis}}{\text{Wert der Sache ohne Mangel}}$$

Beispiel: K kauft bei V für 1.800 Euro ein altes Klavier aus dem Jahre 1892, das nach Angaben des V technisch einwandfrei ist. K lässt es zu Hause stimmen, dabei stellt man fest, dass der Resonanzboden kleinere Risse hat und tatsächlich nur 1.000 € wert ist. K möchte das schöne Klavier dennoch behalten und lieber den Kaufpreis mindern. Der wirkliche Wert eines solchen Instruments in technisch einwandfreiem Zustand beträgt 2.000 Euro. Wie hoch ist der Minderungsbetrag?

$$\text{Minderungsbetrag} = \frac{1.000 \text{ x } 1.800}{2.000} = 900 \text{ Euro}$$

Hat der Käufer den Kaufpreis bereits bezahlt, so hat er gemäß §§ 437 Nr. 3, 441 IV einen Anspruch auf *Rückerstattung des Mehrbetrages*, der den Minderungsbetrag entspricht.

dd) Schadensersatz

Verletzt der Verkäufer seine Pflicht aus § 433 I 2, d.h. liefert er eine mangelhafte Sache, so kann der Käufer den sog. ***Mangelschaden*** ersetzt verlangen, da der Kaufgegenstand einen geringeren Wert hat als er ohne den Mangel hätte.

Beispiel: Kunde K kauft beim Fahrradhändler V ein Mountainbike. Nach Montage und Übergabe stellt sich heraus, dass der Rahmen einen Riss aufweist.

Des Weiteren kann aufgrund der mangelhaften Sache ein sog. ***Mangelfolgeschaden*** entstehen. Dies ist der Fall, wenn durch die mangelhafte Sache ein Rechtsgut des Käufers (Eigentum, Gesundheit, Vermögen) verletzt wird.

Beispiel: Der Rahmen des Fahrrades bricht in Folge des Mangels während der Fahrt und K stürzt, wobei seine Brille zu Bruch geht.

Hinsichtlich des Mangelschadens ist zwischen behebbaren und unbehebbaren Mängeln zu unterscheiden. Im letzteren Falle ist die Behebung des Mangels dem Verkäufers unmöglich und eine Fristsetzung zur Nacherfüllung wäre sinnlos. Gleiches gilt für den Mangelfolgeschaden, bei dem eine Fristsetzung zur Nacherfüllung den Schaden nicht mehr beseitigen kann.

Bezüglich der einschlägigen Anspruchsgrundlage, mit der in einer Falllösung immer zu beginnen ist, ist daher zunächst nach dem entstandenen Schaden zu unterscheiden:

- Schadensersatzanspruch bei einem behebbaren Mangelschaden

Der Mangel ist behebbar, wenn eine Nacherfüllung grundsätzlich noch möglich ist. Anspruchsgrundlage für den Schadensersatz ist dann § 437 Nr. 3 iVm §§ **281**, 280.

Die folgenden ***Voraussetzungen*** müssen gegeben sein:

(1) Es muss bei Gefahrübergang ein ***Mangel*** gemäß § 437 vorliegen, den der Käufer bei Vertragsschluss nicht kannte nach § 442.

(2) Eine angemessene ***Frist zur Nacherfüllung*** muss erfolglos abgelaufen sein nach § 281 I. Angemessen ist die Frist, wenn sie dem Verkäufer noch eine Chance zur Erfüllung seiner vertraglichen Pflicht gibt. Eine zu kurze Nachfrist verlängert sich entsprechend. Die Fristsetzung ist *ausnahmsweise* nach § 281 II bzw. § 400 *entbehrlich.*

(3) Der Verkäufer muss den ***Mangel zu vertreten haben*** gemäß §§ 280 I 2, 276, 278.

Vertretenmüssen bedeutet, dass der Verkäufer für die Mangelhaftigkeit der Sache verantwortlich ist. Dies ist gemäß § 276 dann der Fall, wenn ihm Vorsatz oder Fahrlässigkeit vorzuwerfen ist, oder er eine Garantiehaftung durch Zusicherung einer bestimmten Eigenschaft der Sache übernommen hat.

Vorsatz ist gegeben, wenn der Verkäufer auf Frage gegen besseren Wissens behauptet, die Sache sei mangelfrei oder einen ihm bekannten Mangel bewusst verschweigt (z.B. ein Gebrauchtwagenhändler verschweigt, dass es sich bei dem Airbag am Lenkrad um eine Attrappe handelt, die nach einem Auffahrunfall aus Kostengründen eingesetzt wurde).

Fahrlässig handelt er, wenn er den Mangel wegen Verletzung seiner Sorgfaltspflicht nicht erkannt hat, obwohl er dies bei ordnungsgemäßer Pflichterfüllung hätte erkennen können.

Wann der Verkäufer seine Sorgfaltspflicht verletzt, hängt davon ab, was von ihm im Einzelfall erwartet werden kann. An private Verkäufer mit geringen Kenntnissen bzw. Untersuchungsmöglichkeiten oder Händler, die Massengüter verkaufen und nicht jedes einzelne Produkt auf seine Mangelfreiheit überprüfen können, wird ein weniger strenger Maßstab anzulegen sein als an Verkäufer spezifischer Waren oder mit besonderer Sachkunde.

Das Verschulden im Sinne des § 276 kann sich aber auch darauf beziehen, dass der Verkäufer zwar den Mangel der Sache nicht zu verantworten hat, seiner Pflicht zur Nacherfüllung aber schuldhaft nicht nachkommt.

Eine *Garantieübernahme* liegt dann vor, wenn der Verkäufer eine bestimmte Eigenschaft (Beschaffenheit) der Sache zugesichert hat und diese Inhalt des Vertrages geworden ist. Er haftet dem Käufer auf Schadensersatz, wenn die zugesicherte Eigenschaft dann fehlt. An Gebrauchtwagenhändler wird bezüglich einer Garantieübernahme ein weniger strenger Maßstab angelegt als beispielsweise an Kunsthändler, bei denen bezüglich der Echtheit eines Bildes nicht ohne weiteres von einer zugesicherten Eigenschaft ausgegangen werden darf (BGH).

Beispiel: Der Käufer K schaut sich beim Gebrauchtwagenhändler V nach einem passenden Wagen für sich um. Während der Vertragsverhandlungen erkundigt sich K nach der Unfallfreiheit eines in die engere Wahl gezogenen Fahrzeugs. Der Angestellte A sichert ihm diese zu, woraufhin sich K zum Kauf entschließt. Später beim TÜV stellt sich das Gegenteil heraus.

Der Verkäufer hat gemäß § 278 das Verschulden seines Erfüllungsgehilfen (z.B. Ladenangestellter) im gleichen Umfang zu vertreten wie eigenes Verschulden nach § 276.

Erfüllungsgehilfe ist, wer nach den tatsächlichen Gegebenheiten mit dem Willen des Schuldners für diesen bei der Erfüllung seiner Leistungspflicht als Hilfsperson tätig wird.

Hat der Erfüllungsgehilfe des Verkäufers den Mangel trotz Kenntnis verschwiegen, ihn fahrlässig nicht erkannt oder aber das Vorhandensein einer bestimmten Eigenschaft zugesichert, so wird dieses Verhalten dem Verkäufer zugerechnet und der Verkäufer haftet dem Käufer gegenüber, als hätte er selbst gehandelt.

- Schadensersatzanspruch bei einem unbehebbaren Mangel

Ein unbehebbarer Mangel liegt vor, wenn dem Verkäufer die Nacherfüllung wegen der Art des Mangels unmöglich ist. Ist der Mangel *nachträglich unbehebbar*, d.h. nach Vertragsschluss unmöglich geworden, verweist § 437 Nr. 3 auf die §§ **283**, 281, 280, die dem Käufer einen Anspruch auf Schadensersatz statt der Leistung geben, da der Verkäufer von seiner Leistungspflicht gemäß § 275 frei geworden ist.

War der Mangel schon bei Vertragsschluss unbehebbar, so liegt ein *anfänglich* unbehebbarer Mangel vor und der Käufer kann gemäß §§ 437 Nr. 3 iVm §§ **311 a**, 281, 280 Schadensersatz statt der Leistung verlangen.

Voraussetzungen des Schadensersatzanspruches sind:

(1) Die Sache hatte im Zeitpunkt des Gefahrübergangs einen ***Mangel*** i.S. des § 437, den der Käufer bei Vertragsschluss nicht kannte gemäß § 442.

(2) Die ***Nacherfüllung ist unmöglich*** nach § 275, so dass eine Fristsetzung hierzu unsinnig wäre (§ 283 verweist daher auch nicht auf Satz 1 in § 281 I).

(3) Der Verkäufer muss den Mangel ***zu vertreten*** haben nach §§ 283, 280 I iVm §§ 276, 278 (Vorsatz, Fahrlässigkeit und Garantieübernahme). *vgl. oben*

Liegen die genannten Voraussetzungen der §§ **281,** 280 (behebbarer Schaden) bzw. die der §§ **283** und **311 a** iVm 281, 280 (unbehebbarer) vor, so gelten gemäß §§ 281 I, 280 in beiden Fällen folgende ***Rechtsfolgen:***

Bei Vorliegen eines erheblichen Mangels kann der Käufer Schadensersatz statt der Leistung verlangen (§ 281 I 1). Man spricht vom sog. **großen Schadensersatz**. Das bedeutet, er hat dem Verkäufer die mangelhafte Sache zurückzugeben (§ 281 V) und erhält den vergebens bezahlten Kaufpreis sowie den durch den Mangel unmittelbar verursachten Vermögensschaden (z.B. entgangener Gewinn, Kosten des Produktionsausfalls). Der Käufer ist so zu stellen, wie er bei ordnungsgemäßer Vertragserfüllung gestanden hätte.

Liegt ein unerheblicher Mangel vor, kann der Käufer nur den sog. **kleinen Schadensersatz** geltend machen (§ 281 I 3). Das bedeutet, er behält die mangelhafte Sache und erhält den Betrag als Schaden ersetzt, um den der Wert der gekauften Sache geringer ist als wenn sie mangelfrei wäre (z.B. Kosten der Mängelbeseitigung).

Bei einer Teilleistung kann der Käufer den großen Schadensersatz geltend machen, wenn er an der mangelfreien Teillieferung kein Interesse hat (§ 281 I 2). Dies ist beispielsweise bei einem Kaffeeservice der Fall, bei dem zwar nur die Kaffeekanne einen Glasurriss aufweist, der Rest des Services aber dadurch uninteressant wird.

- Anspruch auf Schadensersatz bei Mangelfolgeschäden

Ist durch die mangelhafte Sache ein über den Mangelschaden hinausgehender Schaden an den Rechtsgütern des Käufers (sog. Mangelfolgeschaden) entstanden, so hat dieser gemäß **§ 280** einen zusätzlichen Schadensersatzanspruch gegen den Verkäufer. Da der Schaden definitiv entstanden ist, ist eine Fristsetzung nicht erforderlich. Es kommt auch nicht darauf an, ob der Mangel unerheblich war oder nicht.

Beispiel: V liefert dem K eine von ihm abgefüllte Propangasflasche und schließt sie in der Küche des K kommentarlos an, obwohl er erkennt, dass der Dichtungsring an der Gasflasche defekt ist. Infolgedessen strömt Gas aus. Als K am Herd später ein Streichholz entzündet, kommt es zu einer Explosion, die sowohl zu einer Körperverletzung als auch zu Sachschäden des K führt.

Die ***Voraussetzungen*** des Anspruchs auf Schadensersatz bei Mangelfolgeschäden sind:

(1) Vorliegen eines ***Mangels*** im Zeitpunkt des Gefahrübergangs nach § 434, den der Käufer bei Vertragsschluss nicht kannte nach § 442.

(2) Dadurch muss eine ***Rechtsgutverletzung*** beim Käufer entstanden sein, d.h. das Leben, die Gesundheit oder das Eigentum wurde verletzt.

(3) Der Verkäufer hat den ***Mangel zu vertreten*** gemäß § 280 I 2 iVm §§ 276, 278.

(4) Die Pflichtverletzung muss einen ***Schaden kausal verursacht*** haben nach § 280 I 1, der über den Mangelschaden hinausgeht (sog. Mangelfolgeschaden).

Die für die Haftung erforderliche Pflichtverletzung liegt in der Lieferung der mangelhaften Sache. Beim Verkäufer, der nicht selbst Hersteller ist, wird es zwar vielfach am Verschulden fehlen. Der Zwischenhändler hat nämlich hinsichtlich der Kaufsache dem Käufer gegenüber keine Untersuchungspflicht nach ständiger Rechtsprechung. Allerdings haftet der Verkäufer, wenn er dem Käufer Eigenschaften zusichert, die letztlich nicht vorhandenen sind, oder Mängel verschweigt, die er kennt oder hätte kennen müssen.

Im Beispielsfall hat V den Mangel der verkauften Gasflasche nach § 276 wegen Fahrlässigkeit zu vertreten, da er den defekten Dichtungsring hätte auswechseln müssen.

Als ***Rechtsfolge*** sieht das Gesetz in § 280 I vor, dass der Käufer Schadensersatz verlangen kann. Dabei werden alle Vermögensnachteile ersetzt, die über das Erfüllungsinteresse hinausreichen.

ee) Aufwendungsersatz

Anstelle von Schadensersatz statt der Leistung kann der Käufer einer mangelhaften Sache Ersatz seiner vergeblichen Aufwendungen nach §§ 437 Nr. 3, 284 verlangen, die er im Vertrauen auf den Erhalt der Sache gemacht hat und vernünftigerweise auch machen durfte. Ersetzungsfähig sind in der Regel die umsonst gemachten Vertrags- und Werbekosten. Den Verkäufer trifft keine Ersatzpflicht, wenn der mit den Aufwendungen verfolgte Zweck auch ohne die schuldhafte Pflichtverletzung des Verkäufers nicht erreicht worden wäre (§ 284).

c) Gewährleistungsfristen

aa) Verjährung der Mängelansprüche

Die Verjährung der Ansprüche wegen Mangelhaftigkeit der Kaufsache ist in § 438 geregelt. Die Gewährleistungsfrist beträgt seit 1.1.2002 für bewegliche und unbewegliche Sachen (statt bisher 6 Monate) ***2 Jahre***. Die Frist läuft mit Übergabe des gekauften Grundstücks bzw. Ablieferung der Sache (§ 438 II).

(Die Frist gilt laut § 438 I 1 zwar nur für die in § 437 Nr. 1 und Nr. 3 bestimmten Ansprüche auf Nacherfüllung und Schadensersatz, da grundsätzlich nur Ansprüche verjähren können und es sich bei den Rechten auf Minderung und Rücktritt um Gestaltungsrechte handelt. Daher stellt § 438 IV und V in Verbindung mit § 218 I klar, dass auch der Rücktritt und die Minderung nur innerhalb der Verjährungsfrist des Nacherfüllungsanspruches von 2 Jahren möglich ist).

Hat der Verkäufer einen Mangel arglistig verschwiegen, so gilt nach § 438 III die regelmäßige Verjährungsfrist von 3 Jahren (§ 195). Diese Frist beginnt mit Ende des Jahres der Entstehung des Anspruchs und Kenntnis vom arglistigen Verhalten des Verkäufers (§ 199).

Bei Lieferung von Baumaterialien, die entsprechend ihrer Verwendungsweise für ein Bauwerk verwendet worden sind und dessen Mangelhaftigkeit verursacht hat, gilt eine Verjährungsfrist von 5 Jahren nach § 438 I Nr. 2 b).

bb) Verkürzung der Verjährungsfrist

Die Gewährleistungsfrist von 2 Jahren kann zwar nicht in allen, aber in vielen Fällen verkürzt werden. Dabei ist zwischen Mängelansprüchen aus einem „normalen" Kaufvertrag und solchen aus einem Verbrauchsgüterkauf zu unterscheiden. Des Weiteren ist zu unterscheiden, ob die Verjährungsfrist durch Individualabrede, also durch einen Einzelvertrag oder durch Allgemeine Geschäftsbedingungen ausgeschlossen wird.

- normaler Kauf

Bei einem Kauf zwischen Privatleuten oder einem Kauf, an dem nur Kaufleute beteiligt sind, kann nach § 202 die Verjährungsfrist *durch Individualabrede* sowohl für neu hergestellte als auch für gebrauchte Sachen ganz ausgeschlossen werden. Eine Ausnahme gilt hier nur für die Haftung wegen Vorsatzes. Handelt der Verkäufer also arglistig, so ist ein Verjährungsausschluss, den die Parteien vorher vereinbart haben, unwirksam.

Verwendet der Verkäufer *Allgemeine Geschäftsbedingungen*, so kann er die Verjährungsfrist für neu hergestellte Sachen nur auf 1 Jahr heruntersetzen (§ 309 Nr. 8 b ff). Das bedeutet, dass bei gebrauchten Sachen eine Reduzierung der Verjährungsfrist auf wenige Monate bis hin zum völligen Ausschluss möglich ist.

- Verbrauchsgüterkauf

Bei einem Kauf, an dem ein Unternehmer und ein Verbraucher i.S. der §§ 13, 14 beteiligt sind, ist die gesetzlich vorgesehene Gewährleistungsfrist von 2 Jahren bei *neuen Sachen* nach § 475 II weder durch Individualabrede noch durch AGB verkürzbar.

Hingegen ist bei *gebrauchten Sachen*, die ein Unternehmer an einen Verbraucher verkauft (z.B. Autohändler verkauft einen Gebrauchtwagen an eine Privatperson), eine Verkürzung der Verjährungsfrist nach § 475 II auf höchstens 1 Jahr möglich.

cc) Beweislast

Für Mängel, die sich innerhalb von 6 Monaten seit Gefahrübergang (Übergabe) zeigen, gilt gemäß § 476 eine Beweislastumkehr zugunsten des Verbrauchers. Das Gesetz stellt die Vermutung auf, dass der Mangel, soweit er sich innerhalb von sechs Monaten zeigt, bereits bei Übergabe vorhanden war. Nach Ablauf von 6 Monaten hat der Käufer zu beweisen, dass die Sache schon vorher mangelhaft war und nicht auf sachwidrigen Gebrauch zurückzuführen ist. Die gesetzliche Vermutung gilt nicht, wenn sie mit der Art des Mangels oder der Sache nicht vereinbar ist (z.B. bei gebrauchten Sachen oder Tierkrankheiten).

d) Rückgriff des Unternehmers

Nach § 478 hat der Unternehmer, der beim Verkauf neuer Sachen dem Käufer gegenüber nach den Gewährleistungsvorschriften haftet, einen Rückgriffsanspruch gegen seinen Lieferanten. Damit soll verhindert werden, dass allein der Letztverkäufer die Nachteile eines verbesserten Verbraucherschutzes zu tragen hat, wenn die Mangelhaftigkeit der Sache nicht in seinem Verantwortungsbereich entstanden ist, sondern im Herstellungsprozess liegt.

§ 478 I 1 selbst ist keine Anspruchsgrundlage, sondern modifiziert lediglich die in § 437 geregelten Ansprüche. Für Rückgriffsansprüche gelten die dort genannten Voraussetzungen.

Die ***Verjährung des Rückgriffsanspruchs*** tritt gemäß § 479 nach 2 Jahren ein. Die Verjährungsfrist läuft beim Aufwendungsersatz mit Ablieferung der Sache durch den Lieferanten an den Unternehmer. Bei den sonstigen Gewährleistungsansprüchen beginnt die Verjährung frühestens 2 Monate nach Erfüllung der Ansprüche des Verbrauchers zu laufen.

III. Tätigkeitsverträge

1. Der Werkvertrag (§ 631)

Der Werkvertrag ist ein gegenseitiger Vertrag, in dem sich der eine Vertragsteil (Unternehmer) zur Herstellung des versprochenen Werkes und der andere (Besteller) zur Entrichtung der vereinbarten Vergütung verpflichtet.

a) Pflichten des Werkunternehmers

aa) Hauptleistungspflichten

Der Unternehmer ist verpflichtet, das versprochene Werk herzustellen. Was darunter zu verstehen ist, wird in § 631 II näher erläutert. Danach kann Gegenstand des Werkvertrages sein:

- die Herstellung oder Veränderung einer Sache (§ 631 II 1. Alt.)

Dabei handelt es sich um *körperliche Werke* wie die Erstellung eines Hauses, das Aus- und Einbauen eines Kfz-Motors oder die Reparatur einer Uhr.

- oder ein anderer herbeizuführender Erfolg (§ 631 II 2. Alt.)

Dabei geht es um *unkörperliche Werke*, die durch Arbeit oder Dienstleistung herzustellen sind, wie z. B. die Anfertigung eines Manuskripts oder eines Gutachtens, die Übersetzung eines Buches, Erstellung einer Choreografie oder ähnliches.

Der Unternehmer schuldet dem Besteller im Rahmen eines Werkvertrages nicht nur eine Tätigkeit, sondern einen bestimmten Erfolg seines Einsatzes, für dessen Eintritt er das Risiko trägt.

Es reicht also nicht, dass der Unternehmer in irgendeiner Weise tätig wird, er schuldet ein bestimmtes Arbeitsergebnis. Solange der geschuldete Erfolg nicht eingetreten ist, hat er keinen Anspruch auf die Gegenleistung.

bb) Nebenpflichten

Der Unternehmer ist weiterhin gehalten, eine sinnvolle Durchführung des Vertrages zu ermöglichen und den Besteller vor vermeidbaren Schäden zu bewahren. Gemäß § 242 hat er eine Beratungspflicht bezüglich der Eignung bestimmter Materialien, Aufklärungspflichten hinsichtlich der Eigenschaften und dem Verhalten des gewählten Stoffes und nach § 241 II Sorgfaltspflichten hinsichtlich der Rechtsgüter des Bestellers. Verletzt er schuldhaft seine Nebenpflichten und entsteht dem Besteller dadurch ein Schaden, macht er sich wegen Pflichtverletzung des Vertrages schadensersatzpflichtig.

b) Pflichten des Bestellers

Der Besteller ist verpflichtet, dem Unternehmer die vereinbarte Vergütung, den sog. Werklohn nach § 631 I zu entrichten und das vertragsmäßig hergestellte Werk nach § 640 abzunehmen.

aa) Vergütung

Der Besteller ist nach § 631 I zur Entrichtung der vereinbarten Vergütung verpflichtet. Ist eine Vergütung nicht ausdrücklich vereinbart worden, kommt § 632 zur Anwendung. Danach gilt eine Vergütung als stillschweigend vereinbart, wenn die Werkleistung den Umständen nach nur gegen eine Vergütung zu erwarten war. Dies ist dann der Fall, wenn es sich nicht um eine Gefälligkeitsleistung des Unternehmers gehandelt hat.

§ 632 II bestimmt in diesem Fall, dass dann die taxmäßige Vergütung gilt, soweit eine Taxe vorhanden ist.

Beispiel:
- Taxameter in einem Taxi
- Gebührenordnung für Architekten und Ingenieure (HOAI)

Ansonsten gilt die übliche Vergütung für derartige Leistungen bzw. der Mittelwert innerhalb einer üblichen Vergütungsspanne als vereinbart (§ 632 II).

Die Vergütung ist bei Abnahme des Werkes nach § 641 zu entrichten. Vor Abnahme ist die Werklohnforderung nicht fällig. Der Besteller kann daher bis zur Abnahme die Einrede des nicht erfüllten Vertrages gemäß § 320 erheben und die Bezahlung des Werklohns verweigern (Leistungsverweigerungsrecht). Lässt sich das Werk allerdings in sich abgeschlossene Abschnitte teilen, kann der Unternehmer für seine vertragsgemäß erbrachte Leistung Abschlagszahlungen verlangen (§ 632 a).

bb) Abnahme

Der Besteller ist nach § 640 verpflichtet, das vertragsmäßig hergestellte Werk abzunehmen. Die Abnahme stellt eine Hauptleistungspflicht dar, die bei Verzug die Rechtsfolgen aus den §§ 644 I (Gefahrübergang) und 280 II, 286 (Schadensersatz) auslösen. Allerdings besteht keine Pflicht zur Abnahme, solange noch nicht vertragsgemäß erfüllt worden ist. § 640 I 2 stellt jedoch klar, dass die Abnahme wegen eines unwesentlichen Mangels nicht verweigert werden darf.

Die Abnahme des Werkes bedeutet, der Besteller nimmt die Leistung des Unternehmers ausdrücklich oder stillschweigend als in der Hauptsache dem Vertrag entsprechend an.

Bei körperlichen Werken erfolgt dies durch Entgegennahme des Werkes und ausdrückliche oder konkludente Erklärung, dass der Vertrag erfüllt sei.

Beispiele:
- Reparierte Uhr wird entgegen genommen und bezahlt
- Abnahmeprotokoll wird bei der Hausbesichtigung ohne Beanstandungen oder Vorbehalte unterzeichnet
- Hergestellte Sache wird über einen bestimmten Zeitraum ohne Reklamation in Gebrauch genommen

Bei unkörperlichen Werken tritt gemäß § 646 an die Stelle der Abnahme die Vollendung des Werkes.

Beispiele:
- Theateraufführung ist zu Ende
- Personenbeförderung ist durch Erreichen des Zielortes abgeschlossen
- Musikalische Komposition ist erstellt

Mit Vollendung des Werkes, d.h. mit Eintritt des vertraglich geschuldeten Erfolges wird die Vergütung fällig.

cc) Mitwirkungspflicht

Soweit dies zur Herstellung des Werkes erforderlich ist, hat der Besteller nach § 642 mitzuwirken.

Beispiele:
- Zugang zu Räumen für Reparaturarbeiten ermöglichen
- Auskunft erteilen oder notwendige Lagepläne vorlegen
- Persönlich für Operation, Anprobe, Porträt etc. erscheinen

Die Mitwirkungsverpflichtung ist zwar keine echte Hauptleistungspflicht, sie führt bei Unterlassung aber zum Annahmeverzug (§ 293) und somit zur Entschädigungspflicht (§ 642).

c) Rechtsfolgen der Nicht- oder Schlechterfüllung durch den Werkunternehmer

Nach § 633 hat der Unternehmer dem Besteller das Werk frei von Sach- und Rechtsmängeln zu verschaffen. Das Werk ist mangelhaft, wenn es die vereinbarte oder die vertraglich vorausgesetzte oder gewöhnliche Beschaffenheit nicht hat.

Beispiel: Malermeister M hat in der Wohnung des B die Wände gestrichen. Da er den Untergrund nicht richtig gesäubert hat, blättert bald darauf die Farbe ab.

Stellt sich nach Abnahme des Werkes heraus, dass es mangelhaft ist und hatte der Besteller nach § 640 II keine Kenntnis vom Mangel bzw. hat er sich die Gewährleistungsrechte bei der Abnahme vorbehalten, hat der Besteller nach § 634 folgende Ansprüche:

aa) Nacherfüllung

Der Anspruch auf Nacherfüllung besteht nach §§ 634 Nr. 1, 635 entweder in der

- ***Beseitigung des Mangels*** oder
- ***Herstellung eines neuen Werkes***

Das Wahlrecht hat (anders als im Kaufvertragsrecht) bezüglich der Art der Nacherfüllung der Unternehmer. Die durch die Nacherfüllung entstehenden Mehrkosten hat der Unternehmer zu tragen (§ 635 II). Er hat ein Leistungsverweigerungsrecht, wenn die Nacherfüllung nur mit unverhältnismäßigen Kosten möglich ist (§ 635 III) oder ihm aus wirtschaftlichen oder persönlichen Gründen nicht zumutbar ist (§ 275 II, III).

bb) Selbstvornahme

Hat der Besteller dem Unternehmer eine Frist zur Nacherfüllung gesetzt, die erfolglos verstrichen ist oder hat der Unternehmer ernsthaft und endgültig die Nacherfüllung verweigert, kann der Besteller nach §§ 634 Nr. 2, 637 den Mangel selbst beseitigen oder beseitigen lassen und die hierfür entstehenden Aufwendungen ersetzt verlangen. Er kann nach § 637 III auch einen Vorschuss für die voraussichtlich entstehenden Kosten zur Mängelbeseitigung verlangen.

Voraussetzung ist nach § 637 I, dass dem Unternehmer eine angemessene Frist zur Nacherfüllung gesetzt wurde.

Eine Fristsetzung ist nach den §§ 637 II, 323 II entbehrlich, wenn:

- der Unternehmer die Beseitigung des Mangels *ernsthaft und endgültig verweigert,*
- dem Werkvertrag ein *Fixgeschäft* zugrunde liegt, bei dem es auf die Rechtzeitigkeit der Leistungserbringung ankommt (z.B. Geschäfts- oder Messeeröffnung), oder
- Umstände vorliegen, die unter Abwägung der beiderseitigen Interessen ergeben, dass dem Besteller es *nicht mehr zumutbar* ist, dem Unternehmer ein Nacherfüllungsrecht zu gewähren.

Nach § 637 II 2 ist eine Fristsetzung auch dann entbehrlich, wenn der Unternehmer bereits nachgebessert hat und die *Mängelbeseitigung fehlgeschlagen* ist oder dem Besteller *unzumutbar* geworden ist.

cc) Rücktritt

Kommt der Werkunternehmer dem Nacherfüllungsbegehren des Bestellers nicht nach oder schlägt die Nacherfüllung fehl und macht der Besteller von seinem Selbstvornahmerecht keinen Gebrauch, so kann er gemäß §§ 634 Nr. 3, 636 vom Vertrag zurücktreten. Der Rücktritt erfolgt durch Erklärung gegenüber dem Unternehmer.

Da § 636 auf § 323 verweist, hat der Besteller dem Unternehmer eine Frist zur Nacherfüllung zu setzen, bevor Rücktritt geltend macht. Ist eine Nacherfüllung unmöglich, ist die Fristsetzung entbehrlich (§§ 636, 326 V). Die Fristsetzung kann auch nach § 323 II wegen der dort genannten Gründe entbehrlich sein.

Der Rücktritt ist ausgeschlossen, wenn der Mangel unerheblich ist (§§ 636, 323 V 2) oder wenn der Besteller für den Mangel des Werkes allein oder überwiegend verantwortlich ist (§§ 636, 323 VI).

dd) Minderung

Will der Besteller trotz mangelhafter Ausführung des Werkes durch den Werkunternehmer am Vertrag festhalten oder handelt es sich um einen unerheblichen Mangel, der den Rücktritt ausschließt, kann er die Werklohnforderung nach §§ 634 Nr. 3, 638 mindern. Die Minderung ist ein Gestaltungsrecht, das durch Erklärung dem Vertragspartner gegenüber ausgeübt wird.

Auch bei der Minderung muss zunächst eine angemessene Frist zur Nachbesserung verstrichen sein, sofern sie nicht nach §§ 638 I, 323 II entbehrlich ist.

Die Berechnung der Minderung erfolgt nach § 638 III durch Herabsetzung der Werklohnes in dem Verhältnis, in welchem zur Zeit des Vertragsschlusses der Wert des Werkes in mangelfreiem Zustand zum wirklichen Wert gestanden hätte. Der Minderungsbetrag ist notfalls zu schätzen.

Hat der Unternehmer die Vergütung bereits ganz oder teilweise erhalten, muss er dem Besteller nach § 638 IV den zuviel bezahlten Werklohn zurückbezahlen.

ee) Schadensersatz

Stellt der Unternehmer ein mangelhaftes Werk her, verletzt er damit seine vertragliche Pflicht nach §§ 633 I, 280. Er macht sich gemäß §§ 634 Nr. 4, 636 schadensersatzpflichtig, sofern er die Mangelhaftigkeit nach §§ 280 I, 276, 278 zu vertreten hat. Wie im Kaufrecht ist auch hier zu unterscheiden, ob der Mangelschaden oder der Mangelfolgeschaden geltend gemacht wird:

- Mangelschaden

Anspruchsgrundlage für Schadensersatz statt der Leistung ist § 643 iVm **§ 281** bei einem ***behebbaren*** Mangel und § 634 iVm **§ 283** für den ***unbehebbaren*** Mangel.

Solange der ***Mangel noch behebbar*** ist, ist nach §§ 636, 281 I eine Fristsetzung zur Nacherfüllung erforderlich, es sei denn die Fristsetzung ist nach § 281 II entbehrlich oder der Unternehmer hat die Nacherfüllung verweigert oder sie ist fehlgeschlagen (§ 636).

Ist der ***Mangel nicht mehr behebbar***, so entfällt eine Fristsetzung, da sie wegen der Unmöglichkeit der Nacherfüllung unsinnig wäre (§§ 634 Nr. 4, 283).

Der Werkunternehmer haftet auf Schadensersatz, wenn er sich gemäß § 280 I 2 nicht entlasten kann. Mit anderen Worten, er hat darzulegen, dass er die Mangelhaftigkeit des Werkes nicht zu vertreten hat. Er hat aber den Mangel zu vertreten, wenn er oder sein Erfüllungsgehilfe ihn fahrlässig oder vorsätzlich verursacht oder im Falle der Behebbarkeit des Mangels diesen schuldhaft nicht nachgebessert hat (§§ 276, 278).

Der Besteller kann gemäß § 281 I 3 bei erheblichem Mangel den **großen** Schadensersatz geltend machen, d.h. er gibt die mangelhafte Sache zurück und verlangt den Schaden, der ihm wegen des mangelhaften Werkes entstanden ist. Danach ist er so zu stellen, wie er bei ordnungsgemäßer Erfüllung gestanden hätte (sog. Erfüllungsinteresse). Er erhält den vergebens bezahlten Werklohn sowie den darüber hinaus entstanden Schaden wie beispielsweise entgangener Gewinn, Produktionsausfall.

Der Besteller kann gemäß § 281 I 3 bei unerheblichem Mangel lediglich den **kleinen** Schadensersatz geltend machen. Das bedeutet, er behält die hergestellte Sache und bekommt als Schadensersatz den Betrag, um den der Wert des Werkes geringer ist als er bei Mangelfreiheit wäre.

- Mangelfolgeschaden

Hat die mangelhafte Ausführung des Werkes zur Folge, dass an einem Rechtsgut des Bestellers ein Schaden entstanden ist, so kann er diesen nach § 634 Nr. 4 iVm **§ 280 I** vom Unternehmer ersetzt verlangen. § 280 I betrifft nicht den Schaden, der durch die Mangelhaftigkeit des Werkes selbst gegeben ist oder der in den dadurch unmittelbar verursachten Vermögensnachteil besteht, sondern liegt außerhalb des mangelhaften Werkes in der Verletzung eines anderen Rechtsgutes des Bestellers (Leben, Körper, Eigentum, Vermögen).

Der Mangel muss nach § 280 I 2 iVm §§ 276, 278 vom Unternehmer zu vertreten sein. Er haftet also auch für die mangelhafte Ausführung durch seinen Erfüllungsgehilfen. Der Anspruch ist auch bei unerheblichen Mängeln gegeben.

d) Gewährleistungsfristen

Trotz bestehender Gewährleistungsrechte kann der Besteller diese nach Ablauf der Verjährungsfrist nicht mehr durchsetzen, wenn der Unternehmer sich auf Verjährung beruft.

aa) Verjährung der Gewährleistungsansprüche

Die Gewährleistungsansprüche des Bestellers verjähren gemäß § 634

- in 2 Jahren: bei einem Werk, dessen Erfolg in der Herstellung, Wartung oder Veränderung einer *beweglichen Sache* besteht oder in der Erbringung von Planungs- und Überwachungsarbeiten hierfür (§ 634 a Nr. 1)

- in 5 Jahren: bei Bauwerken und der dazugehörigen Planungs- und Überwachungsarbeiten wie die des Architekten oder Bauleiters (§ 634 a Nr. 2)

- in 3 Jahren: bei unkörperlichen Werken wie z.B. einem Beratungsvertrag (§ 634 a Nr. 3 iVm § 195)

bb) vertragliche Abänderung der Verjährungsfrist

Nach § 202 I kann die Verjährungsfrist vertraglich verkürzt werden. Dies gilt nicht für eine Haftung wegen Vorsatzes. In Allgemeinen Geschäftsbedingungen ist eine Verkürzung für neu hergestellte Sachen gemäß § 309 Nr. 8 b) ff.) unzulässig. Im Übrigen kann sie nur auf 1 Jahr beschränkt werden. Eine Verlängerung ist grundsätzlich bis zu 30 Jahren möglich.

2. Dienstvertrag (§ 611)

a) Begriff

Der Dienstvertrag ist in §§ 611 ff. geregelt und ist ein gegenseitig verpflichtender Vertrag. Der eine Vertragspartner (Dienstverpflichtete) verpflichtet sich zur Leistung der versprochenen Dienste. Der andere (Dienstberechtigte) verpflichtet sich, hierfür die vereinbarte Vergütung zu zahlen. Im Gegensatz zum Gefälligkeitsverhältnis schuldet beim Dienstvertrag der Dienstverpflichtete die Leistung von Diensten gegen *Entgelt.*

Gemäß § 611 II können Gegenstand des Dienstvertrages Dienste jeder Art sein (Unterricht, Heilbehandlung, Bauleitung und Bauaufsicht etc.). Es ist also gleichgültig, ob es sich um einmalige oder auf Dauer angelegte Tätigkeiten handelt. Zu unterscheiden sind:

aa) der freie Dienstvertrag (unabhängige)

Ein freier Dienstvertrag ist dann anzunehmen, wenn der Dienstverpflichtete die Leistung, zu der er sich verpflichtet hat, selbständig und eigenverantwortlich erbringt.

Beispiele: freiberuflich tätige Ärzte, Steuerberater, Rechtsanwälte, Unternehmensberater, Wirtschaftsprüfer, Tennistrainer, Musiklehrer, Honorarlehrkräfte

Grundsätzlich ist beim freien Dienstvertrag die Vertragsfreiheit weder hinsichtlich der Abschluss- noch bezüglich der inhaltlichen Gestaltungsfreiheit eingeschränkt. Ihr sind aber durch §§ 134, 138 und 242 die allgemeinen Grenzen gesetzt.

bb) der abhängige Dienstvertrag

Ein abhängiger Dienstvertrag liegt vor, wenn der Dienstverpflichtete die Dienste von gewisser Dauer in persönlicher und wirtschaftlicher Abhängigkeit zum Dienstberechtigten erbringen muss und dabei weitgehend dessen Weisungen unterliegt *(Arbeitsverhältnis).*

Im Arbeitsverhältnis ist der Dienstverpflichtete (Arbeitnehmer) in den Wirtschaftsbereich des Dienstberechtigten (Arbeitnehmer) eingegliedert und verrichtet unselbständige Arbeit. Er kann Angestellter, Arbeiter oder Auszubildender sein.

Beispiele: Im Krankenhaus angestellte Assistenzärzte, in der Rechtsabteilung einer Bank angestellte Anwälte, alle sonstigen Angestellte und Arbeiter

Bei den abhängigen Dienstverträgen gilt das Prinzip der Vertragsfreiheit nicht uneingeschränkt. Da der Arbeitgeber im Allgemeinen wirtschaftlich stärker ist als derjenige, der zum Bestreiten seines Lebens- und Familienunterhalts auf die Beschäftigung angewiesen ist, hat der Gesetzgeber zum Schutz des sozial schwächeren Arbeitnehmers die Vertragsfreiheit in verschiedener Hinsicht eingeschränkt. So bestehen zahlreiche Schutzgesetze wie Arbeitszeitgesetz, Jugendarbeitsschutzgesetz, Mutterschutzgesetz, Gesetz gegen sexuelle Belästigung am Arbeitsplatz, Schwerbehindertengesetz, u.a. Gleichzeitig wird durch Abschluss von Tarifverträgen und Betriebsvereinbarungen versucht, die Übermacht der Arbeitgeber in Grenzen zu halten.

b) Abgrenzung

Der Dienstvertrag ist abzugrenzen vom Werkvertrag und vom Auftrag.

aa) Werkvertrag

Beim Dienstvertrag wird die Dienstleistung als solche, d.h. nur ein Tätigwerden geschuldet, während beim Werkvertrag ein ***bestimmter Erfolg***, ein Arbeitsergebnis eintreten muss, damit die vertraglich geschuldete Leistung erfüllt und die Vergütung fällig wird. Der Dienstverpflichtete erhält seinen Lohn auch dann, wenn der mit der Tätigkeit angestrebte Erfolg ausbleibt.

bb) Auftrag

Der Unterschied zwischen einem Auftrag nach § 662 und einem Dienstvertrag besteht vor allem darin, dass der Auftrag ***unentgeltlich***, der Dienstvertrag aber gemäß § 611 entgeltlich ist.

c) Leistungspflichten

aa) Pflichten des Dienstverpflichteten

Nach § 611 ist der Dienstverpflichtete zur Leistung der versprochenen Dienste verpflichtet. Gegenstand des Dienstvertrages können Dienste aller Art sein (§ 611 II). Die Leistungsverpflichtung richtet sich daher nach der getroffenen Vereinbarung. Die Dienste sind, soweit nichts anderes vereinbart ist, gemäß § 613 höchstpersönlich zu erbringen. Die Leistungserbringung hat nach den geltenden Gesetzen oder bestehenden Standesrichtlinien zu erfolgen.

Daneben treffen den Dienstverpflichteten noch eine Reihe von Nebenpflichten aus § 242. Danach hat jeder Vertragspartner bei der Ausübung seiner Rechte und Pflichten auf die berechtigten Belange des anderen Vertragspartners Rücksicht zu nehmen. Dies gilt für das Dienstverhältnis im gesteigerten Maße, weil hier regelmäßig eine stärkere persönliche Bindung der Vertragspartner auf längere Zeit besteht. So entstehen dem Dienstverpflichteten Verschwiegenheits-, Treue-, Mitteilungs- oder Aufklärungspflichten (etwa wegen besonderer Sachkunde), die bei schuldhafter Nichtbeachtung zu Schadensersatzansprüchen aus § 280 I wegen Verletzung einer vertraglichen Nebenpflicht führen können.

bb) Pflichten des Dienstberechtigten

Der Dienstberechtigte ist gemäß § 611 I zur Vergütung entsprechend der getroffenen Vereinbarung verpflichtet. Haben die Parteien keine Vergütung vereinbart, dann gilt gemäß § 612 eine solche als stillschweigend vereinbart.

Haben die Vertragsparteien die Höhe der Vergütung nicht bestimmt, so schließt diese Vertragslücke § 612 II. Danach gilt bei Bestehen einer Taxe die taxmäßige Vergütung. Diese richtet sich dann nach den geltenden Tarifen oder Gebührenordnungen (z.B. RVG, GOZ, GOÄ), die für bestimmte Berufssparten bestehen. Existiert eine solche Taxe nicht, dann gilt die übliche Vergütung als vereinbart.

Grundsätzlich ist die Vergütung nach § 614 erst fällig, nachdem der Dienstverpflichtete die vereinbarte Leistung erbracht hat. Es kann sich aber aus Sonderbestimmungen das Recht des Dienstverpflichteten ergeben, einen Vorschuss zu verlangen (z.B. Rechtsanwalt).

d) Leistungsstörungen

Es kann sein, dass der Dienstverpflichtete oder der Dienstberechtigte seine vertraglich geschuldete Leistung nicht oder nur schlecht erfüllt. Es gelten dann die allgemeinen Vorschriften des BGB, soweit diese nicht von den jeweiligen Sondervorschriften verdrängt werden.

aa) Nicht- oder Schlechterfüllung durch den Dienstverpflichteten

Kommt der Dienstverpflichtete seinen vertraglichen Pflichten nicht nach, so kann der Dienstberechtigte ***Klage auf Erfüllung*** erheben. Soweit es sich aber um eine höchstpersönliche Leistung handelt, ist das Urteil jedoch nicht vollstreckbar.

Da die Pflicht zur Erbringung der Dienstleistung mit der Vergütungspflicht in einem Gegenseitigkeitsverhältnis steht, hat der Dienstberechtigte hinsichtlich seiner Leistung nach § 320 ein ***Leistungsverweigerungsrecht***. Das bedeutet, er kann die Vergütung solange zurückhalten, bis der Verpflichtete seine Dienste erbracht hat. Dies gilt nicht, wenn der Dienstberechtigte ausnahmsweise vorschusspflichtig ist.

Entsteht dem Dienstberechtigten wegen Ausbleiben oder verspäteter Erbringung der Leistung ein Schaden, so kann er ***Schadensersatzansprüche*** gemäß §§ 280 ff. geltend machen. Das gilt bei Schlechterfüllung der Hauptleistungspflicht und bei Nebenpflichtverletzungen nach § 241 II, der den Dienstverpflichteten zur Rücksichtnahme auf die Rechtsgüter und Interessen seines Vertragspartners verpflichtet *(vgl. Teil B, V 4).*

Schließlich hat der Dienstberechtigte das Recht zur ***fristlosen Kündigung*** des Vertragsverhältnisses gemäß § 626 ***aus wichtigem Grund*** (z.B. bei Vorzeigen falscher oder verfälschter Zeugnisse, eigenmächtigem Urlaubsantritt oder -überschreitung, Betrug, Diebstahl) Voraussetzung ist, dass Tatsachen vorliegen, die die Fortsetzung des Dienstverhältnisses unter Berücksichtigung aller Umstände und Abwägung der beiderseitigen Interessen dem Kündigenden ***unzumutbar*** machen. Die Kündigung muss innerhalb von zwei Wochen nach Kenntnis der Tatsachen, die den wichtigen Grund ergeben (§ 626 II) erfolgen.

Liegt kein Arbeitsverhältnis vor, sondern leistet der Verpflichtete Dienste höherer Art, so kann ***wegen der besonderen Vertrauensstellung*** von jedem Vertragsteil ***fristlos*** gekündigt werden nach § 627, wenn das Vertrauensverhältnis nicht mehr gegeben ist. Kündigt der Dienstverpflichtete allerdings zur Unzeit, d.h. zu einem Zeitpunkt, zu dem sich der Dienstberechtigte die Dienste anderweitig nicht mehr beschaffen kann und entsteht ihm dadurch ein Schaden, so ist der Dienstverpflichtete ihm zum Ersatz des daraus entstandenen Schadens verpflichtet. Dies gilt nicht, wenn ein wichtiger Grund zur Kündigung vorliegt (§ 627 II).

bb) Nicht- oder Schlechterfüllung durch den Dienstberechtigten

Erfüllt der Dienstberechtigte seine Pflichten nicht, so gelten die allgemeinen Regeln. Wirkt er beispielsweise bei der Durchführung des Vertrages nicht mit, indem er erforderliche Informationen und Unterlagen nicht beibringt, so hat der Dienstverpflichtete dem Dienstberechtigten gegenüber ein ***Leistungsverweigerungsrecht*** nach § 320. Bezahlt der Dienstberechtigte trotz vertragsgemäß erbrachter Leistung durch den Dienstverpflichteten die vereinbarte Vergütung nicht, so kann letzterer eine ***Leistungsklage*** erheben und notfalls die Bezahlung durch die staatlichen Vollstreckungsorgane durchsetzen.

Der Dienstverpflichtete hat nach §§ 626, 627 II außerdem die Möglichkeit zur ***fristlosen Kündigung*** aus wichtigem Grund, sofern ein Festhalten am Vertrag nicht zumutbar ist.

e) Beendigung des Dienstverhältnisses

Das Dienstverhältnis kann auf verschiedene Weise beendet werden. Der wichtigste Beendigungsgrund ist beim freien Dienstvertrag die Zweckerreichung. Daneben sind vor allem noch die Beendigung durch Zeitablauf bei befristetem Dienstverhältnis, vertragliche Aufhebung oder Tod eines Vertragspartners als mögliche Gründe für die Beendigung zu nennen.

3. Der Geschäftsbesorgungsvertrag (§ 675)

a) Begriff und Bedeutung

Der Geschäftsbesorgungsvertrag ist ein gegenseitiger vermögensbezogener Vertrag, der auf die Besorgung eines fremden Geschäfts gegen Entgelt gerichtet ist. Die Definition des Bundesgerichtshofs (BGH) lautet:

Ein Geschäftsbesorgungsvertrag ist ein Dienst- oder Werkvertrag, der eine Geschäftsbesorgung, d.h. eine selbständige Tätigkeit wirtschaftlicher Art im Interesse eines anderen zum Inhalt hat .

Beispiele: Vermögensverwaltung, Anlageberatung, Beauftragung eines Rechtsanwalts oder Steuerberaters; ferner Sondervertragsformen aus dem Handelsrecht wie Handelsvertretervertrag (§§ 84 ff. HGB), Kommissionsgeschäft (§§ 383 ff. HGB), Speditionsgeschäft (§§ 407 HGB ff.)

Da die Tätigkeit wirtschaftlicher Art sein muss, muss sie sich unmittelbar auf das Vermögen des Geschäftsherrn auswirken. Nicht vermögensbezogen ist etwa die Behandlung durch einen Arzt oder die Erteilung von Privatunterricht.

Der Geschäftsbesorgungsvertrag unterscheidet sich vom Auftrag dadurch, dass er entgeltlich ist, während der Auftrag unentgeltlich ist, und dass es sich beim Geschäftsbesorgungsvertrag um einen gegenseitig verpflichtenden Vertrag handelt, während der Auftrag nur ein zweiseitiger Vertrag ist, da sich hier die Leistungen der Vertragsparteien nicht gegenseitig bedingen.

b) Rechte und Pflichten der Parteien

aa) Pflichten des Geschäftsführers

§ 675 verweist auf die Vorschriften zum Auftrag. Soweit diese keine Regelung enthalten, gelten die Vorschriften zum Dienst- und Werkvertrag für den Geschäftsbesorgungsauftrag entsprechend.

Nach § 662 hat der Geschäftsführer die Pflicht, das ihm übertragene Geschäft sorgfältig auszuführen. Des Weiteren ist er dem Geschäftsherrn zur Auskunft und Rechenschaft verpflichtet nach § 666 und hat ihm alles, was er zur Ausführung des Geschäfts und was er aus der Geschäftsbesorgung erhält, nach § 667 herauszugeben. Er hat auch sonstige Nebenpflichten aus § 242 bzw. § 241 II zu beachten.

bb) Pflichten des Geschäftsherrn

Nach § 675 ist er zur vereinbarten Vergütung der Geschäftsbesorgung verpflichtet und hat dem Geschäftsführer nach § 670 die Aufwendungen zu ersetzen, die er den Umständen nach für erforderlich halten durfte, soweit diese nicht bereits mit der Vergütung abgegolten sind.

c) Beendigung des Geschäftsbesorgungsverhältnisses

Für die Beendigung des Vertragsverhältnisses gilt grundsätzlich das Dienst- oder Werkvertragsrecht. Da § 671 I durch § 675 für nicht anwendbar erklärt wird, kann der Geschäftsführer nur dann kündigen, wenn der Auftraggeber anderweitig Sorge für die Geschäftsführung treffen kann, es sei denn es liegt ein wichtiger Grund für die Kündigung zur Unzeit vor (§ 671 II).

IV. Störungen im Schuldverhältnis

1. Einführung

Aufgrund eines vertraglichen oder gesetzlichen Schuldverhältnisses ist der jeweilige Schuldner verpflichtet, entsprechend dem Inhalt des Schuldverhältnisses seine Leistung nach Treu und Glauben so zu erbringen, wie es die Verkehrssitte erfordert (§ 242). Es kann aber eine Störung des Schuldverhältnisses dadurch auftreten, dass die geschuldete Leistung überhaupt nicht, verspätet oder schlecht erbracht wird. Kann der Schuldner seine Verpflichtung aus dem Schuldverhältnis nicht mehr wie geschuldet erfüllen, tritt an die Stelle des Erfüllungsanspruchs (Primäranspruch) ein Ersatzanspruch (Sekundäranspruch). Voraussetzung nach § 280 ist immer eine Pflichtverletzung des Schuldverhältnisses.

a) Pflichtverletzung

Die Pflichtverletzung im (neuen) Schuldrecht ist zum zentralen Begriff der Störung von Schuldverhältnisses geworden. Zentrale Haftungsvorschrift für Schadensersatz wegen Pflichtverletzung ist § 280. Da es aber verschiedene Arten von Pflichten gibt (Haupt- und Nebenleistungspflichten sowie leistungsunabhängige Nebenpflichten) und diese auf unterschiedliche Art und Weise verletzt sein können, wurde eine sehr differenzierte Regelung für die einzelnen Varianten der Pflichtverletzung geschaffen. In das Recht der Pflichtverletzung münden Unmöglichkeit, Verzug, Schlechtleistung, positive Vertragsverletzung und Verletzungen des vorvertraglichen Schuldverhältnisses sowie das Gewährleistungsrecht des Kauf- und Werkvertrag, das aber vorrangig in Sonderbestimmungen geregelt ist. Die Störung im Schuldverhältnis führt grundsätzlich nur dann zu einem Anspruch des Gläubigers, wenn der Schuldner die Störung im Schuldverhältnis durch eine Pflichtverletzung verursacht hat, die er zu vertreten hat (§ 280 I).

b) Vertretenmüssen

Der Schuldner hat die Pflichtverletzung dann zu vertreten, wenn er vorsätzlich oder fahrlässig gehandelt hat (§ 276).

Vorsatz bedeutet hinsichtlich der Verletzung seiner gesetzlichen oder vertraglichen Pflicht, dass der Schuldner um die Pflichtverletzung weiß und sie auch will.

Nach § 276 III kann dem Schuldner eine Haftung wegen Vorsatzes im Voraus nicht erlassen werden, d.h. er haftet bei Vorsatz grundsätzlich immer, sofern ihm nicht nachträglich die Haftung erlassen wird.

Fahrlässig handelt der Schuldner bei Erfüllung seiner vertraglichen oder gesetzlichen Verpflichtung, wenn er die im Geschäfts- und Rechtsverkehr erforderliche Sorgfalt außer Acht lässt (§ 276 II).

Es gilt ein sog. objektivierter Fahrlässigkeitsmaßstab. Fahrlässigkeit liegt danach vor, wenn der Schuldner diejenige Sorgfalt außer Acht gelassen hat, die von einem Angehörigen der entsprechenden Menschengruppe (z.B. Berufsgruppe, Gruppe von Verkehrsteilnehmern etc.) in der jeweiligen konkreten Situation erwartet wird. Verfügt der Schuldner über spezielle Kenntnisse, so darf entsprechend mehr von ihm erwartet werden.

Einige Gesetzesvorschriften verlangen als Voraussetzung für eine Haftung des Schuldners grobe Fahrlässigkeit. Sie ist eine gesteigerte Form der Fahrlässigkeit.

Grob fahrlässig handelt, wer die im Verkehr erforderliche Sorgfalt in hohem Maße außer Acht lässt, d.h. nicht beachtet, was unter den gegebenen Umständen jedem vernünftigen Menschen hätte einleuchten müssen.

Hat nicht der Schuldner selbst den Vertrag erfüllt, sondern bedient er sich zur Erfüllung seiner vertraglichen Pflicht einer Hilfsperson, haftet er für das Verschulden dieses ***Erfüllungsgehilfen nach § 278*** genauso wie für eigenes Verschulden, wenn der Erfüllungsgehilfe vorsätzlich oder fahrlässig eine Pflichtverletzung begangen hat *(vgl. S. 77 Erfüllungsgehilfe beim Kaufvertrag).*

2. Unmöglichkeit der Leistung

Unmöglichkeit liegt vor, wenn die geschuldete Leistung weder objektiv („von jedermann") noch subjektiv („vom Schuldner") erbracht werden kann (§ 275). Die Primärverpflichtung aus dem Vertrag erlischt, da der Schuldner nicht mehr leisten kann.

a) Arten der Unmöglichkeit

Es wird unterschieden wie folgt:

- ***tatsächliche*** (oder objektive) Unmöglichkeit (§ 275 I),
- ***faktische*** (oder praktische) Unmöglichkeit (§ 275 II) und
- Unmöglichkeit aus ***persönlichen*** Umständen (§ 275 III)

aa) tatsächliche Unmöglichkeit

Eine Leistung ist im Sinne des **§ 275 I** unmöglich, wenn sie wirklich von niemanden erbracht werden kann. Dies kann auf Grund von tatsächlichen Umständen der Fall sein, z.B. wenn die Sache verkauft, zerstört, entwendet oder anderweitig verloren gegangen ist. Tatsächliche Unmöglichkeit kann aber auch aufgrund rechtlicher Umstände vorliegen.

Beispiele: ◆ Baurechtliche Genehmigung der Baubehörde wird für das als Bauland verkaufte Gelände nicht erteilt.
◆ Verkäufer verkauft und übereignet die geschuldete Sache an einen anderen Käufer, der nicht zum Rückkauf an den Verkäufer bereit ist

Eine Unmöglichkeit im Sinne des 275 I kann auch wegen Zeitablaufs gegeben sein. Grundsätzlich tritt wegen verspäteter Leistung noch keine Unmöglichkeit ein, vielmehr kommt der Schuldner unter den Voraussetzungen des § 286 in Verzug. Unmöglichkeit wegen Zeitablaufs kommt aber dann in Betracht, wenn es sich um ein sog. absolutes Fixgeschäft handelt. Ein absolutes Fixgeschäft liegt vor, wenn die Einhaltung der Leistungszeit so wesentlich ist, dass die verspätete Leistung keine Erfüllung mehr darstellt, d.h. für den Gläubiger sinnlos wird.

Beispiel: B bestellt für seine am 20.02.2002 vorgesehene Hochzeit eine 5-stöckige Torte beim Bäckermeister U für spätestens 15 Uhr. Da U wegen privater Probleme zerstreut ist, trägt er den Liefertermin versehentlich für den 22.2. ein. Als B am 20.2. nachfragt, wo die Torte denn bliebe, stellt sich das Missgeschick des U heraus. U fragt nach, ob er sie noch backen soll, was ca. 6 Stunden in Anspruch nehmen würde. B lehnt ab und bestellt in einer anderen Konditorei schnell noch ein paar fertige Torten, um sich vor seinen Gästen nicht zu blamieren.

Nach 15 Uhr ist die Leistung des U nicht mehr nachholbar. Sie ist sinnlos und wegen Überschreitung des Lieferzeitpunktes nach § 275 I unmöglich geworden. Diese Unmöglichkeit hat U zu vertreten, da er den Liefertermin falsch notiert hatte.

Vom absoluten Fixgeschäft ist das relative Fixgeschäft zu trennen. Hier bestellt der Käufer eine Sache, die „fix", „prompt" oder „spätestens zum ..." geliefert werden soll. Die Lieferung wird hier aber nicht automatisch mit Verstreichen des vereinbarten Liefertermins sinnlos. (z.B. Osterhasen werden nicht zum vereinbarten Tag x, sondern kurz vor Ostern geliefert). Es tritt keine Unmöglichkeit ein. Der Käufer kann auf Erfüllung bestehen oder nach § 323 II Nr. 2 sofort vom Vertrag zurücktreten.

Bei der *Gattungsschuld* tritt keine Unmöglichkeit ein, solange noch Sachen einer bestimmten Gattung vorhanden sind. Die Erfüllung der Gattungsschuld wird hingegen unmöglich, wenn:

- die ganze Gattung untergeht,
- die Vorratsschuld (z.B. Ernte 2001) untergeht,
- wenn die ausgesonderte Sache aus der Gattung untergeht (§ 243 II),
- wenn die Sache im Zeitpunkt des Annahmeverzuges untergeht (§ 300 II)

Beispiel: Der Elektrogroßhändler V verkauft dem Einzelhändler K 15 Farbfernseher der Marke CX zum Listenpreis. K soll die Geräte bei V abholen. Als V von der Fabrik eine Lieferung erhält, stellt V 15 Geräte in seinem Lagerraum für K bereit und bringt einen Aufkleber mit Namen des K an. V bittet den K telefonisch die bereit gestellten Geräte wegen begrenzter Lagermöglichkeiten sofort abzuholen. Tage später brennt das Lager ohne Verschulden des V ab. K verlangt Lieferung der bestellten Geräte.

Da es sich hier um eine Holschuld handelt, hat V durch die Bereitstellung und Aufforderung zur Abholung das seinerseits Erforderliche gemäß § 243 II getan, um seiner Leistungsverpflichtung nachzukommen. In diesem Fall beschränkte sich seine Schuld auf die 15 Geräte, die durch die Aussonderung zur Stückschuld geworden sind. Diese sind aber durch den Brand untergegangen. Die Leistung ist dem V dadurch unmöglich geworden, so dass der Anspruch des K ausgeschlossen ist.

bb) faktische Unmöglichkeit

Ist die Durchführung der Leistung theoretisch, aber nur mit einem völlig unverhältnismäßigem Aufwand möglich, den kein vernünftiger Gläubiger ernsthaft erwarten kann, liegt ein Fall des **§ 275 II** vor.

Beispiel: V hat dem K aus Konstanz einen Ring verkauft, den er ihm persönlich vorbeibringen will. Bei der Überfahrt von Meersburg nach Konstanz zieht er ein Taschentuch aus seiner Jackentasche, wobei der in Seidenpapier gewickelte Ring mit herausfällt. Da er so ungünstig am Ende des Fährschiffes steht, fällt der Ring in den Bodensee.

Da hier die Leistungserbringung nur mit einem Aufwand erbracht werden kann, der in einem groben Missverhältnis zu dem Leistungsinteresse des Gläubigers steht, hat der Schuldner ein Leistungsverweigerungsrecht. Mit Aufwand sind sowohl Aufwendungen in Geld als auch Tätigkeiten oder persönliche Anstrengungen gemeint. Bei der Beurteilung, ob ein krasses Missverhältnis zwischen dem erforderlichen Aufwand des Schuldners und dem Leistungsinteresse des Gläubigers besteht, ist ein strenger Maßstab anzulegen. Dabei spielt es gemäß § 275 II 2 eine Rolle, ob der Schuldner das Leistungshindernis selbst herbeigeführt oder zumindest zu verantworten hat.

§ 275 II gibt dem Schuldner das Recht, die Leistung zu verweigern, er muss dies aber nicht. Es steht ihm frei, trotz unverhältnismäßigem Aufwand seine Leistung zu erbringen, etwa im Interesse guter Geschäftsbeziehungen.

cc) persönliche Unzumutbarkeit

Der Schuldner kann die Leistung, die er persönlich zu erbringen hat, nach **§ 275 III** verweigern, wenn sie ihm unter Abwägung der beiderseitigen Interessen, d.h. dem Leistungsinteresse des Gläubigers einerseits und dem persönlichen Interesse, das ihn an der Leistungserbringung hindert andererseits, nicht zuzumuten ist. Dies betrifft vor allem Dienst- und Arbeitsverträge, aber auch andere.

Beispiele:

- Auftritt einer Sängerin, während ihr Kind lebensgefährlich erkrankt ist
- Arbeitnehmer, der seine Arbeit nicht erbringen kann, weil er in seinem Heimatland zum Wehrdienst einberufen worden ist und ihm bei Nichtbefolgung die Todesstrafe droht
- Notwendige Arztbesuche oder Versorgung schwer erkrankter Angehöriger während der Arbeitszeit
- Ladung zu Behörden und Gerichten als Partei oder Zeuge

In diesen Fällen kann der Schuldner die Leistung objektiv erbringen, d.h. rein tatsächlich kann die Sängerin singen oder der Wehrdienstverpflichtete die Einberufung ignorieren, es ist ihnen aber aus subjektiven Gründen nicht zumutbar. § 275 III gibt ihm daher ein Leistungsverweigerungsrecht.

b) Rechtsfolgen der Unmöglichkeit

aa) Leistung des Schuldners

Der Schuldner wird gemäß § 275 von der primären Leistungspflicht frei. Bei der tatsächlichen Unmöglichkeit erlischt die Pflicht des Schuldners automatisch (ipso jure), d.h. ohne dass sich der Schuldner darauf berufen muss. Es handelt sich hier um eine Einwendung, die das Gericht von Amts wegen in einem Rechtsstreit beachtet. Bei der unechten (faktischen oder persönlichen) Unmöglichkeit muss der Schuldner sich ausdrücklich auf sein Leistungsverweigerungsrecht berufen. Es handelt sich hier um eine Einrede, die das Gericht nur dann beachtet, wenn sie erhoben wird.

bb) Gegenleistung des Gläubigers

Das Schicksal der Gegenleistung ist in § 326 geregelt und hängt davon ab, wer die Unmöglichkeit vertreten muss:

- Hat *keiner* die Unmöglichkeit zu vertreten, entfällt nach § 326 I der Anspruch auf die Gegenleistung (z.B. vermieteter Gegenstand verbrennt wegen Blitzeinschlags).

- Hat der *Gläubiger* die Unmöglichkeit zu vertreten, hat der Schuldner weiterhin Anspruch auf die Gegenleistung gemäß § 326 II 1. Er muss sich aber das Ersparte anrechnen lassen (z.B. Kunde repariert selbst, obwohl er zuvor einen Handwerker bestellt hat).

- Hat der *Schuldner* die Unmöglichkeit zu vertreten, so verliert er seinen Anspruch auf die Gegenleistung nach § 326 I (z.B. verkaufte Sache wird vom Verkäufer vor Übergabe vorsätzlich oder fahrlässig zerstört).

cc) Sekundäransprüche des Gläubigers

Sekundäransprüche entstehen als Folge einer Pflichtverletzung und treten im Falle der Unmöglichkeit der Primärverpflichtung gemäß § 275 IV an deren Stelle. Voraussetzung ist, dass der Schuldner die Unmöglichkeit nach §§ 276 ff. *zu vertreten* hat.

Der Gläubiger hat dann folgende Ansprüche gegen den Schuldner:

- Schadensersatz statt der Leistung

Es ist zu unterscheiden, ob es sich um eine anfängliche oder nachträgliche Unmöglichkeit handelt. Bei dieser Unterscheidung ist auf dem Zeitpunkt abzustellen, in dem die Unmöglichkeit eingetreten ist. Ist die Leistung vor Vertragsschluss eingetreten, so spricht man von anfänglicher Unmöglichkeit. Ist sie nach Vertragsschluss eingetreten, so handelt es sich um eine nachträgliche Unmöglichkeit.

Bei der *nachträglichen Unmöglichkeit* kann der Gläubiger gemäß § 280 I, III, **§ 283** Schadensersatz vom Schuldner verlangen.

Bei der *anfänglichen Unmöglichkeit* hat der Gläubiger gemäß **§ 311 a II** einen Schadensersatzanspruch, sofern der Schuldner das Leistungshindernis kannte oder hätte kennen müssen.

Der Gläubiger ist in beiden Fällen so zu stellen, wie er bei ordnungsgemäßer Erfüllung gestanden hätte. Der Schaden ist die Differenz zwischen der durch die Nichterfüllung eingetretenen Vermögenslage und der Vermögenslage, die bei korrekter Erfüllung der vertraglichen Pflicht bestanden hätte (hypothetische Schadensberechnung). Das bedeutet, dass der Schuldner auch den entgangenen Gewinn ersetzen muss.

- Aufwendungsersatz

Der Gläubiger kann gemäß §§ 280 I 2, 283, **284** wie immer, wenn ein Schadensersatzanspruch gegeben ist, statt dessen Ersatz seiner Aufwendungen verlangen, die er im Vertrauen auf den Erhalt der Leistung gemacht hat und vernünftigerweise machen durfte. Ersatzfähig sind beispielsweise vergeblich aufgewandte Vertragskosten oder Werbungskosten. Nur Aufwendungen, die auch bei ordnungsgemäßer Erfüllung vergeblich gewesen wären, sind nicht ersatzfähig. Die vergeblichen Aufwendungen sind auch bei anfänglicher Unmöglichkeit nach § 311 a II zu ersetzen.

- Ersatzanspruch

Wenn der Schuldner aufgrund einer Leistungsbefreiung nach § 275 für den geschuldeten Gegenstand einen Ersatz oder Ersatzanspruch (Surrogat) erlangt hat, dann kann der Gläubiger gemäß §§ 326 III, **285** die Herausgabe des Empfangenen oder Abtretung des Ersatzanspruches verlangen (z.B. Anspruch auf Versicherungsleistung). Er bleibt dann aber zur Gegenleistung verpflichtet.

- Rücktritt

Der Gläubiger kann aber auch vom Vertrag nach § **326 V**, 323 zurücktreten, wenn er sich wegen der Unmöglichkeit der schuldnerischen Leistung vom Vertrag lösen will. Eine Fristsetzung ist bei Unmöglichkeit nicht erforderlich (§ 326 V 2. Hs.), sie wäre wegen der Unerbringbarkeit der Leistung ja auch sinnlos.

3. Verzug und Verspätung der Leistung

Erbringt der Schuldner seine Leistung später als vertraglich vereinbart, obwohl ihm dies möglich wäre, verletzt der Schuldner seine Pflicht aus dem Schuldverhältnis gemäß § 280. Entsteht dem Gläubiger dadurch ein Schaden, so kann er entweder den Verzugsschaden nach §§ 280 II, 286 ff. geltend machen, der neben dem Erfüllungsanspruch besteht, oder Schadensersatz statt der Leistung gemäß §§ 280 III, 281 verlangen. Der Erfüllungsanspruch aus dem Vertrag entfällt in diesem Fall nach § 281 IV. Es sind daher Pflichtverletzung wegen Verspätung einerseits und Verzug andererseits begrifflich zu trennen.

Die Vorschriften zur Verspätung und zum Verzug kommen nur dann in Betracht, wenn Unmöglichkeit ausscheidet. Bei Unmöglichkeit liegt eine endgültige Leistungsstörung vor. Es ist daher gedanklich immer zuerst zu klären, ob die Leistung noch nachholbar ist.

Eine Sonderstellung nehmen die sog. Fixgeschäfte ein. Beim absoluten Fixgeschäft könnte die Leistung zwar noch erbracht werden, sie stellt aber wegen der besonderen Bedeutung des Termins später keine Erfüllung mehr dar. Es tritt Unmöglichkeit ein. Beim relativen Fixgeschäft ist Rücktritt ohne Fristsetzung möglich gemäß § 323 II 2 *(vgl. S. 94)*.

a) Verzug nach §§ 280 II, 286

Nach § 280 II kann der Gläubiger unter den zusätzlichen Voraussetzungen des § 286 Schadensersatz wegen Verzögerung der Leistung verlangen. Dieser Schadensersatz schließt Verzugszinsen mit ein und ***besteht neben dem Erfüllungsanspruch***. Darüber hinaus gilt eine Haftungsverschärfung für den säumigen Schuldner.

Beispiel: K kauft im Einrichtungshaus des V zwei Gästebetten. Lieferzeit ca. 4 Wochen. Nachdem das Bett nach 6 Wochen immer noch nicht da ist, schickt er dem V ein Mahnschreiben und fordert ihn auf, bis spätestens 1. April zu liefern, da er Gäste aus dem Ausland erwarte. Man sagt ihm daraufhin die termingerechte Lieferung zu. Als die Gäste am 3. April eintreffen, muss er sie kurzer Hand in ein Hotel einquartieren. Es entstehen dem K Übernachtungskosten von 480 €. K geht zum Anwalt. Dieser verlangt für K Ersatz der 480 € und der Anwaltskosten.

K will hier lediglich den Verzugsschaden von V ersetzt bekommen und nicht etwa vom Vertrag zurücktreten oder Schadensersatz statt der Leistung. Es wird vielmehr der Verzugsschaden *neben* dem Erfüllungsanspruch aus dem Vertrag (hier Lieferung der Gästebetten nach § 433 I) geltend gemacht. § 280 II besagt, dass der Gläubiger Schadensersatz wegen Verzögerung der Leistung nur unter den zusätzlichen Voraussetzungen des § 286 verlangen kann.

aa) Voraussetzungen

(1) Die ***Fälligkeit der Leistung*** des Schuldners muss gegeben sein. Sofern die Parteien keinen bestimmten Liefertermin vereinbart haben, ist die Leistung nach § 271 sofort fällig. Hat andererseits der Verkäufer dem Käufer einen Zahlungsaufschub gewährt (sog. Stundung), wird die Fälligkeit des Kaufpreises bis zum Stundungszeitpunkt hinausgeschoben, so dass der Käufer mit der Zahlung des Kaufpreises solange nicht in Verzug gerät.

(2) Der Schuldner wird durch eine ***Mahnung*** gemäß § 286 in Verzug gesetzt. Die gleiche Wirkung hat die Klageerhebung oder die Zustellung eines gerichtlichen Mahnbescheides bei Geldschulden. V kam im Beispielsfall am 2. April an Verzug.

Ausnahmsweise ist die ***Mahnung entbehrlich*** nach § 286 II, wenn:

- für die Leistung ein Tag oder Zeitraum nach dem Kalender bestimmt ist und dieser bereits abgelaufen ist (sog. *Kalendergeschäft*),
- der Leistung ein *bestimmtes Ereignis* (Kündigung, Lieferung etc.) vorauszugehen hat und die Leistungszeit von diesem Ereignis ab berechnet werden kann,
- der Schuldner die Leistung *ernsthaft und endgültig verweigert*,
- der sofortige Eintritt des Verzugs *gerechtfertigt* ist

  (z.B. der Schuldner kommt dem Gläubiger durch eine Selbstmahnung zuvor, d.h. er leistet trotz Ankündigung seiner Leistung zum versprochenen Termin nicht, er entzieht sich der Mahnung oder dem Schuldner war bei Vertragsschluss die besondere Dringlichkeit der Leistung bekannt).

Bei ***Entgeltforderungen*** (Geldforderungen aus einem gegenseitigen Vertrag) tritt der Verzug unabhängig von der Mahnung nach § 286 III ein, wenn:

- eine nachprüfbare Rechnung oder Zahlungsaufstellung schriftlich vorliegt,
- der Schuldner diese nicht binnen 30 Tagen begleicht und
- er auf die Verzugsfolgen darin hingewiesen wurde, sofern er Verbraucher ist (§ 13)..

Ist unsicher, ob eine Rechnung zugegangen ist, dann kommt der Schuldner des Geldes, sofern er nicht Verbraucher ist, auch dann in Verzug, wenn er die Gegenleistung nach Fälligkeit erhalten hat.

(3) Der ***Schuldner leistet nicht,*** obwohl die Leistung fällig ist und nach § 286 I eine Mahnung erfolgt bzw. nach § 286 II entbehrlich ist.

(4) Der Schuldner hat den ***Verzug zu vertreten*** gemäß § 286 IV, wenn er den Umstand, der zum Unterbleiben der Leistung führt, durch Vorsatz oder Fahrlässigkeit verursacht hat nach § 276. Dabei hat er für die verspätete Leistung seines Gehilfen ebenso einzustehen wie für eigenes Verschulden (§ 278).

Eine *Ausnahme* gilt beispielsweise bei höherer Gewalt oder schwerer Erkrankung des Schuldners. Aus der Formulierung des Absatzes 4 des § 286 ergibt sich, dass von seinem Verschulden ausgegangen wird, solange er nicht beweisen kann, dass er den Verzug nicht verschuldet hat.

bb) Rechtsfolgen

Der Gläubiger kann gemäß §§ 280 II, 286 ***Ersatz des Verzugsschadens*** geltend machen. Er kann den durch den Verzug verursachten Schaden in Höhe der §§ 249 ff. ersetzt verlangen. Hierzu gehören insbesondere die Mehraufwendungen infolge verspäteter Herstellung oder Lieferung, der entgangene Gewinn, wenn der Weiterverkauf gescheitert ist, die *nach* Eintritt des Verzugs entstandenen Kosten der Rechtsverfolgung (nicht aber die Kosten der 1. Mahnung, da diese erst den Verzug begründet).

Der Schuldner hat gemäß § 288 auch ***Verzugszinsen*** zu bezahlen. Dies können verlorene Anlagezinsen oder entstandene Überziehungszinsen bei der Bank sein. Die Zinsen laufen ab Verzug, d.h. im Regelfall ein Tag nach Ablauf der Zahlungsfrist bzw. mit dem Tag, an dem die Mahnung zugegangen ist. Sofern der Gläubiger keinen höheren Zinssatz nachweist, beträgt der Verzugszins 5 Prozentpunkte über den in § 247 genannten Basiszinssatz.

Den Schuldner trifft im Verzug gemäß § 287 die ***erweiterte Haftung***. Das bedeutet, er hat während des Schuldnerverzuges auch leichte Fahrlässigkeit zu vertreten und haftet auch dann, wenn die Leistung zufällig untergeht, es sei denn der Schaden wäre auch bei rechtzeitiger Leistung eingetreten.

Der Verzug des Schuldners gibt dem Gläubiger nicht das Recht, Schadensersatz statt der Leistung zu verlangen oder vom Vertrag zurückzutreten. Diese Rechte hat der Gläubiger erst nach erfolgloser Fristsetzung. Auch hier hat die Fristsetzung den Sinn, dem Schuldner nochmals die Möglichkeit zu geben, seine Leistung zu erbringen und damit die für ihn wirtschaftlich nachteilige Vertragsauflösung abzuwenden.

b) Verspätung der Leistung nach §§ 280 III, 281

Die verspätete Leistung stellt wie jedes andere Verhalten des Schuldners, das objektiv nicht der geschuldeten Leistung entspricht, eine Pflichtverletzung des Schuldverhältnisses i.S. des § 280 I dar. Dazu gehört auch eine Leistung, die später als vertraglich vereinbart erbracht wird.

Will der Gläubiger Schadensersatz statt der Leistung, muss er dem Schuldner noch die Möglichkeit geben, seine Leistung zu erbringen. Leistet er nicht, dann kann der Gläubiger Schadensersatz geltend machen und der Erfüllungsanspruch erlischt gemäß § 281 IV.

Beispiel: K bestellt für das Weihnachtsgeschäft Snowboards der Marke XY bei V, der ihm die Lieferung zum 3. Dezember zusagt. Aufgrund eines Versehens der Angestellten des V wird die Bestellung unerledigt im Ablageordner unter „erledigt" abgeheftet. K setzt dem V eine Frist zur Lieferung bis spätestens 10. Dezember, den V wiederum nicht einhalten kann. K muss nachweislich 6 Kunden wegschicken, die genau dieses Brett kaufen wollten. Ihm ist dadurch ein Gewinn in Höhe von 600 € entgangen.

aa) Voraussetzungen

(1) Eine ***angemessene Frist*** zur Leistung oder Nacherfüllung muss ***erfolglos abgelaufen*** sein (§ 281 I), es sei denn, die Fristsetzung ist entbehrlich (§ 281 II). Angemessen ist die Frist, wenn sie dem Schuldner die Chance gibt, seine Leistungshandlung nachzuholen. Allerdings ist die besondere Dringlichkeit der Leistungserbringung bei Berechnung der Frist zu berücksichtigen.

(2) Der Schuldner hat die Verspätung oder Nichtleistung ***zu vertreten.*** Davon ist grundsätzlich auszugehen, es sei denn er kann beweisen, dass er die Verspätung nicht verschuldet hat (§ 280 I 2).

(3) Dem Gläubiger ist ein ***Schaden*** infolge der Verzögerung entstanden (§ 280 I 1).

bb) Rechtsfolgen

Hat der Gläubiger dem Schuldner eine Frist gesetzt und hat dieser dennoch nicht geleistet, so hat er einen Anspruch auf ***Schadensersatz statt der Leistung*** gemäß den §§ 280 III, 281. Der Schadensersatzanspruch des Gläubigers ist auf das Erfüllungsinteresse gerichtet, d.h. er ist wirtschaftlich so zu stellen, wie er bei ordnungsgemäßer Vertragserfüllung gestanden hätte. Macht er den Anspruch auf Schadensersatz geltend, so ist nach § 281 IV der Anspruch auf die Leistung ausgeschlossen.

Der Gläubiger kann allerdings auch ***Rücktritt vom Vertrag*** gemäß § 323 unter den dort genannten Voraussetzungen verlangen, wenn er sich lediglich vom Vertrag lösen will.

Im Beispielsfall ist K natürlich besser beraten, den entgangenen Gewinn als Schaden ersetzt zu verlangen gemäß §§ 281 III, 281 iVm § 252.

4. Sonstige Pflichtverletzungen

Liegt keine Unmöglichkeit, Verzug oder Gewährleistung vor und ist die Erbringung der Leistung dennoch mit einer Störung verbunden ist, liegt in der Regel eine schuldhafte *Pflichtverletzung des Vertrages* durch Schlechtausführung des Vertrages oder durch Verletzung von Nebenpflichten vor. Man spricht dann von positiver Vertragsverletzung (pVV).

Möglich ist auch, dass *vorvertragliche Pflichten* schuldhaft verletzt werden, etwa bei Aufnahme von Vertragsverhandlungen, bei Anbahnung eines Vertrages oder ähnlichen geschäftlichen Kontakten im Sinne des § 311 II. Man spricht dann von culpa in contrahendo (c.i.c.).

a) Positive Vertragsverletzung

Aus § 242 ergibt sich die Pflicht des Schuldners, alles Erforderliche zu tun bzw. zu unterlassen, damit der Vertragszweck weder gefährdet noch vereitelt oder der andere Vertragsteil in seinen Rechtsgütern gefährdet wird. Unter einer Pflichtverletzung im Sinne des § 280 I fallen:

aa) die Schlechtleistung

Bei der Schlechtleistung wird der Vertrag „nicht wie geschuldet" erfüllt. Es wird zwar die Leistung erbracht, aber nicht sorgfältig ausgeführt oder gegen anerkannte Regeln der entsprechenden Berufsgruppe verstoßen (z.B. DIN-Vorschriften oder die Regeln der ärztlichen Kunst werden nicht eingehalten).

Schlechtleistung kann durch Verletzung einer *Hauptleistungspflicht* gegeben sein.

<u>Beispiel</u>: Ein Raumausstatter verlegt den Parkettboden, bevor der Estrich getrocknet ist, so dass sich infolge der schlecht ausgeführten Arbeit die verlegten Holzbretter bald „werfen" und ausgewechselt werden müssen.

Eine Schlechtleistung ist auch dann gegeben, wenn eine *leistungsbezogene Nebenpflicht* verletzt wird. Zu den leistungsbezogenen Nebenpflichten gehören die Pflichten, die auf die Durchführung und Erfüllung der Hauptpflicht gerichtet sind (z.B. Verpackung, Installation, Instruktion).

Beispiel: V ist Galerist und verkauft dem K ein Gemälde. Sie vereinbaren, dass V dem K das Bild schicken soll. Infolge schlechter Verpackung und mangels besonderer Kennzeichnung, wird das Bild, das von einem offenen Anhänger der Post in die Bahn verladen wird, feucht und die Farbe blättert bereits bei Ankunft bei K ab.

bb) die Verletzung einer Rücksichtnahmepflicht

Darunter versteht man die Verletzung einer *leistungsunabhängigen Nebenpflicht* im Sinne des § 241 II. Darunter fallen die sog. Schutz- und Sorgfaltspflichten, die darauf gerichtet sind, Schäden an den Rechtsgütern des Vertragspartners zu vermeiden.

Beispiel: Der Raumausstatter R soll im Haus des B einen Teppich verlegen. Er schickt seinen Gesellen und eine Aushilfskraft. Diese tragen die Teppichrolle in die Wohnung des B hoch. Infolge von Unachtsamkeit stoßen sie mit der Rolle an ein Bild des B, das im Treppenhaus hängt. Es fällt herunter und wird zerstört.

Hier haben die Erfüllungsgehilfen des R ihre Sorgfaltspflicht aus § 241 II verletzt.

Ist eine ***Pflichtverletzung*** durch Schlechtleistung oder Verletzung einer Rücksichtnahmepflicht gegeben und hat der Schuldner diese ***zu vertreten*** (§§ 280, 276, 278) so kann der Gläubiger bei Vorliegen der weiteren Voraussetzungen Schadensersatz oder Rücktritt geltend machen.

cc) Rechtsfolgen

Der Gläubiger kann Schadensersatz und Rücktritt verlangen. Dabei ist hinsichtlich der Anspruchsgrundlage nach Art der Pflichtverletzung zu unterscheiden:

Bei ***Schlechtleistung*** und Verletzung von ***leistungsbezogenen*** Nebenpflichten kann der Gläubiger Schadensersatz neben der Leistung nach **§ 280 I** verlangen. Er hat aber auch einen Anspruch aus **§ 281** iVm § 280 auf Schadensersatz ***statt*** der Leistung nach erfolglosem Fristablauf, sofern die Pflichtverletzung erheblich ist (§ 281 I 3). Des Weiteren hat er in diesem Fall die Möglichkeit des Rücktritts vom Vertrag nach **§ 323**. Beim Rücktritt ist ein Verschulden des Schuldners allerdings nicht erforderlich.

Bei ***Verletzung der Rücksichtnahmepflicht***, den sog. ***leistungsunabhängigen*** Nebenpflichten, kann der Gläubiger Schadensersatz ***neben*** Vertragserfüllung nach **§ 280 I** verlangen. Der Schadensersatz ***statt*** der Leistung ergibt sich aus **§§ 282**, 280 iVm § 241 II, wenn ihm die Leistung durch den Schuldner nicht mehr zuzumuten ist. Wann Unzumutbarkeit gegeben ist, ist durch Abwägung der beiderseitigen Interessen zu ermitteln. Das Rücktrittsrecht des Gläubigers ergibt sich aus **§ 324.** Diese Vorschrift sieht vor, dass der Gläubiger zurücktreten kann, wenn ihm ein Festhalten am Vertrag nicht mehr zuzumuten ist. Dies dürfte bei mehr als einem unerheblichen Pflichtverstoß mit Abmahnung der Fall sein. Ein Verschulden wie beim Schadensersatzanspruch ist nicht erforderlich.

Wird eine Pflicht aus einem ***Dauerschuldverhältnis*** (z.B. Computerwartungsvertrag, Bierlieferungsvertrag) verletzt, tritt an die Stelle des Rücktritts gemäß § 314 die Kündigung aus wichtigem Grund, welcher grundsätzlich eine Abmahnung vorauszugehen hat. Bei Verletzung einer Haupt- oder Nebenpflicht kommt ebenfalls ein Schadensersatzanspruch aus § 280 in Verbindung mit § 281 oder § 282 in Betracht, je nachdem welche Pflicht verletzt worden ist.

b) Culpa in contrahendo

Bereits im Vorfeld eines Vertrages im Sinne des § 311 II ist der Schuldner zur Rücksichtnahme auf die berechtigten Interessen des Gläubigers nach § 241 II verpflichtet. So treffen ihn insbesondere Schutzpflichten bezüglich der Rechtsgüter des Gläubigers, Aufklärungspflichten hinsichtlich Besonderheiten, Gefahren und Risiken des Leistungsgegenstandes und die Pflicht, den Verhandlungspartner nicht im Unklaren über den Vertragsabschluss zu lassen oder Vertragsverhandlungen grundlos abzubrechen, wenn beim anderen das Vertrauen erzeugt wurde, der ins Auge gefasste Vertrag werde sicher zustandekommen.

Verletzt der Schuldner schuldhaft eine seiner Pflichten aus dem vorvertraglichen Schuldverhältnis, so haftet der Schuldner gemäß §§ 280, 311 II auf Ersatz des Vertrauensschaden (sog. negatives Interesse). Der Gläubiger ist dann so zu stellen, als hätte er mit dem Schuldner nie in Verhandlungen gestanden. Zu ersetzen sind z.B. Fahrt-, Telefon- oder Vertragskosten, aber auch darüber hinausgehende Schäden, soweit sie durch die Pflichtverletzung entstanden sind.

Beispiel: Kundin K betritt kurz nach Ladenöffnung das Warenhaus des V, da sie sich für eine Espressomaschine interessiert. Als sie um ein Regal geht, rutscht sie auf einer Bananenschale aus, die seit dem Vortag auf dem Boden liegt. Durch den Sturz bricht sie sich das Handgelenk und ihr Armband nimmt Schaden.

Hier hat V seine Verkehrssicherungspflicht verletzt, da er nicht dafür Sorge getragen hat, dass der Boden während der Geschäftszeit für potentielle Kunden sicher begehbar ist und sich dabei niemand verletzen kann. Rücksichtnahmepflichten treffen den V bereits schon im vorvertraglichen Verhältnis, d.h. bereits dann, wenn es noch nicht zu einem Vertragsabschluss gekommen ist.

5. Exkurs: Leistungsstörungen beim Hotelaufnahmevertrag

Der Vertrag zwischen dem Hotelier und dem Gast hinsichtlich der Überlassung eines Hotelzimmers ist ein Unterfall des Mietvertrages nach § 535. Er ist ein gegenseitiger Vertrag und kommt wie jeder Vertrag durch Angebot und Annahme zustande. Die Vertragsparteien müssen sich zumindest einig sein über Art des Zimmers, Dauer des Vertrages und den Preis. Der Hotelier ist verpflichtet, dem Gast den Gebrauch des Hotelzimmers zu gewähren und eventuell noch weitere vereinbarte Leistungen wie Frühstück oder Halbpension zu erbringen. Es handelt sich dann um einen sog. *gemischten Vertrag*, da er auch Elemente eines Kauf- oder Werkvertrages beinhaltet. Der Besteller ist nur verpflichtet, den vereinbarten Preis zu zahlen. Er ist nicht verpflichtet, das Zimmer auch in Anspruch zu nehmen. Gleiches gilt für die Vermietung von Ferienwohnungen.

Ist der Gast verhindert, stellt sich die Frage, ob die Verhinderung auf höhere Gewalt und damit auf eine von keiner Partei zu vertretenden Unmöglichkeit beruht oder dem Risikobereich des Gastes zuzurechnen ist.

a) Persönliche Verhinderung (§ 537)

Eine „persönliche Verhinderung" liegt vor bei einem Unfall bei der Anfahrt, Krankheit, Tod eines Angehörigen, geschäftlicher Unabkömmlichkeit oder sonstiger Verhinderung wie z.B. aufgrund schlechten Wetters oder ungünstiger Schneeverhältnisse für den Wintersport.

Als Rechtsfolge sieht § 537 vor, dass der Gast zur Zahlung des Übernachtungspreises verpflichtet bleibt. Allerdings ist dasjenige in Abzug zu bringen, was das Hotel sich erspart hat. Zu den ersparten Aufwendungen des Hoteliers gehören die Kurtaxe, eventuell die Kosten der Benutzung des Hallenbades. Bei Vermietung von Ferienwohnungen sind es die Kosten für Endreinigung, Strom und Warmwasser, wenn diese im Übernachtungspreis enthalten sind. Bei Hotelzimmern können die ersparten Aufwendungen pauschal wie folgt berechnet werden: 40 % bei Vollpension, 30 % bei Halbpension und 10 - 20 % bei Zimmer mit Frühstück (Rspr.). Die Rechtsprechung misst daran auch die Wirksamkeit von AGB.

Der Hotelier ist zwar nicht verpflichtet, sich um anderweitige Belegung aktiv zu bemühen. Er ist aber nach Treu und Glauben (§ 242) verpflichtet, die bestellten, aber „abgesagten" Zimmer (etwa beim Verkehrsamt) als frei zu melden oder Ersatzgäste zu akzeptieren, sofern kein sachlicher Grund entgegensteht. Allerdings kann er, sofern noch andere Zimmer frei sind, diese zuerst vergeben.

b) Unmöglichkeit (§ 275 I)

Es kann sein, dass der Hotelier die geschuldete Leistung nicht erbringen kann, weil er selbst die Unmöglichkeit seiner Leistung herbeigeführt und damit zu vertreten hat nach §§ 276, 278 oder weil ein Fall höherer Gewalt vorliegt, den keine Partei zu vertreten hat. Der Anspruch des Gastes auf die vereinbarte Leistung entfällt dann nach § 275. Es stellt sich aber die Frage, ob der Hotelier seine Gegenleistung, d.h. den Anspruch auf den Übernachtungspreis behält. Das Schicksal der Gegenleistung beurteilt sich nach § 326 I und hängt davon ab, wer die Unmöglichkeit zu vertreten hat.

aa) von keiner Partei zu vertretende Unmöglichkeit

Die Unmöglichkeit ist dann von keiner Partei zu vertreten, wenn das Hotel wegen unbeeinflussbarer Ereignisse oder wegen höherer Gewalt seine Leistung nicht erbringen kann. Ein Fall höherer Gewalt liegt beispielsweise vor, wenn das Hotel infolge Unwetters generell nicht erreichbar ist oder durch Einwirkung Dritter oder sonstiger Ereignisse nicht genutzt werden kann. Es liegt dann ein Fall der objektiven Unmöglichkeit nach § 275 I vor, die den Hotelier von seiner Leistungspflicht befreit. Im Gegenzug verliert er den Anspruch auf die Übernachtungskosten gemäß § 326 I.

bb) vom Hotelier zu vertretende Unmöglichkeit

Der Hotelier hat die Unmöglichkeit nach §§ 276, 278 zu vertreten, wenn er entgegen seiner vertraglichen Verpflichtung dem Gast kein Zimmer bereithält. Etwas anderes gilt, wenn die Parteien eine Abrede getroffen haben, nach der der Hotelier bei Verstreichen der vereinbarten Ankunftszeit des Gastes berechtigt ist, das Zimmer anderweitig zu vergeben. Überbuchungen, die fahrlässig oder vorsorglich und somit vorsätzlich vorgenommen wurden, hat der Hotelier in jedem Fall zu vertreten. Muss der Gast in einem solchen Fall ein anderes, teureres Zimmer beziehen, so kann er vom Hotel den Differenzbetrag gemäß §§ 280 III, 283 wegen Unmöglichkeit der vertraglichen Leistung verlangen.

cc) vom Gast zu vertretende Unmöglichkeit

In Fällen, in denen der Gast dem Hotelier die Leistung unmöglich macht, bleibt der Anspruch des Hoteliers auf die Übernachtungskosten (aus § 535) gemäß § 326 II bestehen. Voraussetzung ist, dass er die Unmöglichkeit zu vertreten hat, d.h. wenn der Gast durch Vorsatz oder Fahrlässigkeit die Vermietbarkeit des Zimmers beispielsweise durch Brandstiftung selbst unmöglich macht.

c) Kündigung (§ 542)

Da der Mietvertrag/Beherbergungsvertrag ein Dauerschuldverhältnis darstellt, tritt an die Stelle des Rücktritts (§ 323) grundsätzlich die Kündigung. Dabei ist zu unterscheiden, ob die Beendigung des Vertragsverhältnisses durch ordentliche oder außerordentliche Kündigung aus wichtigem Grund erfolgen soll. Die Kündigung ist ein einseitiges Rechtsgeschäft und greift als Gestaltungsrecht einseitig in das Vertragsverhältnis ein. Sie ist daher an bestimmte Voraussetzungen geknüpft.

aa) ordentliche Kündigung (§§ 542, 580 a)

Ist der Hotelaufnahmevertrag unbefristet, d.h. auf ***unbestimmte*** Zeit geschlossen worden, so gilt nach §§ 542 I, 580 a I Nr. 1, wenn der Übernachtungspreis nach Tagen bemessen ist, eine Kündigungsfrist von 1 Tag. Es kann an jedem Tag zum Ablauf des folgenden Tages gekündigt und damit das Vertragsverhältnis beendet werden.

Liegt ein ***befristeter Vertrag*** vor, so ist nach § 542 II eine ordentliche Kündigung nicht möglich, d.h. das Vertragsverhältnis endet mit Ablauf der vereinbarten Zeit, es sei denn es kann aus wichtigem Grund gekündigt werden (§ 542 II Nr. 1) oder es wird vertraglich verlängert (542 II Nr. 2).

bb) fristlose Kündigung (§§ 569 I, 543)

Für Dauerschuldverhältnisse gilt allgemein § 314. Diese Vorschrift wird für Mietverträge aber durch die spezielleren Vorschriften der §§ 543, 569 I verdrängt.

Nach § 543 I kann jede Partei das Vertragsverhältnis aus wichtigem Grund außerordentlich, d.h. ohne Einhaltung der ordentlichen Kündigungsfrist kündigen, wenn ein wichtiger Grund vorliegt. Ein wichtiger Grund liegt immer dann vor, wenn dem Kündigenden unter Berücksichtigung aller Umstände des Einzelfalls und unter Abwägung der beiderseitigen Interessen die Fortsetzung des Vertragsverhältnisses bis zum Ablauf der Kündigungsfrist oder der vereinbarten Zeit nicht mehr zugemutet werden kann.

Was ein wichtiger Grund im Sinne des § 543 I ist, konkretisiert unter anderem § 569. Danach liegt nach Absatz 1 ein wichtiger Grund zur fristlosen Kündigung vor, wenn:

- eine ***erhebliche Gefährdung der Gesundheit*** für den Gast gegeben ist (z.B. dauerndes Eindringen unerträglicher oder schädigender Gerüche, gefährliche Beschaffenheit elektrischer Leitungen oder Ungezieferbefall) oder

- eine Vertragspartei den ***Hausfrieden nachhaltig stört*** (z.B. nächtliches Lärmen im alkoholisiertem Zustand, gröbliche Beleidigungen oder tätliche Angriffe).

d) Minderung bei Sach- und Rechtsmängeln (§ 536)

Der Hotelgast hat einen Anspruch auf Minderung (bzw. kann von der Entrichtung des Übernachtungspreises unter Umständen ganz befreit sein), wenn ein ***Mangel*** vorliegt (§ 536 I) oder eine ***zugesicherte Eigenschaft fehlt*** (§ 536 II). Ein Mangel der Hotelunterkunft liegt vor, wenn die überlassene Unterkunft für den vertragsmäßigen Gebrauch untauglich ist.

Hotelzimmer müssen sauber, ruhig und für den Aufenthalt von Gästen geeignet sein. Je nach Kategorie des Hotels kann der Gast einen bestimmten Mindestservice bzw. entsprechenden hochwertigeren Service verlangen. Wartezeiten von mehr als 20 Minuten, Unfreundlichkeit seitens des Hotelpersonals oder auch Unsauberkeit muss der Gast in keinem Hotel hinnehmen.

Ihre Mindestgröße muss dem entsprechen, was die Gaststättenverordnung des jeweiligen Bundeslandes vorschreibt (in der Regel eine Mindestfläche von 8 qm für Einzelzimmer und eine von 12 qm für Doppelzimmer - jeweils ohne Bad und Toilette).

Defekte, unbrauchbare oder zu kleine Einrichtungsgegenstände begründen einen Fehler des jeweiligen Zimmers. Hotelzimmer können ferner „fehlerhaft" sein, wenn sie für den vertraglich vorausgesetzten oder gewöhnlichen Gebrauch ungeeignet sind und sich nicht zur Erholung eignen. Das kann beispielsweise auch dann der Fall sein, wenn ein Gast, der auf die Notwendigkeit der Rollstuhlbenutzung hingewiesen hat, in einem Haus untergebracht wird, das für Rollstuhlfahrer nicht geeignet ist. Ebenso können Störungen wie Lärm, Geruch oder sonstige Einwirkungen, die nicht nur einmalig, sondern sich über erhebliche Zeiträume hinweg erstrecken, ein „mangelhaftes" Hotelzimmer darstellen. In Extremfällen kann der Anspruch des Hoteliers komplett entfallen (§ 535 I 1).

Angaben in Prospekten (Sauna, Whirlpool, Sportgelegenheiten etc.) gelten als zugesichert, so dass bei deren Fehlen ein Mangel gemäß § 536 II begründet wird.

Der Mangel muss bereits bei Überlassung des Zimmers vorhanden oder während der Aufenthaltszeit im Hotel entstanden sein. Nachträgliche oder unerhebliche Mängel begründen daher keinen Mangel (§ 535 I 3). Dies gilt allerdings nicht bei zugesicherten Eigenschaften, da es dem

Gast ja gerade auf eine bestimmte Eigenschaft ankommt und für ihn dann das Vorhandensein der Eigenschaft nicht unerheblich ist.

Der Gast darf nach § 536 b ***keine Kenntnis vom Mangel*** gehabt haben. Das Recht zu mindern setzt kein Verschulden des Hoteliers voraus. Der Minderungsanspruch ist gegebenenfalls zu schätzen. Nimmt der Gast die Leistung des Hoteliers trotz Kenntnis an, verliert er nach § 536 b 3 das Recht auf Minderung, wenn er sich nicht dieses Recht bei Annahme vorbehält. Ebenso verhält es sich, wenn der der Gast nach § 526 c II Nr. 1 die ***Anzeige des Mangels***, der zur Minderung berechtigt, unterlassen hat.

e) Schadensersatz wegen eines Mangels (§ 536 a)

(1) Voraussetzung ist auch hier ein ***Mangel*** bzw. das ***Fehlen einer zugesicherten Eigenschaft*** im Sinne des § 536. Folgende Konstellationen sind möglich:

- der Mangel war schon bei Vertragsschluss vorhanden (ohne Verschulden des Hoteliers),
- der Mangel ist nach Vertragsschluss durch vorsätzliches oder fahrlässiges Verhalten des Hoteliers oder dessen Personal entstanden oder
- der Hotelier ist mit der Beseitigung des später entstandenen Schadens in Verzug, d.h. eine angemessen gesetzte Frist ist bereits erfolglos verstrichen.

(2) Der Gast darf bei Vertragsschluss ***keine Kenntnis vom Mangel*** gehabt bzw. diesen nicht vorbehaltlos akzeptiert haben (§ 536 b) und schließlich muss ihm ein ***Schaden*** entstanden sein.

(3) Der Hotelier muss den nachträglich entstanden Mangel bzw. den Verzug der Mangelbeseitigung nach § 536 a (§§ 276, 278) ***zu vertreten haben.***

(4) Der Anspruch auf Schadensersatz ist ausgeschlossen, wenn der Gast die ***Mängelanzeige*** nach § 536 c II Nr. 2 unterlassen hat und der Hotelier keine Abhilfemöglichkeit hatte.

f) Schadensersatz wegen Verletzung von Nebenpflichten

aa) Pflichten des Hotelgastes

Aus § 536 c ergibt sich für den Gast die vertragliche Nebenpflicht, Mängel anzuzeigen, die während seines Hotelaufenthalts auftreten. Verletzt er diese Anzeigepflicht, so kann der Hotelier von ihm nach § 536 c Ersatz des dadurch entstandenen Schadens verlangen.

Der Gast hat nach § 242 alles zu unterlassen, was die Durchführung des Vertragszweckes gefährdet und nach § 241 II auf die Rechtsgüter des Hoteliers Rücksicht zu nehmen. Das bedeutet, er haftet für Schäden, die auf einen vertragswidrigen Gebrauch zurückzuführen sind.

Beispiele:
- Brandverursachung durch unvorsichtigen Umgang mit Rauchwaren
- Verschütten von Getränken auf Teppichboden oder Inventar

- Verschweigen von ansteckenden, gefährlichen Krankheiten, die Desinfektionsmaßnahmen erforderlich machen
- Unbefugte Mitnahme nicht angemeldeter Personen auf das Hotelzimmer
- nächtliche Ruhestörungen oder Randalieren

Kündigen Hotelgäste wegen erheblicher Störungen eines anderen Gastes oder mindern deshalb den Zimmerpreis, so kann der Hotelier vom Gast, der seine Nebenpflichten verletzt, aus § 280 I den dadurch entstandenen Schaden ersetzt verlangen. Daneben kann er natürlich auch nach erfolgter Abmahnung aus wichtigem Grund den Beherbergungsvertrag mit dem Gast gemäß §§ 543, 569 kündigen.

bb) Pflichten des Hoteliers

Der Hotelier hat nicht nur für die mangelhafte Unterkunft einzustehen (§§ 536, 536 a), sondern haftet auch für Schäden, die durch die Verletzung von Nebenpflichten entstehen. Dazu gehören Schutz- und Obhutspflichten, Aufbewahrungs-, Auskunfts- oder Geheimhaltungspflichten. Entsteht dem Gast durch die Verletzung einer solchen Nebenpflicht ein Schaden, kann er diesen nach § 280 I vom Hotelier ersetzt verlangen. Dies gilt auch, wenn nicht der Hotelier selbst, sondern ein Angestellter des Hotels gehandelt hat (§§ 278, 276).

Der Hotelier haftet auch für Schäden, die Familienangehörige des Vertragspartners im Hotel erleiden, da hier die „Lehre von der Schutzwirkung für Dritte“ angewandt wird. Die Nebenpflichten, die grundsätzlich nur im Verhältnis zum Vertragspartner gelten, erstrecken sich danach auch auf diejenigen, die erkennbar der Schutzpflicht des Gastes unterstehen und mit der Leistung des Hoteliers in Berührung kommen.

Hat der Hotelier eine Verkehrssicherungspflicht verletzt, d.h. eine Gefahrenquelle im Hotelbetrieb nicht ausreichend gesichert oder darauf hingewiesen, obwohl ihm dies zumutbar gewesen wäre, so haftet er dem Gast und dessen Begleitpersonen für Schäden an deren Rechtsgüter nach §§ 282, 241 II, sofern er die Pflichtverletzung wegen Fahrlässigkeit oder Vorsatz zu vertreten hat gemäß § 276.

Beispiele:
- keine Absicherung frisch gewischter Flächen und Treppen
- defekte oder zusammenbrechende Stühle werden nicht ausgetauscht
- Baustellenbereiche werden nicht abgesperrt
- auf Schneelawinen oder andere Gefahren wird nicht hingewiesen

V. Schadensersatzpflicht

1. Überblick

Der Anspruch auf Schadensersatz ist in der Bundesrepublik Deutschland die am häufigst geltend gemachte Forderung vor zivilen Gerichten. Erleidet jemand an seinen Rechtsgütern einen Schaden, der ihm durch einen anderen zugefügt wurde, kann er ihn nur dann ersetzt verlangen, wenn er einen Anspruch gegen den Schädiger hat. Der Anspruch auf Schadensersatz kann sich aus verschiedenen Anspruchsgrundlagen ergeben.

Prinzipiell wird dabei unterschieden zwischen:

- vertraglichen Schadensersatzansprüchen
- deliktischen Schadensersatzansprüchen und
- Schadensersatzansprüchen aus Gefährdungshaftung

a) Vertragliche Schadensersatzansprüche

entstehen, wenn ein Vertragspartner seine aus dem Vertrag erwachsenden Verpflichtungen gar nicht, nicht rechtzeitig oder nicht richtig erfüllt (*Verletzung einer vertraglichen Pflicht*). An die Stelle des Primäranspruches tritt ein Sekundäranspruch, der auf Schadensersatz gerichtet sein kann.

Beispiele:
- ◆ aus § 280 I wegen Schlechtleistung (neben Vertragserfüllung)
- ◆ aus §§ 280 III, 281 wegen Schlechtleistung (statt Vertragserfüllung)
- ◆ aus §§ 280 II, 286 wegen Verzugs (neben Vertragserfüllung)
- ◆ aus §§ 280 III, 281 wegen verspäteter Leistung (statt Vertragserfüllung)
- ◆ aus §§ 280 III, 282 wegen Verletzung einer Rücksichtnahmepflicht aus § 241 II
- ◆ aus §§ 280 III, 283 wegen Unmöglichkeit der Leistung
- ◆ aus § 437 Nr. 3, 440 wegen Sachmängel

Dabei ist immer danach zu fragen, ob der Gläubiger den Schadensersatz ***neben*** der Leistung oder ***statt*** der Leistung geltend machen will, um die richtige Anspruchsgrundlage zu finden.

b) Schadensersatzansprüche aus Delikt

beruhen auf außervertraglichen, im Gesetz normierten Haftungstatbeständen. Die wichtigste Haftungsnorm ist § 823, der einen Anspruch auf Schadensersatz bei rechtswidriger, *schuldhafter* Rechtsgutverletzung gibt.

Beispiele:
- ◆ A sticht im Streit dem B ein Messer in den Leib
- ◆ S beschädigt beim Einparken den Pkw des G
- ◆ A sichert eine Baustelle unzureichend und ein Fußgänger kommt zu Schaden

c) Schadensersatzansprüche aus Gefährdungshaftung

sind immer dann gegeben, wenn das Gesetz *ohne Rücksicht auf Verschulden* eine außervertragliche Haftung wegen der Gefährlichkeit von Tieren, Fahrzeugen oder Anlagen anordnet und es tatsächlich zur Verletzung eines Rechtsguts eines anderen gekommen ist, weil sich die typische Gefahr der Anlage oder des Tieres verwirklicht hat.

Beispiele: Haftung des Tierhalters, Fahrzeughalters, Luftfahrzeughalters, Eisenbahnunternehmers, des Betreibers einer Elektrizitäts- bzw. Gasanlage oder eines Atomkraftwerks, Haftung des Jägers für Wildschäden

Immer wenn das Gesetz einen Anspruch auf Schadensersatz gibt, stellt sich die Frage nach Art und Umfang des Schadensersatzanspruches.

2. Arten des Schadensersatzes

Die §§ 249 ff. regeln für vertragliche und deliktische Ansprüche sowie für solche aus Gefährdungstatbeständen die Art und Weise, wie Schadensersatz zu leisten ist. Aus den Sondervorschriften der §§ 842 ff. ergibt sich, was bei unerlaubten Handlungen darüber hinaus an Schadensersatz zu leisten ist.

Die §§ 249 ff. geben dem Schädiger zwei Möglichkeiten, Schadensersatz zu leisten:

a) **Naturalrestitution** (§ 249 I)

bedeutet die Herstellung eines wirtschaftlich gleichwertigen Zustandes.

Der Schadenersatzpflichtige hat den Zustand herzustellen, der bestehen würde, wenn der zum Ersatz verpflichtende Umstand nicht eingetreten wäre. Die Herstellung eines wirtschaftlich gleichwertigen Zustandes kann also beispielsweise durch Reparatur der beschädigten Sache, Widerruf der ehrverletzenden Äußerung oder Lieferung einer Sache gleicher Art und Güte erfolgen. Die Naturalrestitution schützt das Integritätsinteresse des Geschädigten.

b) **Geldersatz** (§ 249 II)

bedeutet, dass der Schaden durch eine Geldzahlung wieder gut gemacht wird.

Schadensersatz in Geld statt der Herstellung kann der Schadensersatzberechtigte fordern:

- bei Verletzung einer Person oder einer Sache (§ 249 I)
- nach erfolgloser Fristsetzung zur Naturalherstellung (§ 250)
- wenn Naturalherstellung nicht möglich oder genügend ist (§ 251 I), z.B. beim Totalschaden
- bei immateriellen Schäden (§ 253) z.B. Verletzung des Persönlichkeitsrechts

c) Erfüllungsschaden

ist der Schaden, der dem Vertragspartner dadurch entstanden ist, dass der andere nicht erfüllt hat. Der Geschädigte muss so gestellt werden, wie er bei vertragsgemäßer Erfüllung stehen würde *(sog. positives Interesse).*

Beispiele: Verdienstausfall während der Nachbesserung, Mietkosten eines Ersatzes, entgangener Gewinn mangels Nutzbarkeit, Mangelfolgeschäden

Beim Erfüllungsschaden muss alles ersetzt werden, was aufgrund der vertragswidrigen Erfüllung an Schaden entstanden ist.

d) Vertrauensschaden

ist der Schaden, der dem Vertragspartner daraus erwachsen ist, dass er auf die Gültigkeit des Rechtsgeschäfts vertraut hat. Der Geschädigte muss so gestellt werden, wie er stehen würde, wenn er vom Geschäft nichts gehört hätte *(sog. negatives Interesse).*

Beispiele: Schadensersatzpflicht des Anfechtenden nach § 122 I oder Schadensersatz aus culpa in contrahendo nach §§ 311 II, 241 II, 280 wegen Verletzung einer vorvertraglichen Pflicht

Zu ersetzen sind umsonst aufgewendete Fahrtkosten, Porti, Telefonate oder sonstige Aufwendungen, die der Geschädigte im Vertrauen auf die Gültigkeit oder das Zustandekommen des Vertrages getätigt hat.

Der Vertrauensschaden wird in der Regel geringer sein als der Erfüllungsschaden, dies ist aber nicht zwingend. In manchen Fällen, wie beispielsweise beim Schadenersatzanspruch wegen Anfechtung wird der zu ersetzende Schaden aber auf das Erfüllungsinteresse begrenzt (§ 122). Der Schadensersatzberechtigte soll bei Unwirksamkeit des Vertrages nicht mehr erhalten als er bei Erfüllung des Vertrages erhalten hätte.

3. Bestimmung des Schadensumfanges

Um den Umfang des Schadensersatzanspruches zu bestimmen, wird die gegenwärtige Lage mit der Lage, wie sie ohne das Schadensereignis bestehen würde, verglichen. Danach soll der Geschädigte so gestellt werden, wie er ohne das schädigende Ereignis gestanden hätte, aber auch nicht besser. Erhält der Geschädigte durch Leistung des Schadensersatzverpflichteten mehr als er vorher hatte, ist er unter Umständen zum sog. Vorteilsausgleich verpflichtet. Ersetzungsfähig sind:

a) Vermögenseinbußen

Diese entstehen dadurch, dass entweder das Aktivvermögen vermindert ist (Fensterscheibe ist zerbrochen) oder das Passivvermögen erhöht ist (Rechnung des Glasers muss bezahlt werden). Ersetzt wird hier der ***gemeine Wert***, also der Wert, den eine neue Fensterscheibe allgemein hat oder die Wertminderung, die durch den Schaden eingetreten ist.

Nicht ersetzt wird der sog. Liebhaber- oder Erinnerungswert, den der Gegenstand für den Geschädigten hat (ererbtes Schmuckstück, das für den Betreffenden einen besonderen individuellen Wert hatte). Anders verhält es sich bei der Wertschätzung eines Kunstwerkes, die sich im Preis niederschlägt. Dann handelt es sich nicht um einen Liebhaberwert, sondern um einen Marktwert, der zu ersetzen ist.

b) Entgangener Gewinn

Da der Geschädigte so zu stellen ist, wie er ohne das schädigende Ereignis gestanden hätte, ist bei der Schadensberechnung auch darauf zu achten, ob er ohne Schadenseintritt sein Vermögen hätte vermehren können. Es ist gemäß § 252 auch der entgangene Gewinn zu ersetzen. Typischer Fall ist der Verdienstausfall, sei es weil die mangelhafte Maschine nicht zum Einsatz gebracht werden kann, sei es weil der Schadensersatzberechtigte seiner (selbständigen) Erwerbstätigkeit nicht nachgehen kann.

c) Wertminderung

Zu ersetzen ist sowohl der technische als auch der nach der Reparatur etwa verbleibende merkantile Minderwert, auch wenn die Sache beim Geschädigten verbleibt und nicht verkauft wird. Der merkantile Minderwert beruht darauf, dass beispielsweise ein Fahrzeug, das einen Unfallschaden hatte, auf dem Markt trotz einwandfrei durchgeführter Reparatur geringer bewertet wird als ein unfallfreies (Rspr. zu § 251).

d) Immaterielle Schäden

Nach § 253 I kann wegen eines Schadens, der nicht Vermögensschaden ist, eine Entschädigung in Geld verlangt werden, wenn dies im Gesetz vorgesehen ist. Der Anspruch hat hier in erster Linie Ausgleichs- und Genugtuungsfunktion.

Beispiele:
- Schmerzensgeld bei erlittenen Körperschäden (§ 253 II)
- Schmerzensgeld bei Verstößen gegen die sexuelle Selbstbestimmung (§ 825)
- Schmerzensgeld bei erlittener Freiheitsberaubung (§ 253 II)
- Schmerzensgeld bei schwerwiegender Verletzung des Persönlichkeitsrechts (Rspr.)

Bei der Schadensberechnung sind aber sog. *Reserveursachen* zu berücksichtigen. Solche führen zur Minderung bis hin zum Ausschluss des Schadensersatzes, wenn auch ohne den schädigenden Ereignis der Schaden eingetreten wäre (vgl. § 287) oder nach dem gewöhnlichen Lauf der Dinge ohnehin kein Gewinn erzielt worden wäre (vgl. § 252 S. 2).

Weiterhin hat eine *Vorteilsausgleichung „Neu für Alt“* stattzufinden, wenn der Geschädigte für etwas Altes etwas Neues erhält und dadurch einen Vorteil erlangt, den er ohne das Schadensereignis nicht hätte.

VI. Grundfragen des Bereicherungsrechts

1. Die Grundtatbestände der ungerechtfertigten Bereicherung

Nach §§ 812 ff. können Vermögensverschiebungen, die

- weder auf einem gültigen Vertrag
- noch auf einer gesetzlichen Bestimmung beruhen

rückgängig gemacht werden. Sinn des Bereicherungsrechts ist es also, dort einen Ausgleich zu schaffen, wo jemand ohne Rechtsgrund ungerechtfertigt bereichert ist und damit kein Recht zum Behaltendürfen gegeben ist.

Beispiele:
- Kaufvertrag wird angefochten und damit rückwirkend unwirksam
- Kaufvertrag, den ein Minderjähriger geschlossen hat, wird nicht genehmigt

Die Herausgabepflicht aus § 812 ergibt sich aus zwei verschiedenen Tatbeständen. Entweder hat jemand „etwas durch die Leistung eines anderen" (sog. ***Leistungskondiktion***) oder „in sonstiger Weise" (sog. ***Eingriffskondiktion***) erlangt.

a) Leistungskondiktion

aa) Begriff

Die Leistungskondiktion ist darauf gerichtet, Leistungen, die ohne wirksames Verpflichtungsgeschäft erbracht worden sind, wieder rückgängig zu machen. Dabei geht es um Leistungen, für die von vornherein ein Rechtsgrund für die Vermögensverschiebung fehlte und um Leistungen, für die ein Rechtsgrund zwar bestand, dieser aber nachträglich weggefallen ist, beispielsweise durch Anfechtung.

bb) Voraussetzungen

(1) Es muss jemand einen ***Vermögensvorteil erlangt*** haben. Das kann das Eigentum oder der Besitz an einer Sache sein, ein Recht, aber auch Aufwendungen, die man sich erspart hat. Dieser Vorteil muss gleichzeitig ***auf Kosten des anderen*** erlangt worden sein.

(2) Dieser Vermögensvorteil muss ***durch die Leistung eines anderen*** erlangt worden sein. Darunter versteht man jede bewusste, zweckgerichtete Vermehrung fremden Vermögens, mit anderen Worten jede Leistung zur Erfüllung einer Verbindlichkeit.

(3) Die Vermögensverschiebung muss ***ohne Rechtsgrund*** erfolgt sein. Dies ist immer dann der Fall, wenn ein Rechtsgeschäft von Anfang an nichtig war oder es nachträglich nichtig wird (etwa mangels Genehmigung oder durch Anfechtung).

b) Bereicherung „in sonstiger Weise“

Der Anspruch wegen ungerechtfertigter Bereicherung „in sonstiger Weise“ dient dazu, Vermögensverschiebungen rückgängig zu machen, die nicht auf der Leistung einer Person, sondern auf anderen Ursachen beruhen, und die nicht aufgrund einer gesetzlichen Regelung bestehen bleiben sollen.

aa) Überblick

§ 812 I nennt neben der Bereicherung aus Leistungskondiktion auch noch die Bereicherung in sonstiger Weise. Die Rechtslehre unterscheidet hier nochmals zwischen Eingriffs-, Rückgriffs- und Verwendungskondiktion, was für die Rechtsfolge aber keine Rolle spielt.

Beispiele:
- Die Kühe des Bauern B begeben sich auf die Wiese von Bauer A und fressen sich satt (Eingriffskondiktion)
- Jemand verbraucht oder verwertet unbefugt Sachen oder Rechte eines anderen (Rückgriffskondiktion)
- Sachen eines anderen werden mit eigenen untrennbar verbunden, vermischt oder so verarbeitet, dass damit ein Rechtsverlust nach § 951 verbunden ist (Verwendungskondiktion)

bb) Voraussetzungen

(1) Der Bereicherte hat ***einen Vermögensvorteil erlangt.*** Darunter ist jeder wirtschaftliche Vorteil gemeint.

(2) Der Vermögensvorteil wurde nicht durch bewusste, zweckgerichtete Leistung eines anderen erlangt, sondern ***in sonstiger Weise***, meist durch das unbefugte Handeln des Bereicherten. Der Vorteil des Bereicherten ist auf Kosten des Entreicherten erfolgt, d.h. der erworbene Vermögensvorteil steht dem Entreicherten zu.

(3) Der Bereicherte hat den Vorteil ***ohne Rechtsgrund*** erlangt, d.h. er hat weder aus Vertrag noch aus Gesetz ein Recht zum Behaltendürfen des Vermögensvorteils.

c) Verfügung eines Nichtberechtigten

§ 816 regelt die Fälle, in denen jemand über ein fremdes Recht verfügt, obwohl er nicht Rechtsinhaber ist. Grundsätzlich darf nur der Rechtsinhaber über seine Rechte verfügen. Tut dies ein anderer, so nennt man ihn einen Nichtberechtigten. § 816 unterscheidet zwei Fälle:

aa) entgeltliche Verfügung

Verfügt jemand über einen Gegenstand eines anderen und erhält er dafür ein Entgelt, so steht ihm dies nicht zu, da das Verfügungsrecht über die Sache dem Rechtsinhaber zugewiesen ist. § 816 will insoweit einen gerechten Ausgleich schaffen.

Voraussetzung ist, dass ein Nichtberechtigter eine Verfügung über einen Gegenstand trifft, die dem Berechtigtem gegenüber wirksam ist. Die Wirksamkeit der Verfügung kann sich daraus ergeben, dass der Erwerber nach § 932 gutgläubig war oder dass der Berechtigte die Verfügung nachträglich nach § 185 II genehmigt. Des Weiteren muss die Verfügung entgeltlich erfolgt sein, d.h. der Nichtberechtigte hat beispielsweise durch den Verkauf der fremden Sache Geld bekommen. Dieses Geld soll der Nichtberechtigte nicht behalten dürfen, da ihm die veräußerte Sache auch nicht gehört hat. Er hat dem Berechtigten das Erlangte herauszugeben.

bb) unentgeltliche Verfügung

Hat der Nichtberechtigte über den Gegenstand eines anderen unentgeltlich verfügt, so scheidet § 816 I 1 als Anspruchsgrundlage aus, da er nichts für die Verfügung erhalten hat, was er dem Berechtigten herausgeben könnte. § 816 I 2 ordnet daher an, dass der Empfänger trotz Gutgläubigkeit den erhaltenen Gegenstand herausgeben muss.

2. Herausgabeanspruch

Ist ein Bereicherungsanspruch nach § 812 oder § 816 gegeben, muss der Bereicherte das Erlangte herausgeben. Also Eigentum, Besitz, aber nach § 818 I auch die Nutzungen (Früchte und Gebrauchsvorteile) und Ersatzansprüche.

Beispiel: Hat K von V das Eigentum an einem Kraftfahrzeug aufgrund eines vermeintlich wirksamen Kaufvertrages erhalten, dann ist das Eigentum an der erlangten Sache gemäß § 812 I 1 an V durch Übereignung nach § 929 wieder zurückzuübertragen. Hat K den Pkw zwischenzeitlich für 150 € vermietet, so hat er auch diese gezogene Nutzung an V herauszugeben.

Ist die *Herausgabe nicht möglich*, so hat der Bereicherungsschuldner nach § 818 II Wertersatz zu leisten. Gemeint ist hier der Verkehrswert, nicht der Veräußerungserlös (anders bei § 816, bei dem der Verkaufserlös vollständig herauszugeben ist).

Beispiel: B hat von A aufgrund eines nichtigen Kaufvertrages ein Bild im Wert von 700 € erworben, das er für 800 € an C weiter verkauft. A selbst hingegen hätte es für 750 € verkaufen können. In diesem Fall kann A von B lediglich den Verkehrswert in Höhe von 700 € verlangen.

Die Verpflichtung zur Herausgabe oder zum Wertersatz entfällt nach § 818 III, wenn der Empfänger *nicht mehr bereichert* ist, d.h. das Erlangte sich nicht mehr wertmäßig in seinem Vermögen befindet, beispielsweise untergegangen ist, verschenkt oder weiterveräußert worden ist.

VII. Grundfragen des Deliktsrechts

Beim Deliktsrecht geht es, anders als beim Bereicherungsrecht, nicht um die Beseitigung einer Vermögensverschiebung, sondern um die Wiedergutmachung eines Schadens. Die Schadensersatzpflicht wird ausgelöst, wenn unerlaubte Eingriffe in ein fremdes Rechtsgut unter den Voraussetzungen des § 823 erfolgen. In diesen Fällen entsteht ein gesetzliches Schuldverhältnis zwischen Schädiger und Geschädigtem.

Die Tatbestände der sog. Gefährdungshaftung begründen eine Ersatzpflicht für solche Schäden, die durch eine - wenn auch erlaubte - aber für andere gefährliche Betätigung oder Anlage verursacht werden (Tierhaltung, Haltung eines Kraftfahrzeuges, Betreiben eines Atomkraftwerkes u.Ä.). Der Unterschied zur Haftung aus Delikt gemäß § 823 ist, dass bei der Gefährdungshaftung der Halter auch *ohne Verschulden* haftet, wenn sich die typische Betriebsgefahr oder die des Tieres verwirklicht und Schäden an Rechtsgütern anderer verursacht werden (z.B. Pferd geht durch und verletzt einen Passanten, Flugzeug erleidet wegen eines Triebwerkschadens eine Bruchlandung).

Eine Schadensersatzpflicht aus Delikt entsteht, wenn einer der in § 823 genannten Tatbestände objektiv und subjektiv erfüllt ist und die Handlung rechtswidrig ist.

1. Objektiver Tatbestand

Erforderlich ist eine Verletzungshandlung, die zurechenbar zu einem Schaden eines anderen führt. Dabei kann die Handlung in einem *Tun* oder *Unterlassen* bestehen. Eröffnet oder unterhält jemand eine Gefahrenquelle, ist er verpflichtet, diese so zu sichern, dass sich niemand verletzt (sog. Verkehrssicherungspflicht). Unterlässt er dies, hat er die dadurch eingetretene Rechtsgutverletzung und den daraus entstanden Schaden in zurechenbarer Weise verursacht.

a) Verletzung eines Rechtsguts

Nicht jeder Eingriff in den Bereich eines anderen führt zu einer Schadensersatzpflicht. Die Vorschrift des § 823 I schützt vielmehr nur bestimmte Rechtsgüter.

aa) Verletzung des Lebens

bedeutet Tötung eines Menschen. In diesem Falle hat der Ersatzpflichtige nach § 844 die Kosten der Beerdigung demjenigen zu ersetzen, der sie zu tragen hat. Außerdem muss er nach dieser Vorschrift denjenigen, die dem Getötetem gegenüber unterhaltsberechtigt waren (Ehepartner, Kinder, Eltern), eine Geldrente als Schadensersatz bezahlen.

bb) Verletzung des Körpers bzw. der Gesundheit

liegt bei jedem äußeren Eingriff in die körperliche Unversehrtheit bzw. einer Störung der inneren Lebensvorgänge vor.

Beispiel: Autofahrer A überfährt ein Kind. Die Mutter des Kindes erleidet bei dem Anblick des Unfalls einen Nervenzusammenbruch.

A hat sowohl den Körper des Kindes als auch die Gesundheit der Mutter verletzt. Eine genaue Abgrenzung zwischen Verletzung des Körpers und der Gesundheit lässt sich nicht immer ziehen und ist wegen der gleichen Rechtsfolge auch nicht erforderlich.

cc) Verletzung der Freiheit

ist bei der Beeinträchtigung der körperlichen Bewegungsfreiheit gegeben.

Beispiele: Freiheitsberaubung durch Einschließen, Fesseln, Hypnose, oder falscher Strafanzeige, die zur Haft führt

dd) Verletzung des Eigentums

liegt vor, wenn jemand den Eigentümer in einer seiner durch § 903 eingeräumten Befugnisse beeinträchtigt.

Beispiele: Zerstören, Beschädigen und Verunstalten einer Sache, Gebrauchsbeeinträchtigung (Immissionen), dauernde oder zeitweise Entziehung (Wegnehmen), aber auch Verfügung eines Nichtberechtigten

Nicht darunter fallen reine Vermögensschäden. Diese werden nach § 823 II in Verbindung mit einem Straftatbestand der Vermögensdelikte (Unterschlagung, Betrug, Untreue etc.) geschützt.

ee) Verletzung eines „sonstigen Rechts"

ist gegeben, wenn dingliche Rechte, Immaterialgüterrechte, der berechtigte Besitz oder von der Rechtsprechung anerkannte Rechte verletzt sind.

Beispiele: Allgemeines Persönlichkeitsrecht (Privat- und Intimsphäre, Ehre), Recht am eingerichteten Betrieb, Patent-, Urheber- Warenzeichen- oder Gebrauchsmusterrechte, Pfandrecht, Hypothek, Grundschuld u.a.

ff) Verletzung eines Schutzgesetzes

Dadurch werden die Fälle erfasst, in denen kein Rechtsgut im Sinne des Absatzes 1 betroffen ist, wie beispielsweise das Vermögen. Schutzgesetze sind in erster Linie Strafvorschriften, die zum Schutz des Vermögens erlassen wurden.

Beispiel: Betrug nach § 263 Strafgesetzbuch (StGB)

b) Kausal verursachter Schaden

Die Verletzungshandlung eines oder mehrerer Rechtsgüter muss für das Entstehen des Schadens ursächlich gewesen sein.

Beispiel: S fährt mit seinem Pkw über eine Kreuzung, obwohl die Ampel für ihn rot anzeigt. Er fährt die Fußgängerin F an, die bei Grün die Straße überquert hat, und verletzt sie schwer. Es entstehen dadurch Arzt- und Krankenhauskosten, Sachschäden an der Kleidung, außerdem erleidet sie als Selbständige einen Verdienstausfall und klagt noch Monate nach dem Unfall über Schmerzen.

Das verkehrswidrige Verhalten des S kann nicht hinweggedacht werden, ohne dass die Verletzung der F entfiele. Sein Verhalten war somit ursächlich (kausal) für die Verletzung. Man spricht hier von der *haftungsbegründenden Kausalität.* Gleichzeitig kann die begangene Rechtsgutverletzung nicht hinweggedacht werden, ohne dass das Entstehen des Schadens entfiele. Man spricht hier von der *haftungsausfüllenden Kausalität.* Somit war die Verletzung ursächlich für den Schaden. Danach wird dem S der Schaden zugerechnet und der objektive Tatbestand des § 823 ist erfüllt.

2. Rechtswidrigkeit

Neben der Verletzungshandlung und einem dadurch verursachten Schaden ist weitere Voraussetzung, dass der Täter „widerrechtlich" gehandelt hat. Die Rechtswidrigkeit wird durch die Rechtsgutverletzung indiziert, d.h. sie ist durch die Verletzung immer dann gegeben, wenn kein Rechtfertigungsgrund vorliegt.

Rechtfertigungsgründe, die die Rechtswidrigkeit ausschließen, können beispielsweise durch Notwehr (§ 227) oder Notstand (§§ 228, 904) gegeben sein. Eine Schadensersatzpflicht scheidet dann aus.

3. Subjektiver Tatbestand

Aus einer unerlaubten Handlung haftet nur derjenige, der schuldhaft gehandelt hat. Der subjektive Tatbestand ist gegeben, wenn den Schädiger ein ***Verschulden*** trifft, d.h. wenn er für den Schadensfall verantwortlich ist. Dies setzt voraus, dass er verschuldensfähig ist und die Tat vorsätzlich oder fahrlässig begangen hat.

a) Verschuldensfähigkeit

In Anspruch genommen werden kann nur, wer verschuldensfähig (deliktsfähig) ist. Nicht verschuldensfähig sind nach §§ 827, 828:

- Personen, die sich im Augenblick der Schadenszufügung in einem Zustand befanden, der die freie Willensbildung ausschließt (§ 837 I), sofern sie sich nicht selbst absichtlich oder fahrlässig in diesen Zustand versetzt haben etwa durch Alkohol oder Drogen (§ 827 II).

- Kinder, die das 7. Lebensjahr nicht vollendet haben (§ 828 I). Im Straßenverkehr haften Kinder bis zum vollendeten 10. Lebensjahr nicht für Schäden bei Unfällen (§ 828 II), auch wenn ihr Verhalten (mit-)ursächlich war, da sie aufgrund ihrer physischen und psychischen Fähigkeiten nicht in der Lage sind, die besonderen Gefahren des motorisierten Verkehrs richtig einzuschätzen und sich entsprechend zu verhalten.

- Kinder über 7 Jahren, die das 18. Lebensjahr noch nicht vollendet haben, wenn ihnen die Einsichtsfähigkeit hinsichtlich der schädigenden Handlung fehlt (§ 828 III), d.h. wenn sie aufgrund ihres geistigen Entwicklungsstandes und ihrer Reife das Unrecht ihrer Handlung nicht einsehen können.

b) Verschuldensgrad

Beim Schuldvorwurf wird zunächst unterschieden zwischen Vorsatz und Fahrlässigkeit.

aa) Vorsatz

Vorsatz bedeutet Wissen und Wollen der Tat. Der Handelnde weiß, dass er rechtswidrig handelt und will dies letztendlich auch. Es kann sein, dass er mit *direktem Vorsatz* handelt, d.h. dass er den Erfolg als notwendige Folge seines Handelns voraussieht und deswegen handelt, d.h. diesen auch will. Es reicht aber aus, dass er mit *bedingtem Vorsatz* handelt, d.h. er hält den Erfolg, den er nicht unbedingt herbeiführen will, für möglich und handelt trotzdem. Man sagt, er nimmt ihn billigend in Kauf.

bb) Fahrlässigkeit

Nach § 276 II handelt fahrlässig, „wer die im Verkehr erforderliche Sorgfalt außer Acht lässt". Entscheidend ist, was in der konkreten Situation von einem Menschen durchschnittlichen Erkenntnisvermögens und Einsichtsfähigkeit erwartet werden kann. Dabei ist auch auf den Berufsstand oder die Altersgruppe abzustellen, denn von einem Arzt kann z.B. mehr Voraussicht erwartet werden als von einem minderjährigem Kind.

Beispiel: Der Fahrer eines offenen Lastwagens belädt die Ladefläche, ohne die Fracht besonders zu sichern und fährt damit auf die Autobahn. Während der Fahrt fliegen Teile der Ladung herunter und einem nachfahrenden Fahrzeug gegen die Windschutzscheibe.

Fahrlässig handelt, wer die im Geschäfts- und Rechtsverkehr erforderlich Sorgfalt außer Acht lässt und dasjenige missachtet, was von ihm in der konkreten Situation erwartet werden kann.

Der Fahrer hat gegen seine Sorgfaltspflicht verstoßen, denn er hätte damit rechnen müssen, dass sich bei einer schnelleren Fahrt Teile der Ladung lösen und andere Verkehrsteilnehmer gefährden oder verletzen können. Er hat daher fahrlässig gehandelt.

Grob fahrlässig handelt, wer in *ungewöhnlich hohem Maße* die im Verkehr erforderliche Sorgfalt außer Acht lässt und dasjenige nicht beachtet, was unter den gegebenen Umständen jedem vernünftigem Menschen hätte einleuchten müssen.

4. Schadensumfang

Der Umfang der Schadensersatzpflicht aus § 823 bemisst sich wie bei allen Schadensersatzansprüchen gleich welcher Art nach den allgemeinen Vorschriften der §§ 249 ff.. Bei Sachschäden kann Reparatur bzw. Ersatz und bei Personenschäden können die Heilungskosten verlangt werden. Hat der Geschädigte Schmerzen erlitten, kann er nach § 253 II Schmerzensgeld fordern. Bei Personenschäden bzw. Tötung des Verletzten hat der Schädiger außerdem Schadensersatz nach §§ 842 bis 846 zu leisten.

5. Mitverschulden

Hat der Geschädigte bei Eintritt oder Vergrößerung des Schadens in zurechenbarer Weise selbst mitgewirkt, würde es dem Grundsatz von Treu und Glauben widersprechen, wenn er vom Schädiger den gesamten Schaden ersetzt bekommen würde. Deshalb sieht § 254 vor, dass das Mitverschulden des Geschädigten bei der Schadensberechnung mit berücksichtigt wird, wenn es beim Schadenseintritt mitursächlich war.

a) Voraussetzung

Der Geschädigte muss im Zeitpunkt des Schadensereignisses nach §§ 827, 828 verschuldensfähig gewesen sein. Ein Kind unter 7 Jahren haftet nicht für seinen Verschuldensbeitrag. Ein Kind unter 10 Jahren wird im motorisieren Straßenverkehr nicht für sein mitverursachendes Verhalten zur Verantwortung gezogen.

Das Verhalten des Geschädigten muss für den Schaden kausal gewesen sein. Mitursächlich kann auch die Sach- oder Betriebsgefahr seines Fahrzeuges oder ein Handeln auf eigene Gefahr sein (z.B. Mitfahrt bei einem betrunkenen Fahrer).

b) Rechtsfolge

§ 254 sieht als Rechtsfolge vor, dass der Schaden bei Mitverschulden des Geschädigten entsprechend der Verursachungsbeiträge gequotelt wird (z.B. Schädiger muss 70 % des Schadens begleichen, der Geschädigte muss 30 % wegen entsprechendem Mitverschulden selber tragen).

6. Haftung für Dritte

Es gibt Fälle, in denen das Gesetz eine Haftung für das Verhalten anderer Personen anordnet, wie beispielsweise in § 831 für den Verrichtungsgehilfen und in § 832 für Aufsichtsbedürftige.

a) Haftung für Verrichtungsgehilfen

Nach § 831 haftet derjenige, der einen anderen zu einer Verrichtung bestellt hat, für den Schaden, den der Verrichtungsgehilfe in Ausführung der Verrichtung einem Dritten zufügt. Die zu verrichtende Tätigkeit kann tatsächlicher (Dachdecken) oder rechtlicher Natur (Vertragsschluss) sein, entgeltlich oder unentgeltlich erfolgen, auf Dauer (als Arbeitnehmer) oder vorübergehend angelegt sein (einmalige Besorgung), niederer (Umgraben des Gartens) oder höherer Art sein (Operation).

Die Haftung des Geschäftsherrn beruht darauf, dass er den Gehilfen nicht sorgfältig ausgesucht oder überwacht hat. Erforderlich ist daher, dass der Geschäftsherr dem Gehilfen gegenüber ein Minimum an Weisungsrecht hat. Ein selbständiger Handwerker oder Unternehmer kann daher kein Verrichtungsgehilfe sein.

Beispiel: Maurer M ist bei dem Bauunternehmer U beschäftigt. M arbeitet auf einem Baugerüst, das an der Vorderfront eines Geschäftshauses steht, welches an einer viel begangenen Fußgängerzone liegt. Durch grobe Unachtsamkeit des M fallen Baumaterialien und Werkzeuge von dem Gerüst auf den Bürgersteig. Passant P wird am Kopf schwer verletzt. M ist mittellos, d.h. von ihm ist nichts zu holen. Kann U in Anspruch genommen werden?

Abzugrenzen ist der Verrichtungsgehilfe vom Erfüllungsgehilfe nach § 278. Die Haftung für den Verrichtungsgehilfen nach § 831 besteht außerhalb eines Vertragsverhältnisses bei unerlaubten Handlungen, während die Haftung für den Erfüllungsgehilfen immer dann gegeben ist, wenn eine vertragliche Pflicht verletzt worden ist.

aa) Voraussetzungen

(1) Ein ***Verrichtungsgehilfe*** muss bestellt worden sein. Das ist jeder, der vom Geschäftsherrn mit einer Tätigkeit betraut ist und dabei weisungsgebunden ist.

(2) Der Verrichtungsgehilfe muss einen ***Schaden verursacht*** haben, d.h. den Tatbestand des § 823 objektiv erfüllt haben. (Verschulden seinerseits ist nicht erforderlich).

(3) Das Schadensereignis ist ***in Ausführung der übertragenen Tätigkeit*** eingetreten. Nicht darunter fallen z.B. schädigende Handlungen nach Feierabend.

(4) Den Geschäftsherrn trifft ein ***Auswahlverschulden***. Dies wird angenommen, sofern er sich nicht entlasten kann, d.h. nicht beweisen kann, dass er den Gehilfen sorgfältig ausgesucht und überwacht hat (sog. *Exkulpationsmöglichkeit*).

(5) Es darf ***kein Haftungsausschluss*** nach § 831 I 2 gegeben sein. Der Geschäftsherr haftet nicht, wenn er beweisen kann, dass der Schaden auch bei pflichtgemäßer Sorgfalt eingetreten wäre (sog. Widerlegung der Ursächlichkeitsvermutung).

bb) Rechtsfolge

§ 831 begründet eine Haftung des Geschäftsherrn für eigenes Verschulden neben seiner vertraglichen Haftung und neben der Haftung des Gehilfen nach § 823, soweit dieser die Voraussetzungen selbst erfüllt. Es handelt sich also um eine Haftung des Geschäftsherrn, das ihn wegen der Auswahl und Überwachung seines Gehilfen trifft. Im obigen Beispielsfall hängt die Haftung des U davon ab, ob er M sorgfältig ausgesucht und überwacht hat. Sofern M keinen unzuverlässigen Ruf hatte und auch während der Arbeit keinen Anlass zur Ermahnung gegeben hat, trifft U kein Auswahlverschulden und er haftet auch nicht für die von M verursachten Schäden.

b) Haftung für Aufsichtsbedürftige

§ 832 sieht eine Haftung des Aufsichtspflichtigen vor, wenn ein ihm unterstellter Aufsichtsbedürftiger einen Schaden verursacht und er hierbei seine Aufsichtspflicht verletzt hat.

Beispiel: Das 4-jährige Kind K, das von seiner Mutter M während eines Einkaufs bei der Oma O abgegeben worden ist, spielt mit dem Ball auf dem Bürgersteig vor dem Haus der Oma. Als der Ball auf die stark befahrende Straße fliegt, rennt K ihm nach und bringt dabei den ordnungsgemäß fahrenden Radfahrer R zu Fall. R nimmt O und M in Anspruch. Zu Recht?

aa) Voraussetzungen

(1) Ein ***Aufsichtsbedürftiger hat einen Schaden verursacht***, d.h. hat objektiv den Tatbestand des § 823 verwirklicht. Aufsichtsbedürftig sind Kinder, gebrechliche oder geistig verwirrte Erwachsene.

(2) Der ***Aufsichtspflichtige hat seine Aufsichtspflicht verletzt***.

Nach § 832 sind folgende Personen aufsichtspflichtig:

- gesetzlich Verpflichtete (leibliche Eltern, Adoptiveltern, Vormund) und
- vertraglich Verpflichtete (Pflegeeltern, Aufsichtspersonen eines Kindergartens oder Internats (nicht, wer lediglich eine Gefälligkeitsaufsicht übernimmt)

(3) Es darf ***kein Haftungsausschluss*** nach § 832 I 2 vorliegen. Die Haftung ist ausgeschlossen, wenn der Schaden auch bei gehöriger Aufsicht des Aufsichtspflichtigen eingetreten wäre (z.B. das Kind reißt sich unerwartet von der Hand der Mutter los).

bb) Rechtsfolge

Nach § 832 haftet der Aufsichtspflichtige für den Schaden des Aufsichtsbedürftigen wegen Verletzung seiner Aufsichtspflicht. In oben genannten Beispielsfall haftet nur M wegen Verletzung der Aufsichtspflicht, nicht die gefällige Oma, da diese die Aufsicht nicht vertraglich übernommen hat. K kann mangels Schuldfähigkeit nicht nach § 823 in Anspruch genommen werden.

7. Haftung nach dem Produkthaftungsgesetz

Das Gesetz über die Haftung für fehlerhafte Produkte (Produkthaftungsgesetz) normiert eine ***verschuldensunabhängige Gefährdungshaftung*** für Fehler, die dem Produkt anhaften (seit 1.1.1990 in Kraft in Umsetzung einer EU-Richtlinie). Die Ersatzpflicht nach diesem Gesetz ist unabdingbar, d.h. sie darf im Voraus weder ausgeschlossen noch beschränkt werden.

Beispiel: Der Automobilhersteller P hat das Serienfahrzeug X auf den Markt gebracht, bei dem der Gaszug nicht zuverlässig zurückgeht. K kauft beim Autohändler V ein solches Fahrzeug. Eines Tages beschleunigt K seinen Wagen auf der Autobahn. Als er wegen eines vor ihm fahrenden Lastwagens vom Gas geht, erkennt er zu spät den Defekt des Gaspedals und rast ungebremst in den Lkw. Es entsteht ein erheblicher Sachschaden. Nachdem der Betrieb des V nicht mehr besteht, verlangt K von P Schadensersatz gemäß § 1 Produkthaftungsgesetz (ProdHaftG).

a) Voraussetzungen

aa) Der Anspruchsgegner muss ***Hersteller eines fehlerhaften Produktes*** sein gemäß § 1 I ProdHaftG. Was unter einem Produkt, Fehler oder dem Hersteller im Sinne dieses Gesetzes verstanden wird, definieren die §§ 2, 3 und 4 ProdHaftG.

Produkte sind nach § 2 dieses Gesetzes alle beweglichen Sachen, auch wenn sie einen Teil einer anderen Sache bilden. Darunter fallen auch Elektrizität, Gas, Leitungswasser, Blutkonserven, Maschinen sowie jedes ihrer Einzelteile (Benzintank, Bremsanlage, etc.). Ferner gehören zu den Produkten im Sinne des Gesetzes auch landwirtschaftliche Naturprodukte sowie Jagderzeugnisse.

Ein Produkt hat einen *Fehler,* wenn es nach § 3 nicht die Sicherheit bietet, die unter Berücksichtigung aller Umstände berechtigterweise erwartet werden kann. Darunter fallen vor allem Konstruktions-, Fabrikations- und Instruktionsfehler. Ein Produkt wird nicht dadurch fehlerhaft, dass später ein verbessertes Produkt in den Verkehr gebracht wird (§ 3 II).

Hersteller ist gemäß § 4 I der tatsächliche Hersteller und der Quasi-Hersteller, gemäß § 4 II der Importeur und nach § 4 III auch der Lieferant.

bb) Es muss ein ***Personen- oder Sachschaden*** durch den Fehler des Produkts nach § 1 I entstanden sein. Ein Verschulden ist nicht erforderlich.

Bei einer *Tötung, Körper- oder Gesundheitsverletzung* ist es ohne Bedeutung, ob der Geschädigte gewerblicher oder privater Käufer, ein mit dem Produkt arbeitender Arbeitnehmer oder gar ein zufälliger Dritter war.

Bei der *Sachbeschädigung* ist die Haftung durch § 1 I 2 mehrfach eingeschränkt: es muss eine andere Sache als das Produkt beschädigt sein und die andere Sache muss gewöhnlich für den privaten Ge- oder Verbrauch bestimmt und hierzu vom Geschädigten hauptsächlich verwendet worden sein. Geschützt wird also nur der Verbraucher in seinem privaten Bereich.

Dem gewerblichen Verbraucher gegenüber haftet der Produzent bei Sachbeschädigungen nur nach § 823 BGB, wofür aber Verschulden Voraussetzung ist.

b) Einschränkungen

Es gibt eine Reihe von Vorschriften, die die Haftung dem Grunde und der Höhe nach einschränken:

aa) Haftungsausschluss

Ausgeschlossen ist nach § 1 II die Ersatzpflicht, wenn der Hersteller im Bestreitensfalle beweisen kann, dass er das Produkt nicht in den Verkehr gebracht hat, sondern dass es zum Beispiel gestohlen oder auf andere Weise abhanden gekommen ist, so dass ihm die Schädigung nicht zurechenbar ist. Hat er das Produkt in den Verkehr gebracht, aber zu diesem Zeitpunkt hatte es noch keinen Fehler, so haftet er nach § 1 II Nr. 2 nicht, wenn er beweisen kann, dass der Schaden etwa durch unsachgemäße Behandlung von einem Dritten oder dem Geschädigten verursacht wurde. Eine Haftung nach § 1 II Nr. 3 ist des Weiteren ausgeschlossen, wenn das Produkt weder mit wirtschaftlichem Zweck noch im Rahmen der beruflichen Tätigkeit hergestellt oder vertrieben wurde (z.B. selbstgebackener Kuchen wird für eine Wohltätigkeitsveranstaltung gestiftet).

bb) Selbstbeteiligung

Nach § 11 hat der Geschädigte im Falle der Sachbeschädigung einen Schaden bis zu einer Höhe von 500 Euro selbst zu tragen.

cc) Haftungsbegrenzung

Eine Haftungsbegrenzung findet gemäß § 10 auch bei Personenschäden statt, wonach nur bis zu einem Höchstbetrag von 85 Millionen Euro gehaftet wird.

dd) Haftungsminderung

Hat bei der Entstehung des Schadens ein Verschulden des Geschädigten mitgewirkt, dann wird der Schaden gemäß § 254 BGB entsprechend den Verursachungsbeiträgen gequotelt (§ 16 ProdHaftG). Dies gilt nach § 16 nicht, wenn der Schaden sowohl durch das fehlerhafte Produkt als auch durch die Handlung eines Dritten verursacht worden ist.

c) Konkurrenzen

Das Produkthaftungsgesetz ist nicht anzuwenden, wenn die Arzneimittelhaftung nach dem Arzneimittelgesetz (AMG) eingreift (§ 15 I ProdHaftG). Das gleiche gilt für eine Haftung nach dem Atomgesetz. Im Übrigen werden Schadensersatzansprüche nach dem BGB oder aus anderen Gesetzen durch die Ansprüche nach dem ProdHaftG nicht ausgeschlossen (§ 15 II). Dies ist wichtig, wenn z.B. die durch ein Produkt beschädigte Sache zum nicht-privaten Bereich des Geschädigten gehört, Ersatz auch in Höhe des Selbstbeteiligungsbetrages von 500 Euro verlangt wird oder bei der Körperverletzung der Schaden den Höchstbetrag übersteigt.

Im Beispielsfall haftet der Hersteller P gemäß § 1 I ProdHaftG auch ohne Verschulden für den Schaden an den Fahrzeugen, der durch den Konstruktionsfehler des Gaszuges entstanden ist. K muss sich allerdings einen Abzug in Höhe von 500 Euro gefallen lassen.

VIII. Grundfragen des Eigentumsrechts

1. Inhalt des Eigentums

Der Eigentümer einer Sache kann grundsätzlich nach § 903 mit der Sache tun und lassen, was er will. Das Eigentum gibt ihn ein absolutes Recht, d.h. es wirkt gegenüber jeder anderen Person. Geschützt wird es auch durch die §§ 823 und 1004, die bei Verletzung des Eigentums dem Rechtsinhaber einen Anspruch auf Schadensersatz bzw. auf Beseitigung der Beeinträchtigung oder einen Unterlassungsanspruch geben.

Ist ein anderer im Besitz der Sache, so hat der Eigentümer nach § 985 einen Herausgabeanspruch gegen den Besitzer, sofern dieser kein Besitzrecht nach § 986 hat (z.B. aus Miete).

Es ist zwischen dem Eigentum an beweglichen und unbeweglichen Sachen zu unterscheiden. *Bewegliche* Sachen sind körperliche Gegenstände, die nicht Grundstücke sind (Auto, Buch etc.) Bei den *unbeweglichen* Sachen handelt es sich um einen Teil der Erdoberfläche, der im Grundbuch als Grundstück geführt wird. Dazu gehören diejenigen Sachen, die mit dem Grundstück fest verbunden sind (§§ 946, 93) wie beispielsweise ein darauf gebautes Haus.

2. Erwerb und Verlust des Eigentums an *beweglichen* Sachen

a) Eigentumserwerb nach § 929 Satz 1

§ 929 S. 1 setzt *Einigung und Übergabe* voraus, damit das Eigentum an einer beweglichen Sache übergeht. Die Einigung ist ein Vertrag mit zwei übereinstimmenden Willenserklärungen, die auch konkludent erfolgen kann, und den Inhalt hat, dass das Eigentum übergehen soll. Die Übergabe ist nur ein Realakt und kein Rechtsgeschäft. Mit Übergabe wechselt der Besitz.

Beispiel: Oma O trägt an ihrem 80. Geburtstag eine Perlenkette, die ihrer Enkeltochter E gefällt. „Ich tausche sie gegen Dein altes Handy, wenn Du willst. Nächstes Wochenende kannst Du die Kette haben", sagt O. E ist einverstanden. Am folgenden Morgen stirbt O. Hat N das Eigentum an der Kette erworben?

Schuldrechtlich handelt es sich um einen Tauschvertrag (§ 480), der am Geburtstag der O mündlich geschlossen wurde. Sachenrechtlich wäre noch eine Übereignung mit Übergabe an E erforderlich gewesen, die am Wochenende hätte stattfinden sollen. Mangels Einigung und Übergabe hat kein Eigentumswechsel stattgefunden. Die Kette gehört somit nicht der E, sondern dem Erbe der O.

b) Eigentumserwerb gemäß § 929 Satz 2

§ 929 S. 2 setzt nur eine *Einigung* voraus, die *Übergabe entfällt*, da der Erwerber schon im Besitz der Sache ist.

Beispiel: Enkeltochter E hat sich die Perlenkette zu ihrem 20. Geburtstag von ihrer Oma geliehen und trägt sie auf ihrer Geburtstagsparty. Als Oma telefonisch zum Geburtstag gratuliert, sagt sie: „Wenn sie Dir so gut gefällt, dann kannst Du sie behalten, ich schenke sie Dir!". E freut sich und bedankt sich.

Hier hat zeitgleich zur Schenkung eine Übereignung nach § 929 S. 2 stattgefunden, denn sie haben sich über den Eigentumsübergang geeinigt. Die Übergabe entfällt, weil E bereits im Besitz war.

c) Eigentumserwerb mittels Vereinbarung eines Besitzkonstituts

§ 930 setzt eine Einigung über den Eigentumsübergang nach § 929 voraus. Statt der Übergabe wird ein Besitzmittlungsverhältnis (Leihe, Miete, Pacht, Verwahrung) vereinbart. Der Veräußerer besitzt als unmittelbarer Besitzer für den Eigentümer, der durch die Besitzmittlung zum mittelbaren Besitzer wird.

Beispiel: Spediteur S ist Eigentümer eines Lastzuges. Da er wegen fällig gewordener Steuerschulden sofort Geld braucht, nimmt er ein Darlehen in Höhe von 50.000 € bei der Bank B. Zur Sicherheit übereignet er der Bank den Lastzug. Da S aber den Laster dringend zum Weiterarbeiten braucht, vereinbart er mit der Bank ein Mietverhältnis und bezahlt monatlich 500 € Mietzins, die gleichzeitig als monatliche Tilgungsrate auf das Darlehen verrechnet wird.

d) Eigentumserwerb durch Abtretung des Herausgabeanspruches

§ 931 setzt eine Einigung über den Eigentumserwerb voraus. Statt der Übergabe wird der Herausgabeanspruch gegen den Besitzer nach § 398 abgetreten.

Beispiel: A leiht seinem Freund F einen Computer, der dem A nicht mehr ausreicht. Als C erfährt, dass sich A einen neuen kaufen will, fragt C den A, ob er von ihm den alten Computer für 100 € haben kann. A ist einverstanden. C ruft daraufhin F an, um mit ihm einen Abholtermin zu vereinbaren.

A und C haben sich gemäß § 929 über den Eigentümerwechsel geeinigt. Die Übergabe wurde durch Abtretung des Rückgabeanspruchs gemäß §§ 604, 398 ersetzt. C kann als Eigentümer den Computer von F herausverlangen (§ 985).

e) Gutgläubiger Erwerb

Im Rechtsverkehr darf man darauf vertrauen, dass derjenige, der den Besitz an einer beweglichen Sache hat, auch der Eigentümer ist. Ist man hinsichtlich der Berechtigung in gutem Glauben, kann man vom Nichtberechtigten, dem der Eigentümer freiwillig den Besitz überlassen hat, Eigentum nach §§ 929, 932 wirksam erwerben.

Der Erwerber und der Veräußerer haben sich nach § 929 über den Eigentumsübergang geeinigt. Der Veräußerer ist nicht Eigentümer und damit nicht verfügungsberechtigt. Der Erwerber war bei der Einigung im guten Glauben, d.h. er hat den Veräußerer für den Eigentümer gehalten.

Beispiel: A leiht seinem Freund F einen Computer. F gerät in Geldnöte und verkauft den Computer an G, der per Zeitungsannonce einen gebrauchten Computer sucht. F tut so, als würde der Computer ihm gehören. G bezahlt und nimmt den Computer mit.

G ist nach § 932 Eigentümer geworden, da er sich mit F gemäß § 929 geeinigt hat und er im guten Glauben hinsichtlich der Verfügungsberechtigung des F als Eigentümer war.

Nach § 932 II ist ein gutgläubiger Erwerb ausgeschlossen, wenn dem Erwerber bekannt ist oder ihm grob fahrlässig unbekannt ist, dass die Sache nicht dem Veräußerer gehört.

Beispiel: Auf dem Computer, den G von F erwarb, war ein Namensschild mit Adresse angebracht. G wundert sich zwar, entfernt zu Hause aber einfach den Aufkleber.

Hier war G nicht im guten Glauben, da ihm infolge grober Fahrlässigkeit unbekannt geblieben ist, dass F nicht der Eigentümer des Computers war. Damit scheidet ein gutgläubiger Erwerb nach § 932 II aus, so dass A Eigentümer des Computers geblieben ist. A hat gegen G einen Herausgabeanspruch gemäß § 985.

f) Kein gutgläubiger Erwerb bei abhanden gekommenen Sachen

Der Erwerb einer beweglichen Sache ist trotz Gutgläubigkeit nach § 935 ausgeschlossen, wenn die Sache dem Eigentümer gestohlen worden, verloren gegangen oder abhanden gekommen ist.

Beispiel: A verleiht seine Stereoanlage für eine Party bei seinem Freund F. Als alle schlafend ihren Alkohol abbauen, wird die Anlage von D gestohlen. Dieser veräußert die Anlage an den gutgläubigen Zeitungsleser G. G ist zufällig der Nachbar von A, der von ihm die Anlage, die er aufgrund eines markanten Aufklebers erkennt, herausverlangt.

Nach § 935 konnte G trotz Gutgläubigkeit kein Eigentum an der Stereoanlage erwerben, da die Anlage bei F abhanden gekommen war.

„Abhanden gekommen" bedeutet, dass die Sache ohne oder gegen den Willen des unmittelbaren Besitzers aus seinem Besitz gelangt ist.

Dem D hatte weder der Eigentümer noch F als unmittelbarer Besitzer den Besitz freiwillig eingeräumt. Damit trägt G als gutgläubiger Erwerber das Risiko, bei abhanden gekommenen Sachen kein Eigentum zu erwerben und dem Eigentümer die Sache herausgeben zu müssen.

3. Erwerb und Verlust des Eigentums an Grundstücken

Für die Übertragung des Eigentums an einem Grundstück ist nach § 873 die ***Einigung*** über den Eigentumswechsel und die ***Eintragung*** im Grundbuch erforderlich. Mit Eintragung findet der Eigentümerwechsel statt.

a) Einigung

Die dingliche Einigung zwischen Veräußerer und Erwerber des Grundstücks nach § 873 - auch „Auflassung" genannt - ist nach § 925 formbedürftig, d.h. die Einigung muss bei gleichzeitiger Anwesenheit der Parteien notariell erklärt werden.

Ebenso wie das Verfügungsgeschäft nach § 873 ist auch das Verpflichtungsgeschäft (Kaufvertrag) nach § 311 b zu seiner Wirksamkeit notariell zu beurkunden. Die Formvorschrift hat Warn- und Beratungsfunktion. In der Praxis werden im notariellen Kaufvertrag die Erklärungen zur Eigentumsübertragung gleich mit erklärt.

b) Eintragung

Durch die Eintragung sollen die an einem Grundstück bestehenden dinglichen Rechtsverhältnisse publik gemacht werden. Die Eintragung muss sich inhaltlich mit der Einigung decken. Schuldrechtliche Verhältnisse wie Kauf, Miete oder Pacht (Verpflichtungsgeschäfte) können nicht ins Grundbuch eingetragen werden. Das Grundbuchamt trägt den Eigentümerwechsel nur ein, wenn streng formale Voraussetzungen erfüllt sind.

aa) Voraussetzungen

(1) Es muss nach § 13 Grundbuchordnung (GBO) ein *Antrag* auf Eintragung vorliegen.

(2) Neben dem Antrag setzt die Eintragung nach §§ 19, 20, 29 GBO die vor dem Notariat erklärte *Einigung* voraus.

(3) Es muss eine *Voreintragung* des Veräußerers im Grundbuch nach § 39 GBO als Berechtigter vorliegen.

Beispiel: A ist als Eigentümer eines Grundstücks im Grundbuch eingetragen, das er an B verkauft hat. Noch bevor A und B die Eintragung des Eigentümerwechsels im Grundbuch beantragen, verkauft B das Grundstück an C. C stellt beim Grundbuchamt einen Antrag auf Eintragung als neuer Eigentümer.

Da B noch nicht als Eigentümer (Berechtigter) im Grundbuch steht, wird das Grundbuchamt die Eintragung des C erst vornehmen, wenn B als Eigentümer eingetragen ist, da C nur von B als voreingetragenen Eigentümer nach § 39 GBO erwerben kann.

bb) Aufbau des Grundbuchs

Jeder, der ein berechtigtes Interesse darlegt, kann das Grundbuch einsehen. Ein berechtigtes Interesse ergibt sich beispielsweise daraus, dass man das betreffende Grundstück erwerben will. Das jeweilige Grundbuchheft ist wie folgt gegliedert:

- *Bestandsverzeichnis*: enthält unter anderem die Bezeichnung des Grundstücks nach Kataster; Lage, Größe, Bebauung und Nutzungsart.
- *Abteilung 1:* weist in erster Linie aus, wer Eigentümer des Grundstücks ist und welche Eigentümerwechsel vollzogen wurden
- *Abteilung 2:* beinhaltet die sonstigen Rechte am Grundstück wie Nießbrauch, Wegerecht, oder dingliches Vorkaufsrecht mit Ausnahme von Hypothek, Grund- und Rentenschuld
- *Abteilung 3:* beinhaltet die Grundpfandrechte, d.h. Hypotheken, Grundschulden sowie die selten gewordenen Rentenschulden

c) Der gutgläubige Erwerb des Eigentums an einem Grundstück

Ein Grundstück oder ein Recht daran kann ebenso gutgläubig erworben werden wie eine bewegliche Sache, wenn der Erwerber den Veräußerer für den Eigentümer halten durfte.

aa) redlicher Erwerb des Eigentums vom Nichtberechtigten

Die strengen Voraussetzungen des Eintragungsverfahrens bieten eine gewisse Gewähr dafür, dass das Grundbuch die dinglichen Rechtsverhältnisse am Grundstück richtig wiedergibt. Daran knüpft § 891 an und stellt die Vermutung auf, dass der im Grundbuch Eingetragene auch der wirklich Berechtigte ist und dass ihm das Recht mit dem eingetragenen Inhalt zusteht.

§ 892 besagt, dass man auf die Eintragung im Grundbuch vertrauen darf. Für die Eintragung spricht eine Vollständigkeits- und Richtigkeitsvermutung, d.h. was eingetragen ist, wird als richtig unterstellt, was fehlt, gilt als nicht bestehend (sog. *öffentlicher Glaube des Grundbuchs*).

Durch den öffentlichen Glauben des Grundbuchs sollen diejenigen Teilnehmer des Rechtsverkehrs geschützt werden, die auf die Richtigkeit des Grundbuchs vertrauen.

Daher kann von einem Nichtberechtigten, der versehentlich als Berechtigter eingetragen ist, gutgläubig Eigentum am Grundstück erworben werden.

Beispiel: A ist irrtümlich als Eigentümer eingetragen. Als er dies zufällig entdeckt, nutzt er die Gunst der Stunde und lässt das Grundstück an B auf. B weiß nicht, dass das Grundstück in Wirklichkeit dem E gehört und A zur Verfügung über das Grundstück gar nicht berechtigt ist.

Da B auf die Eintragung des Grundbuches vertrauen darf und er hinsichtlich der Eigentumsverhältnisse gutgläubig war, konnte er wirksam Eigentum vom Nichtberechtigten erlangen.

Dies gilt nicht, wenn jemand von der Unrichtigkeit der Eintragung Kenntnis hat oder wenn ein Widerspruch nach § 899 eingetragen ist. Durch den Widerspruch wird der öffentliche Glaube des Grundbuchs zerstört. Der Widerspruch wird entweder aufgrund einer Bewilligung des als berechtigt Eingetragenen im Grundbuch vermerkt oder die Eintragung des Widerspruchs erfolgt durch einstweilige Verfügung (§ 899 II) oder durch das Grundbuchamt von Amts wegen.

E hat in einem solchen Fall einen Grundbuchberichtigungsanspruch nach § 894, da die wirkliche Rechtslage mit dem Grundbuch nicht übereinstimmt.

bb) redlicher lastenfreier Erwerb vom Eigentümer

Der Schutz des öffentlichen Glaubens umfasst nicht nur den gutgläubigen Erwerb eingetragener, aber in Wirklichkeit nicht bestehender Rechte. 892 I 2 schützt auch den lastenfreien Erwerb, wenn bestehende Rechte versehentlich nicht eingetragen oder gelöscht worden sind.

Beispiel: E verkauft an K ein Grundstück, das mit einem Wegerecht für den Nachbarn belastet ist. Aus Versehen wird das Wegerecht im Grundbuch gelöscht, obwohl es in Wirklichkeit noch besteht.

K erwirbt lastenfreies Eigentum, wenn er gutgläubig war, d.h. wenn er vom bestehenden Wegerecht des Nachbarn nichts wusste.

IX. Das Eigentümer-Besitzer-Verhältnis

1. Einleitung

Der Eigentümer einer Sache kann nach § 903 damit tun und lassen, was er will. Damit er auf sein Eigentum auch tatsächlich einwirken kann, muss er auch im Besitz der Sache sein. Eigentum und Besitz sind juristisch streng zu trennen und können auseinanderfallen.

Beispiele:
- E ist Eigentümer eines Pkw. Er verleiht ihn an seinen Freund F
- E ist Eigentümer einer Mietwohnung und vermietet sie an den Mieter M
- E ist Eigentümer von Baustoffen und lagert sie beim Lageristen L
- E ist Eigentümer einer Wiese und verpachtet sie an den Pächter P

E bleibt Eigentümer, F, M, L und P sind jeweils Besitzer und haben aufgrund des Leih-, Miet-, Lager- bzw. Pachtvertrages ein Besitzrecht nach § 986 gegenüber dem E. Je nach vertraglicher Ausgestaltung kann E sein Eigentum erst nach Ablauf der vereinbarten Vertragsdauer zurückverlangen.

Gegen den unrechtmäßigen Besitzer, also denjenigen, der ohne Vertrag oder aufgrund eines unwirksamen Vertrages die Sache besitzt und damit kein Besitzrecht i.S. des § 986 geltend machen kann, hat der Eigentümer einen Herausgabeanspruch aus § 985. Es liegt dann ein sog. Eigentümer-Besitzer-Verhältnis vor.

Ein Eigentümer-Besitzer-Verhältnis ist immer dann gegeben, wenn der Eigentümer vom Besitzer gemäß § 985 die Herausgabe der Sache verlangen kann, ohne dass dem Eigentümer ein Recht zum Besitz nach § 986 entgegengehalten werden kann *(sog. Vindikationslage)*

Es kann sein, dass die Sache in der Zwischenzeit abgenutzt, beschädigt oder zerstört worden ist oder aber eine Wertsteigerung erfahren hat. Ob und in welcher Höhe dann ein Ausgleich stattzufinden hat, regeln die §§ 987 ff..

2. Haftung nach Rechtshängigkeit und Bösgläubigkeit

Ausgleichspflichtig ist nur derjenige Besitzer, der weiß, dass er kein Besitzrecht gegenüber dem Eigentümer hat.

a) Rechtshängigkeit

Rechtshängigkeit ist ein prozessualer Begriff und bedeutet, dass gegen den Besitzer eine Herausgabeklage beim zuständigen Gericht erhoben und ihm zugestellt worden ist. Ab jetzt muss er mit der Rückgabe der Sache rechnen und hat, wenn er zur Herausgabe der Sache verurteilt wird, ab diesem Zeitpunkt auch die Nutzungen herauszugeben bzw. Schadensersatz zu leisten hat (§§ 987, 989).

b) Bösgläubigkeit

War der Besitzer bei Erwerb des Besitzes bösgläubig oder hat er später erfahren, dass er kein Besitzrecht hat, haftet er dem Eigentümer ebenfalls auf Nutzungsherausgabe und Schadensersatz (§ 990). Der Besitzer ist nach § 932 II bösgläubig, wenn er weiß oder grob fährlässig nicht weiß, dass der Veräußerer nicht der Eigentümer ist. Lediglich der gutgläubige Besitzer haftet nicht, sofern er nicht auf Herausgabe verklagt wurde (§ 993 I 2).

Beispiel: A hat von B, der nicht im Kraftfahrzeugbrief als Eigentümer eingetragen war, einen Gebrauchtwagen gekauft und bereits 1 Jahr im guten Glauben, dass er Eigentümer geworden sei, gefahren. Da meldet sich E, dem der Wagen gestohlen worden ist, und verlangt die Herausgabe seines Wagens.

Da B nicht im Kfz-Brief eingetragen war, hätte A nicht einfach davon ausgehen dürfen, dass B zur Übereignung berechtigt war. Da seine Unkenntnis auf grober Fahrlässigkeit beruhte, war er hinsichtlich des Eigentumsrecht des B im Sinne des § 990 bösgläubig und haftet auf Nutzungsherausgabe bzw. Schadensersatz.

3. Ansprüche auf Nutzungsherausgabe

Nach Rechtshängigkeit oder im Falle der Bösgläubigkeit ist der Besitzer nicht schutzwürdig und hat nach § 987 I die gezogenen Nutzungen an den Eigentümer herauszugeben.

Nutzungen sind die Früchte und Gebrauchsvorteile einer Sache (§ 100).

Dazu gehören Jungtiere, Obst von Bäumen, Steine aus einem Steinbruch, die dann in Natur herauszugeben sind, aber auch Gebrauchsvorteile von Fahrzeugen, Räumen etc., deren Wert zu ersetzen ist.

Beispiele:
- Der unrechtmäßige Besitzer hat nicht nur die Kuh, sondern auch das in der Zwischenzeit geborene Kalb herauszugeben
- Der unrechtmäßige Besitzer einer Mietwohnung hat nicht nur die Wohnung, sondern auch den Mietzins herauszugeben

a) Verschärfte Haftung auf Nutzungsherausgabe

Nach Rechtshängigkeit und im Falle der Bösgläubigkeit haftet der Besitzer nach § 987 I auf Herausgabe der tatsächlich gezogenen Nutzungen.

Beispiel: A hat von E ein Obstgrundstück für eine bestimmte Zeit gepachtet. Nach Ablauf der vereinbarten Pachtzeit gibt A das Grundstück nicht an E zurück, sondern erntet fleißig weiter.

A wusste, dass er nicht mehr zum Besitz und zur Nutzung des Grundstücks berechtigt war und hat daher die geernteten Früchte bzw. den Verkaufserlös gemäß §§ 990 I, 987 I an E herauszugeben.

Nach § 987 II haftet der verklagte bzw. bösgläubige Besitzer auch für die Nutzungen, die er vorsätzlich oder fahrlässig nicht zieht, obwohl er sie bei einer ordnungsgemäßen Bewirtschaftung hätte ziehen können.

Beispiel: A hat von E das Obstgrundstück gekauft. E behauptet, der Vertrag sei wegen eines Formmangels nichtig und verlangt Herausgabe des Besitzes. Nachdem E Klage erhoben hat, kümmert sich A nicht mehr um das Obst und lässt es verfaulen.

Nach Rechtshängigkeit muss A mit der Herausgabe rechnen und haftet daher nach § 987 II mit der Folge, dass er die nicht gezogenen Nutzungen, d.h. den Wert des verfaulten Obstes dem E zu ersetzen hat.

b) Beschränkte Haftung auf Nutzungsherausgabe

Vor Rechtshängigkeit und Bösgläubigkeit darf der gutgläubige Besitzer darauf vertrauen, dass er den Besitz behalten und die Nutzungen daraus ziehen darf. Von diesem Vertrauensschutz des redlichen Besitzers gibt es zwei *Ausnahmen*:

- Hat der gutgläubige Besitzer den Besitz *unentgeltlich* erworben, so hat er die Nutzungen, soweit sie bei ihm noch vorhanden sind, nach §§ 988, 818 III an den Eigentümer herauszugeben. Darüber hinaus hat er die sog. *Übermaßfrüchte*, also die Früchte die über die Grenzen einer ordnungsgemäßen Bewirtschaftung gezogen hat, nach § 993 an den Eigentümer herauszugeben.

- Hat der gutgläubige Besitzer den Besitz *ohne Rechtsgrund*, d.h. ohne wirksamen Vertrag erlangt, so wird er dem unentgeltlichen gleichgestellt (Rspr.) und hat nach § 993 die Übermaßfrüchte und von den tatsächlich gezogenen Nutzungen diejenigen herauszugeben, die noch vorhanden sind gemäß §§ 988, 812 ff.

4. Anspruch auf Schadensersatz

a) Haftung des verklagten und bösgläubigen Besitzers

Nach § 989 haftet der Besitzer dem Eigentümer für Schäden, die dadurch entstehen, dass die Sache sich nach Rechtshängigkeit verschlechtert, zerstört wird oder aus einem anderen Grund nicht herausgegeben werden kann. Nach § 990 trifft die gleiche Verpflichtung denjenigen, der Kenntnis vom fehlenden Besitzrecht hat oder später erlangt. Voraussetzung hierfür ist allerdings, dass den Besitzer ein ***Verschulden*** trifft.

Beispiel: B hat von V für einige Tage eine Planierraupe gemietet und mit V vereinbart, dieser solle sie auf der Baustelle abstellen. Als B auf die Baustelle kommt, benutzt er eine dort stehende Raupe. Später erfährt er, dass er sich um die Planierraupe des E handelt. E arbeitet aber einfach weiter, da er es eilig hat. Dabei passiert ein Unfall, bei dem die Raupe schwer beschädigt wird.

B hat nach den §§ 990 I 2, 989 Schadensersatz zu leisten, da er ab Kenntnis über das fehlende Besitzrecht auch für leicht fahrlässig verursachte Schäden haftet.

b) Haftung des deliktischen Besitzers

Hat der Besitzer sich die Sache durch verbotene Eigenmacht oder durch eine Straftat verschafft, so haftet er nach den §§ 992, 823 im vollen Umfang für jegliche Schäden an der Sache und auch bei zufälligem Untergang der Sache (§ 848).

Beispiel: B hat frisch den Führerschein erworben, aber noch kein Fahrzeug. Als er am Schlüsselbrett die Autoschlüssel für den Pkw seiner Tante hängen sieht, entschließt er sich zu einer Spritztour, ohne die Tante vorher um Erlaubnis zu fragen. Bei seinem Ausflug rammt er einen Pfosten und beschädigt das Auto.

Da sich B den Besitz durch verbotene Eigenmacht (§ 858) verschafft hat, haftet er gegenüber seiner Tante nach § 992 für den dadurch entstandenen Schaden am Fahrzeug, auch wenn ihn wegen des Unfalls kein Verschulden treffen würde.

Die Vorschriften der §§ 987 ff. bezüglich des Eigentümer-Besitzer-Verhältnisses kommen nur dann zur Anwendung, sofern keine vertraglichen Ansprüche oder Rückabwicklungsansprüche

bestehen. § 823 findet daneben aber Anwendung, wenn der schädigende Besitzer auch bei einem bestehenden Vertragsverhältnis Schadensersatz zu leisten hätte.

5. Anspruch auf Verwendungsersatz

Es kann sein, dass der Besitzer, der die Sache später an den Eigentümer herausgeben muss, Erhaltungsmaßnahmen oder Verbesserungen an der Sache vorgenommen hat, die den Wert der Sache erhöhen.

Verwendungen sind freiwillige Aufwendungen im Sinne von Vermögensleistungen für die Sache, die diese in ihrem Bestand erhalten, ihren Zustand verbessern oder auch ihre Zweckbestimmung ändern.

Ob der Besitzer diese freiwilligen Aufwendungen ersetzt bekommt, hängt davon ab, ob sie notwendig oder nur nützlich waren.

a) Notwendige Verwendungen

Nach § 994 kann der Besitzer Ersatz für notwendige Verwendungen verlangen. Notwendig sind die zur Erhaltung der Sache oder zur normalen Bewirtschaftung erforderlichen Verwendungen.

<u>Beispiele</u>: Reparaturen, Futterkosten, Zahlung von Versicherungsprämien, Gebühren und Abgaben, die auf der Sache lasten, <u>nicht</u> aber die Bebauung eines Grundstückes (Rspr.)

b) Nützliche Verwendungen

Alle Verwendungen, die nicht notwendig sind, aber eine Wertsteigerung bedeuten, sind nützliche Verwendungen. Nach § 996 kann der Besitzer sie nur dann ersetzt verlangen, wenn sie zu einem Zeitpunkt gemacht wurden, zu dem er weder bösgläubig noch verklagt war und eine objektive Werterhöhung noch im Zeitpunkt der Herausgabe gegeben ist.

<u>Beispiel</u>: Eigentümer E hat einen leerstehenden Laden, den er verpachten möchte. Als er wegen eines Verkehrsunfalls ins Koma fällt, verpachtet sein Schwiegersohn S den Laden an B, der ihn für den Eigentümer hält. U hat die Eingangsfassade erneuert, um dem Laden ein freundlicheres Aussehen zu geben. Nachdem E aus dem Koma erwacht ist und wieder seinen Geschäften nachgeht, verlangt er die Herausgabe des Ladens von B. Dieser will die Kosten für den Umbau.

B kann Ersatz für die Baukosten nicht nach § 994 verlangen, da die Verwendungen zwar nützlich aber nicht notwendig waren. Nur wenn die Umbauarbeiten auch jetzt noch objektiv eine Wertsteigerung darstellen, kann B, da er im Zeitpunkt der Vornahme der Arbeiten gutgläubig war, Verwendungsersatz nach § 996 verlangen. Er kann die Räumung des Ladens von der Bezahlung des Verwendungsersatzes nach § 1000 abhängig machen, da diese Vorschrift dem Besitzer ein Zurückbehaltungsrecht gibt.

X. Kreditsicherungsrechte

Ein Kreditgeber hat wegen der möglichen Zahlungsunfähigkeit des Schuldners das Bedürfnis, sich abzusichern. Dies kann einerseits dadurch geschehen, dass andere Personen sich bereit erklären, die Schuld zu übernehmen, falls der Schuldner das Darlehen nicht zurückzahlt, etwa ein Bürge oder ein weiterer Schuldner (sog. Personalkredit). Andererseits kann auch eine bewegliche oder unbewegliche Sache als Sicherheit dienen, um bei Zahlungsunfähigkeit des Schuldners verwertet zu werden (sog. Realkredit).

1. Pfandrecht

Beim Pfandrecht bleibt der Verpfänder Eigentümer der Sache bzw. Inhaber des Rechts. Der Gläubiger hat aber ein Verwertungsrecht, wenn der Schuldner nicht zahlt.

Das Pfandrecht kann entweder durch Rechtsgeschäft (Bestellung) oder kraft Gesetzes bzw. im Wege der Zwangsvollstreckung (Pfändung) entstehen. Es gibt dem Sicherungsnehmer kein Verfügungsrecht, sondern lediglich ein Verwertungsrecht, d.h. erst wenn die gesicherte Forderung nicht erfüllt wird, darf er es verwerten (§§ 1204, 1273; 803 ff. ZPO).

Das Pfandrecht ist akzessorisch, das bedeutet, das Pfandrecht entsteht nicht, wenn und solange die gesicherte Forderung nicht besteht, und es erlischt, sobald die gesicherte Forderung erlischt.

Ein Pfandrecht kann sowohl an beweglichen Sachen als auch an Rechten bestellt werden.

a) Pfandrecht an beweglichen Sachen

Das Pfandrecht an beweglichen Sachen ist als Besitzpfandrecht konzipiert, d.h. der Erwerb des Pfandrechts setzt den Besitz voraus (§ 1205). Mit Rückgabe der Sache nach Erfüllung der Forderung erlischt das Pfandrecht (§ 1253).

Das Pfandrecht an beweglichen Sachen ist in der Praxis unbedeutend geworden, weil es die Besitzeinräumung voraussetzt und dem Verpfänder dadurch zur weiteren wirtschaftlichen Nutzung entzogen wird. Das Besitzpfandrecht spielt daher allenfalls noch zur Kreditsicherung der Banken, die sich oft über AGB ein Pfandrecht am Bankdepot einräumen lassen, und beim Mietverhältnis, bei dem die Kaution als Pfand für den Vermieter zur Sicherung von Mietzins- oder Schadensersatzforderungen hinterlegt wird, eine Rolle.

Man unterscheidet bei den Pfandrechten, die an beweglichen Sachen entstehen können, zwischen vertraglichem Pfandrecht, gesetzlichem Pfandrecht und dem Pfändungspfandrecht.

aa) vertragliches Pfandrecht

Nach § 1205 I entsteht das vertragliche Pfandrecht durch Einigung darüber, dass das Pfandrecht dem Gläubiger zustehen soll und durch Übergabe der Sache. Ist der Gläubiger schon im Besitz der Sache, reicht die Einigung.

Beispiel: S braucht einen Bankkredit. Zur Sicherung der Darlehensforderung bestellt er der Bank ein Pfandrecht an seinen Aktien, die im Depotfach der Bank liegen.

Nach § 1205 II kann das Pfandrecht an beweglichen Sachen auch dadurch entstehen, dass sich Schuldner und Gläubiger über die Bestellung einig sind und die Übergabe durch Abtretung des Herausgabeanspruches gegen den Dritten, der im Besitz der verpfändeten Sache ist, ersetzt wird.

Beispiel: S will dem G zur Sicherheit seiner Forderung ein Pfandrecht an seinen Aktien bestellen, die im Depot der Bank B liegen. Dazu tritt S dem G den gegen die Bank bestehenden Herausgabeanspruch aus dem Bankvertrag ab. Die Verpfändung der Aktien, die im Depot bleiben, wird der B angezeigt.

bb) gesetzliches Pfandrecht

Es gibt Fälle, in denen ein Pfandrecht kraft Gesetzes entsteht, ohne dass es einer rechtsgeschäftlichen Einigung bedarf.

Beispiele:
- Vermieter an eingebrachten Sachen des Mieters nach § 562
- Unternehmer an den hergestellten Sachen nach § 647
- Gastwirt an eingebrachten Sachen des Gastes nach § 704
- Kommissionär am Kommissionsgut nach § 398 HGB
- Spediteur an der Fracht nach § 410 HGB
- Lagerhalter am eingelagerten Gut nach § 421 HGB

Das Pfandrecht dient zur Sicherung der Forderung des jeweiligen Inhabers der Forderung und erlischt, wenn die Forderung beglichen wird oder wenn der Pfandrechtsinhaber den Besitz an der Sache aufgibt bzw. aus seinem Machtbereich entlässt.

cc) Pfändungspfandrecht

Es entsteht aufgrund Pfändung durch den Gerichtsvollzieher nach § 804 Zivilprozessordnung (ZPO) und gibt dem Gläubiger, in dessen Auftrag die Sache gepfändet wurde, eine Verwertungsbefugnis wie in §§ 1204 ff. Es können aber auch Rechte (Lohnforderungen, Herausgabeansprüche, Bankguthaben u.Ä.) unter Zuhilfenahme der Vollstreckungsgerichte gepfändet werden. Das Pfändungspfandrecht beruht also auf einem Hoheitsakt eines staatlichen Vollstreckungsorgans.

b) Pfandrecht an Rechten

Nach § 1274 entsteht ein Pfandrecht an einem Recht durch Einigung über die Bestellung des Pfandrechts und Anzeige an den Schuldner (Bank, Arbeitgeber, Käufer)

Beispiel: G hat bei der Bank S ein Guthaben auf dem Girokonto von 12.000 € und damit einen Anspruch auf Auszahlung des Betrages aus dem Bankvertrag. G verpfändet diese Forderung an den Motorradhändler M, der für den gestundeten Kaufpreis eines Motorrads Sicherheit verlangt.

§ 1275 bestimmt, dass ein Recht nur verpfändet werden kann, soweit es übertragbar ist, d.h. soweit es abgetreten werden kann (Arbeitslohn, Kaufpreisforderungen u.Ä.) Nicht verpfändbar sind Forderungen, die nach § 399 nicht abgetreten werden können, weil sich sonst ihr Inhalt verändern würde oder weil ein Abtretungsverbot besteht wie etwa für höchstpersönliche Ansprüche (z.B. Anspruch auf Dienstleistung).

2. Sicherungsübereignung

Die Sicherungsübereignung hat sich in der Praxis zu einem beliebten Sicherungsmittel der Kreditgeber in Form von § 930 entwickelt. Anders als beim Pfandrecht muss hier zur Wirksamkeit weder der Besitz übertragen noch die Verpfändung angezeigt werden.

Beispiel: K will sich für seine Baufirma einen Baukran kaufen und benötigt hierfür einen Kredit in Höhe von 250.000 €. Die Bank erklärt sich bereit, ihm ein entsprechendes Darlehen zu gewähren, wenn K dafür Sicherheit bieten kann. Da er sonst über kein Betriebsvermögen verfügt, schlägt er vor, den Baukran der Bank zur Sicherheit zu übereignen. Die Bank erklärt sich einverstanden.

Erforderlich sind drei Rechtsverhältnisse, nämlich eine zu sichernde Forderung, die Übereignung der als Sicherheit dienenden Sache sowie ein Sicherungsvertrag.

a) Zu sichernde Forderung

Es muss ein Schuldverhältnis (z.B. Darlehensvertrag) bestehen, aus dem sich eine zu sichernde Forderung ergibt. Der Gläubiger hat für die sich aus dem Schuldverhältnis ergebende Forderung (z.B. Rückzahlungsanspruch der Bank) ein Sicherungsbedürfnis.

b) Übereignung mittels Besitzkonstituts

Schuldner und Gläubiger sind sich einig, dass zur Sicherheit das Eigentum an einer Sache übertragen wird. Da der Schuldner aber im Besitz der Sache bleiben soll, wird statt der Übergabe ein Besitzmittlungsverhältnis gemäß §§ 929, 930 vereinbart. Als Besitzmittlungsverhältnis ist der dem Darlehen zugrundeliegende Sicherungsvertrag ausreichend.

Der Vorteil des Schuldners ist, dass er die Nutzungsmöglichkeit hat und mangels Anzeigepflicht nicht erkennbar ist, dass ihm die Sache, die er benutzt, gar nicht gehört. Daraus ergibt sich für seine Gläubiger der Nachteil, dass sie den Grad der Verschuldung nicht erkennen können. Der Vorteil des Kreditgebers ist, dass er als Eigentümer eine Verwertungsmöglichkeit der Sache hat, wenn der Schuldner seiner Zahlungsverpflichtung nicht nachkommt. Allerdings kann ein gutgläubiger Dritter nach § 932 die Sache erwerben, wenn er den Schuldner, der ja im Besitz der Sache ist, für den Eigentümer hält.

c) Sicherungsvertrag

Schließlich müssen die Parteien einen Sicherungsvertrag abschließen, aus dem sich die jeweiligen Rechte und Pflichten der Beteiligten ergeben. Darin wird festgehalten, dass die Sache nur der

Sicherheit einer bestimmten Forderung dient und nur dann verwertet werden darf, wenn die Forderung nicht erfüllt wird. Der Sicherungsgeber verpflichtet sich, die Sache sorgfältig zu behandeln und gegebenenfalls zur Verwertung herauszugeben. Gleichzeitig verpflichtet sich darin der Sicherungsnehmer, die Sache dem Sicherungsgeber zur Nutzung zu überlassen und sie nach Erfüllung der Forderung nach § 929 S. 2 zurückzuübertragen.

Verfügt der Schuldner (Sicherungsgeber) unberechtigt über die Sache, verletzt er seine Pflichten aus dem Sicherungsvertrag und verletzt damit gleichzeitig das Eigentum des Sicherungsgebers. Er macht sich sowohl gemäß § 280 I wegen einer vertraglichen Pflichtverletzung als auch gemäß § 823 wegen einer rechtswidrigen Eigentumsverletzung dem Sicherungsgeber gegenüber schadensersatzpflichtig.

3. Eigentumsvorbehalt

Der Verkäufer, der das Eigentum der verkauften Sache nur gegen Zahlung des Kaufpreises übertragen will, hat die Möglichkeit bis zur vollständigen Zahlung des Kaufpreises, sich das Eigentum an der Sache vorzubehalten. Der Eigentumsvorbehalt dient ihm ebenfalls als Sicherungsmittel. Meist verkaufen Versandhäuser ihre Ware unter Eigentumsvorbehalt.

a) Allgemeine Grundlagen

Der Eigentumsvorbehalt wird in der Regel sowohl schuldrechtlich als auch sachenrechtlich vereinbart. Die Vereinbarung eines Eigentumsvorbehalts kann auch durch Einbeziehung von AGB zum Vertragsinhalt werden. Der Kauf unter Eigentumsvorbehalt ist in der Regel wie folgt ausgestaltet:

aa) schuldrechtlich

handelt es sich um einen Kaufvertrag nach den §§ 433, 449, nach dem der Kaufpreis gestundet wird und Ratenzahlung vereinbart wird. Der Verkäufer verpflichtet sich, bei vollständiger Bezahlung des Kaufpreises das Eigentum auf den Käufer zu übertragen. Gleichzeitig wird in der Regel ein Rücktrittsrecht des Verkäufers für den Fall vereinbart, dass der Käufer mit seinen Ratenzahlungen in Verzug gerät.

bb) sachenrechtlich

erfolgt die Übergabe und die Übereignung mit der aufschiebenden Bedingung der vollständigen Kaufpreiszahlung nach §§ 929, 158. Das Eigentum bleibt zur Sicherheit beim Verkäufer. Wurde im Kaufvertrag ein Eigentumsvorbehalt noch nicht vereinbart, so ist dies auch nachträglich bei der Übergabe möglich. Eine Vereinbarung durch AGB ist nur möglich, wenn die AGB in zumutbarer Weise zugegangen sind. Dies ist im Lieferschein nicht der Fall (Rspr.)

Nach § 932 ist ein gutgläubiger Erwerb der im Eigentum des Verkäufers stehenden Sache möglich, wenn der gutgläubige Dritte den Käufer im Zeitpunkt der Einigung nach § 929 für den Eigentümer gehalten hat.

Ein Eigentumsvorbehalt an Grundstücken ist nicht möglich, da an die Übereignung gemäß § 925 II keine Bedingung geknüpft werden darf.

b) Arten des Eigentumsvorbehalts

Oft ist der Käufer der unter Eigentumsvorbehalt gekauften Sache darauf angewiesen, die Sache zur Gewinnerzielung weiterzuverarbeiten oder weiterzuveräußern. Da bei der Verarbeitung das Eigentum des Verkäufers aber nach § 950 untergeht und der weiterveräußernde Käufer an seine Kunden unbedingtes Eigentum übertragen will, haben sich verschiedene Formen des Eigentumsvorbehalts gebildet:

aa) verlängerter Eigentumsvorbehalt bei Weiterverarbeitung

Da nach den §§ 946 bis 950 durch Verbindung oder Verarbeitung das Eigentum des Verkäufers erlischt, wird im Kaufvertrag eine Verarbeitungsklausel vereinbart, die den Käufer zur Verarbeitung berechtigt. Im Gegenzug verpflichtet sich der Käufer, die neuen Sachen für den Verkäufer herzustellen, d.h. sie werden mit Fertigstellung Eigentum des Verkäufers.

bb) verlängerter Eigentumsvorbehalt bei Weiterveräußerung

Im Kaufvertrag erteilt der Verkäufer dem Käufer die ***Ermächtigung zur Weiterveräußerung*** der unter Eigentumsvorbehalt gekauften Ware. Im Gegenzug tritt der Käufer dem Verkäufer im Voraus den Verkaufserlös nach § 398 ab. Der Vertrag enthält eine *Freigabeklausel*, wonach der Verkäufer sich verpflichtet, die überflüssigen Sicherheiten dem Käufer zurückzuübertragen.

Der Vorteil des Käufers ist, dass er selbst nach §§ 185, 362 II zur Einziehung der Kaufpreisforderungen berechtigt ist, ohne dass er die Vorausabtretung der Kaufpreisforderungen an den Verkäufer offen legen muss. Der Endverbraucher erwirbt Volleigentum und bleibt ohne Kenntnis über die Kreditwürdigkeit des Verkäufers.

cc) erweiterter Eigentumsvorbehalt

Vertragspartner, die in laufenden Geschäftsbeziehungen stehen, können vereinbaren, dass der Eigentumsvorbehalt auf weitere Forderungen aus der Geschäftsverbindung erstreckt wird. Das Eigentum an der jeweiligen Kaufsache geht dann erst bei ***Erfüllung aller Forderungen*** über, so dass der Verkäufer für ausstehende Forderungen stets eine Sicherheit behält. Erst wenn alle Forderungen des Verkäufers erfüllt sind, erlischt der erweiterte Eigentumsvorbehalt.

Die Rechtsprechung hat wegen Sittenwidrigkeit gemäß § 138 dem *Konzernvorbehalt* einen Riegel vorgeschoben. Danach können nur Forderungen zwischen dem Verkäufer und dem Käufer und nicht andere zum Konzern gehörende Forderungen gegen den Käufer durch den erweiterten Eigentumsvorbehalt gesichert werden. Zum anderen ist der erweiterte Vorbehalt auch dann nichtig, wenn die zu sichernde Forderung *keinerlei Beziehung zur Geschäftsverbindung* zum Verkäufer aufweist.

4. Grundpfandrechte

Der Sicherung der eigenen oder einer fremden Schuld kann auch ein ***Grundstück*** dienen. Das Gesetz sieht verschiedene Grundpfandrechte vor, die dem Gläubiger dadurch als Sicherheit dienen, dass sie ihm das Recht zur Befriedigung aus dem Grundstück im Wege der Zwangsversteigerung geben. Voraussetzung hierfür ist immer ein gerichtlicher Titel (Urteil, Vergleich u.Ä.) oder eine Urkunde, in der sich der Gläubiger der sofortigen Zwangsvollstreckung unterwirft.

Sind im Grundbuch für mehrere Gläubiger Grundpfandrechte eingetragen, so ist im Falle der Zwangsversteigerung der Erlös entsprechend der Rangfolge der Gläubiger zu verteilen.

a) Hypothek

§ 1113 I definiert, was unter einer Hypothek zu verstehen ist. Danach wird das Grundstück in der Weise belastet, dass an denjenigen, zu dessen Gunsten die Belastung mit der Hypothek erfolgt, eine bestimmte Geldsumme zur Befriedigung wegen einer ihm zustehenden Forderung aus dem Grundstücke zu zahlen ist.

Beispiel: S hat ein unbebautes Grundstück geerbt und will es nun bebauen. Da sein Erspartes nicht ausreicht, geht er zur G-Bank und nimmt ein Darlehen in Höhe von 100.000 € auf. Zur Sicherung des Rückzahlungsanspruchs lässt sich die G-Bank eine Hypothek ins Grundbuch eintragen.

aa) Bestellung einer Hypothek

Es muss eine ***Einigung nach § 873*** zwischen dem Eigentümer des Grundstücks und dem Gläubiger der zu sichernden Forderung vorliegen, dass das Grundstück für eine bestimmte Forderung haften soll. Die Einigung selbst wäre nach § 925 formfrei, allerdings ist für die Eintragungsbewilligung nach § 29 GBO die notariell beglaubigte Form vorgeschrieben.

Die ***Eintragung*** der Hypothek in das Grundbuch muss nach §§ 873, 1115 erfolgen. Zu diesem Zeitpunkt müssen sich die Parteien noch über die Bestellung der Hypothek gemäß § 873 II einig sein bzw. sie müssen sich bereits im Sinne dieser Vorschrift gebunden haben.

bb) Besonderheiten der Hypothek

Die Hypothek ist ***streng akzessorisch***. Das bedeutet, dass sie vom Bestand der zu sichernden Forderung abhängig ist. Wird die Hypothek bestellt, bevor die Forderung entstanden ist, so entsteht nur eine Eigentümergrundschuld (§ 1163 I). Erlischt die Forderung nachträglich, dann wird aus der Hypothek ebenfalls eine Eigentümergrundschuld und dient dem Gläubiger nicht mehr als Sicherheit. Er kann dann auch nicht mehr das Grundstück verwerten. Aus dem Grundsatz der Akzessorietät ergibt sich auch, dass die Hypothek auf den neuen Gläubiger übergeht, wenn und sobald der Gläubiger ihm die gesicherte Forderung abtritt (§§ 1154, 1153).

Beispiel: Der Darlehensvertrag zwischen S und G-Bank wurde von G wegen arglistiger Täuschung angefochten, nachdem die Bestellung der Hypothek ordnungsgemäß vor einem Notar vorgenommen wurde.

Damit war der Darlehensvertrag und der daraus resultierende Rückzahlungsanspruch der Bank von Anfang an unwirksam (§§ 123, 142), so dass anstelle der Hypothek lediglich eine Eigentümergrundschuld gemäß § 1163 entstanden ist.

b) Grundschuld

§ 1191 definiert, was unter einer Grundschuld zu verstehen ist. Durch die Grundschuld wird das Grundstück in der Weise belastet, dass an denjenigen, zu dessen Gunsten die Belastung erfolgt, eine bestimmte Geldsumme aus dem Grundstück zu zahlen ist. § 1192 verweist im Wesentlichen auf die Vorschriften zur Hypothek, die entsprechend anzuwenden sind. Danach kann ebenfalls im Wege der Zwangsvollstreckung Befriedigung aus dem Grundstück gesucht werden (§ 1147).

aa) Bestellung einer Grundschuld

Die Entstehung setzt wiederum ***Einigung*** (§ 873) und ihre ***Eintragung*** ins Grundbuch voraus (§§ 1196 II; 1192, 1116 II). Die Eintragung erfolgt ebenfalls nach den Grundbuchvorschriften (§§ 19, 20, 29 GBO), d.h. die Eintragungsbewilligung muss notariell beglaubigt sein, obwohl die Einigung nach dem BGB selbst formfrei wäre. Letztlich muss *Einigsein* im Zeitpunkt der Eintragung noch gegeben sein (§ 873 II).

bb) Besonderheiten der Grundschuld

Die Grundschuld ist in der Praxis beliebter, weil sie nicht akzessorisch ist. Sie wird regelmäßig als Sicherungsgrundschuld in einem sog. Sicherungsvertrag vereinbart und haftet dann für eine bestimmte oder künftig entstehende Forderung. Sie kann auch als Eigentümergrundschuld unabhängig von einer Forderung bestellt und übertragen werden.

5. Schuldrechtliche Sicherungsrechte

Steht dem Schuldner weder eine Sache noch ein Grundstück zur Verfügung, das im Falle der Nichtrückzahlung des Darlehens eine „dingliche Sicherheit“ bietet, ist er auf Personen angewiesen, die für seine Verbindlichkeit mit ihrem Vermögen haften. Hierzu bedarf es eines Verpflichtungsvertrages, aufgrund dessen ein Dritter für die Verbindlichkeit des Hauptschuldners einsteht. Hierzu zählen z. B. der Bürgschaftsvertrag, der Schuldbeitritt und die Sicherungsabtretung. Da sich hierfür jeweils ein Dritter durch Vertrag verpflichtet, spricht man von schuldrechtlichen Sicherungsrechten.

a) Bürgschaft

aa) Voraussetzungen

Nach § 765 müssen der Gläubiger der zu sichernden Forderung (z.B. Bank) und der Bürge einen ***Bürgschaftsvertrag*** schließen. Aus diesem entsteht die einseitige Verpflichtung des Bürgen, für die Erfüllung der Verbindlichkeit eines Dritten, dem Hauptschuldner einzustehen. Der Bürge wird mit dem Bürgschaftsvertrag Nebenschuldner aus Gefälligkeit.

§ 766 setzt für die Gültigkeit des Vertrages die ***Schriftform*** der Bürgschaftserklärung voraus und hat damit Warnfunktion. Eine Ausnahme besteht hier nach § 350 HGB für Kaufleute, für die die Bürgschaft ein Handelsgeschäft darstellt. Sie sind nicht im gleichen Maße wie Privatpersonen schützenswert und müssen nicht durch die Schriftform vor den Rechtsfolgen gewarnt werden.

Nach § 767 ist für eine wirksame Bürgschaft der ***Bestand einer Hauptforderung*** erforderlich, da sie ebenso wie das Pfandrecht und die Hypothek akzessorisch ist. Eine Bürgschaftsverpflichtung kann daher nur entstehen, wenn und soweit eine zu sichernde Forderung des Gläubigers gegen den Hauptschuldner besteht. Der Grundsatz der Akzessorietät bedeutet andererseits auch, dass die Bürgschaftsverpflichtung mit Tilgung der gesicherten Forderung ohne weitere Vereinbarung erlischt.

bb) Rechtsfolgen

Der Bürge haftet nach §§ 765, 767 für die Hauptverbindlichkeit inklusive der Nebenkosten mit seinem ganzen Vermögen, wenn der Hauptschuldner seiner Verpflichtung nicht nachkommt. Der Bürge kann nach §§ 768, 770 die Einreden erheben, die auch dem Hauptschuldner zustehen, und hat nach § 771 grundsätzlich auch die Einrede der sog. Vorausklage. Diese besagt, dass der Gläubiger erst den Hauptschuldner erfolglos verklagt haben muss, bevor er den Bürgen in Anspruch nehmen kann. Auf diese Einrede hat der Bürge aber in der Regel im Bürgschaftsvertrag durch Anerkennung der AGB des Gläubigers verzichtet. Man spricht dann von einer selbstschuldnerischen Bürgschaft.

Hat der Bürge den Gläubiger befriedigt, so geht nach § 774 die Forderung gegen den Hauptschuldner auf ihn über, so dass er jetzt einen Anspruch gegen den Hauptschuldner auf Ausgleich hat.

b) Schuldbeitritt

aa) Voraussetzungen

Beim Schuldbeitritt (Schuldmitübernahme) ist gemäß § 414 ein Schuldvertrag zwischen dem Gläubiger und Beitretenden, der die Schuld als eigene (mit-)übernimmt, erforderlich. In diesem Vertrag verpflichtet sich der Beitretende, anstelle oder neben dem Schuldner für dessen Verbindlichkeit zu haften. Da er ein eigenes wirtschaftliches oder rechtliches Interesse verfolgt (z.B. als Geschäftspartner), unterliegt der Schuldvertrag keiner besonderen Form. Der Vertrag kann nach § 415 auch zwischen dem Schuldner und dem Beitretenden geschlossen werden, allerdings muss zur Wirksamkeit dieses Vertrages der Gläubiger zustimmen, da es ihm auf die Bonität des Beitretenden ankommt. Während der Bürge für eine fremde Schuld haftet, haftet der Beitretende für eine eigene (übernommene) Schuld.

bb) Rechtsfolgen

Der Schuldner und der Beitretende haften nach den §§ 421 ff. dem Gläubiger als Gesamtschuldner, d.h. der Gläubiger hat das Recht, die gesamte Forderung entweder von dem einen oder dem anderen Schuldner zu verlangen. Befriedigt der Beitretende beispielsweise den Gläubiger, so hat er gegen den Schuldner nach § 426 einen Ausgleichsanspruch entsprechend der vereinbarten Quote im Innenverhältnis.

c) Die Sicherungsabtretung

aa) Voraussetzungen

Der Schuldner kann als Sicherheitsleistung auch eine ihm zustehende Forderung gegenüber einem anderen (z.B. Arbeitgeber, Kunden) abtreten. Dazu muss der Abtretende (Zedent) einen Abtretungsvertrag gemäß § 398 mit dem Sicherungsnehmer, der neuer Gläubiger (Zessionar) werden soll, schließen. Das Einverständnis des Schuldners oder eine Anzeige an diesen ist für die Wirksamkeit des Vertrages nicht erforderlich. Eine bestimmte Form ist für den Abtretungsvertrag nicht vorgeschrieben. Allerdings ist für den Forderungsübergang Voraussetzung, dass dem Abtretenden die Forderung zusteht.

Beispiel: Händler H hat Möbel von der Fabrik F unter Eigentumsvorbehalt gekauft und alle künftigen Forderungen gegen seine Kunden an F zur Sicherheit abgetreten. Im Abtretungsvertrag ist bestimmt, dass F die Abtretung den Kunden gegenüber nur dann offen legt und einzieht, wenn H den Kaufpreis an F nicht bezahlt.

bb) Rechtsfolgen

Mit Abschluss des Abtretungsvertrages geht die abgetretene Forderung auf den Sicherungsnehmer gemäß § 398 S. 2 über. Der neue Gläubiger tritt also an die Stelle des bisherigen Gläubigers. Ist eine Forderung bereits abgetreten, steht sie dem Sicherungsgeber (Zedenten) nicht mehr zu und kann daher kein weiteres Mal wirksam abgetreten werden.

TEIL C: ANLEITUNG ZUR LÖSUNG ZIVILRECHTLICHER FÄLLE MIT SCHEMATA

I. Falllösung im sog. juristischen Gutachten

In einer Klausur wird in der Regel ein Fall oder mehrere kleine Fälle zu lösen sein. Dabei sollen Sie einen bestimmten Sachverhalt mit einer konkreten Fragestellung rechtlich würdigen und am Ende ein Ergebnis formulieren.

Bei der Bearbeitung des Falles ist der ***sog. Gutachtenstil*** und nicht der Urteilsstil zu verwenden.

Beispiele:

- „A könnte gegen B einen Anspruch auf Bezahlung des Kaufpreises haben, wenn sie einen wirksamen Kaufvertrag geschlossenen haben. Dies setzt voraus, dass sie sich über den Kauf eines .... geeinigt haben" **(richtig)**

- „A hat gegen B einen Anspruch auf Kaufpreiszahlung, weil sie einen Kaufvertrag geschlossen haben. Sie haben sich nämlich ...." **(falsch)**

Meist wird ein bestimmter Anspruch einer Person gegen eine andere zu prüfen sein. Die erfolgreiche Lösung des Falls steht und fällt dann mit der richtigen Anspruchsgrundlage, also dem Paragrafen, der die gewünschte Rechtsfolge ausspricht. Jeder Anspruch ist entsprechend seiner im Gesetz oft an unterschiedlichen Stellen genannten Voraussetzungen nach einem unterschiedlichen Schema zu prüfen. Daher lohnt es sich, die einzelnen Prüfungsschritte zu kennen, wobei es nicht darauf ankommt, die Voraussetzungen in der von mir vorgeschlagenen Reihenfolge zu prüfen, sondern darauf, dass keine prüfungsrelvante Frage unbehandelt bleibt.

Es kann auch sein, dass lediglich eine bestimmte Rechtsfrage gestellt wird, wie etwa: „Kann der Verkäufer anfechten?" oder „Ist der Vertrag, den ein Minderjähriger geschlossen hat, wirksam?". Auch hier ist auf den Gutachtenstil zu achten und es sind die einzelnen Voraussetzungen zunächst abstrakt aufzuwerfen, um sie dann anhand der im Fall genannten Informationen konkret zu beantworten *(vgl. III. Beispiele einer Falllösung).*

Bei der Lösung eines juristischen Falles empfiehlt sich folgende Vorgehensweise:

1. Schritt: GENAUES ERFASSEN DES SACHVERHALTS

1. **Gründliches, mehrmaliges Lesen des Sachverhaltes**, so dass Sie ihn im Kopf haben und wissen, worum es geht.

2. **Auf Details achten.** In der Regel steht nichts grundlos im Sachverhalt.
   Jede Information muss daher in der Lösung irgendwie wieder auftauchen.

3. **Keine „Sachverhaltsquetsche"**: also den Sachverhalt nicht umdeuten oder etwas hineininterpretieren, was nicht darin steht.

4. **Keine Beweisprobleme erörtern**. Sie dürfen davon ausgehen, dass der Sachverhalt vollständig und wahr ist.

5. **Zeittafel chronologisch erstellen**. Tauchen Daten oder Fristen auf, kommt es auf diese an.

2. Schritt: **FORMULIEREN DER FALLFRAGE**

Sofern nicht die Frage gestellt ist „wie ist die Rechtslage?“ genau prüfen:

1. **WER** (Anspruchsteller, Gläubiger)
2. will **WAS** (Anspruchsinhalt = begehrte Rechtsfolge wie z.B. Vergütung, Minderung)
3. von **WEM** (Anspruchsgegner, Schuldner)
4. **WORAUS** (Anspruchsgrundlage, die die begehrte Rechtsfolge ausspricht)
5. **WARUM** (Sachverhalt, aus dem sich die Anspruchsvoraussetzungen ergeben)

3. Schritt: **HERAUSARBEITEN DER FALLPROBLEME**

1. Welche Probleme wirft der Sachverhalt auf, auf die näher einzugehen ist?

(z.B. ausreichende Mahnung, Fristsetzung, Verschuldensfrage)

2. Vorläufige Überlegungen zur Lösung anstellen

(Vorsicht vor „voreiligem Wiedererkennen“ bereits behandelter Fälle)

4. Schritt: **GLIEDERUNG DER FALLLÖSUNG ANFERTIGEN**

1. Suchen der einschlägigen Anspruchsgrundlage

Mit der in Betracht kommenden Anspruchsgrundlage muss im Gutachten begonnen werden. Es ist daher bei der Fragestellung genau darauf zu achten, welche Rechtsfolge der Anspruchsteller begehrt und welcher Paragraf diese Rechtsfolge ausspricht. Ist beispielsweise gefragt, ob der Käufer wegen eines Mangels zurücktreten kann, wäre es falsch, alle in Betracht kommenden Gewährleistungsansprüche zu prüfen. Es ist nach der Norm zu suchen, die dem Käufer das Recht gibt, bei einem Mangel der Kaufsache zurückzutreten: §§ 437 Nr. 2, 440.

Es kann sein, dass ein Anspruch auf Vertragserfüllung geltend gemacht wird. Es kommen dann folgende Anspruchsgrundlagen in Betracht:

Erfüllungsansprüche aus Vertrag (Primäransprüche)

433 I	(auf Lieferung der Kaufsache = Übereignung und Übergabe)
433 II	(auf Kaufpreiszahlung)
535	(auf Überlassung des Zimmers)
535	(auf Bezahlung der Übernachtungskosten)
611	(auf Dienstleistung bzw. auf Vergütung der Dienstleistung)
611, 612	(auf Vergütung der Dienstleistung)
631 I	(auf Herstellung eines Werkes)
631 I, 632	(auf Werklohnforderung)
640	(auf Abnahme des hergestellten Werkes)

Handelt es sich um einen Fall, bei dem der Vertrag nicht ordnungsgemäß erfüllt worden ist, kommen sog. Sekundäransprüche in Betracht, die an die Stelle des ursprünglichen Anspruches aus dem Vertrag treten. Es liegt dann eine Pflichtverletzung vor, die auf der Lieferung einer mangelhaften Sache, Herstellung eines mangelhaften Werkes, einer verspäteten Leistung oder einer unmöglich gewordenen Leistung oder auf einer Nebenpflichtverletzung beruhen kann.

Ersatzansprüche aus Vertrag (Sekundäransprüche)

Gewährleistungsansprüche beim Kaufvertrag:

437 Nr. 1, 439	(Nacherfüllung)
437 Nr. 2, 440	(Rücktritt)
437 Nr. 2, 441	(Minderung)
437 Nr. 3, 281	(Schadensersatz bei behebbarem Mangel)
437 Nr. 3, 283	(Schadensersatz bei unbehebbarem Mangel)
437 Nr. 3, 280 I	(Schadensersatz wegen Mangelfolgeschaden)

Gewährleistungsrechte beim Werkvertrag:

634 Nr. 1, 635	(Nacherfüllung)
634 Nr. 2, 637	(Selbstvornahme)
634 Nr. 3, 636	(Rücktritt)
634 Nr. 3, 638	(Minderung)
634 Nr. 4, 281	(Schadensersatz bei behebbarem Mangel)
634 Nr. 4, 283	(Schadensersatz bei unbehebbarem Mangel)
634 Nr. 4, 280 I	(Schadensersatz bei Mangelfolgeschaden)

Ansprüche wegen sonstiger Leistungsstörungen:

280 I	(Schadensersatz *neben* der Leistung bei Verletzung einer Hauptleistungspflicht oder Nebenpflicht nach 242 oder 241 II)
280 I, 281	(Schadensersatz *statt* der Leistung bei Verletzung einer Hauptleistungspflicht oder Nebenpflichtverletzung nach 242)
280 I, 311 II	(Schadensersatz *statt* der Leistung bei Verletzung einer vorvertraglichen Pflicht nach 241 II)
280 II, 286	(Ersatz des Verzugsschaden *neben* Vertragserfüllung)
280 III, 281	(Schadensersatz *statt* der Leistung wegen Verspätung)
280 III, 282	(Schadensersatz *satt* der Leistung bei Verletzung einer leistungsunabhängigen Nebenpflicht nach 241 II)
280 III, 283	(Schadensersatz *statt* Leistung bei nachträglicher Unmöglichkeit)
280 III, 311 a II	(Schadensersatz *statt* Leistung bei anfänglicher Unmöglichkeit)

Ansprüche aus ungerechtfertigter Bereicherung

812 (auf Herausgabe des Erlangten wegen rechtsgrundloser Leistung)
812 (auf Herausgabe des Erlangten wegen ungerechtfertigtem Eingriff)
816 (auf Herausgabe des Erlangten wegen Verfügung eines Nichtberechtigten)

Ansprüche aus unerlaubter Handlung

823 (auf Schadensersatz wegen widerrechtlicher Verletzung eines Rechtsgutes)
831 (auf Schadensersatz wegen Auswahlverschulden beim Verrichtungsgehilfen)
833 (auf Schadensersatz wegen Verletzung der Aufsichtspflicht)

Anspruch des Eigentümers gegen den Besitzer

985 (auf Herausgabe der Sache vom Besitzer)

2. Grobgliederung der Voraussetzungen der Anspruchsgrundlage

Hier ist entsprechend der unten genannten Schemata an die einzelnen Voraussetzungen zu denken, die abgehandelt werden müssen. Es ist zu überprüfen, ob alle relevanten Sachverhaltspunkte in der Gliederung untergebracht sind.

3. Ergebnis auf gestellte Frage hin überprüfen

5. Schritt: ANFERTIGEN DES SCHRIFTLICHEN GUTACHTENS

1. Einen Obersatz mit Anspruchsgrundlage formulieren

„K könnte gegen V einen Anspruch auf Bezahlung des Kaufpreises aus § 433 II BGB haben, wenn die entsprechenden Voraussetzungen vorliegen".

2. Die einzelnen Voraussetzungen prüfen

Jede einzelne Voraussetzung nennen, die erfüllt sein muss, und kurz erörtern, ob sie im vorliegenden Fall tatsächlich gegeben ist oder nicht. Soweit problematisch, genauer darauf eingehen und das Erlernte anwenden. Beispielsweise:

„1. Zunächst müsste ein wirksamer Kaufvertrag gemäß § 433 geschlossen worden sein. Dies setzt voraus, dass sich die Parteien über den Kauf eines ... geeinigt haben. Die Einigung setzt zwei übereinstimmende Willenserklärungen, nämlich Angebot und Annahme voraus. Die Parteien haben darüber hinaus vereinbart, dass die ... (Sache) auf Kosten des Käufer geschickt werden soll. Es könnte somit eine Schickschuld im Sinne des § 447 vorliegen. Bei der Schickschuld hat der Schuldner der Leistung alles Erforderliche getan, wenn er die Sache an eine geeignete Versandperson übergeben hat ... .

2. Der Anspruch dürfte nicht erloschen sein. Dies könnte deswegen der Fall sein, weil, die Leistung des V zufällig untergegangen ist ... . Damit trägt der Käufer das Risiko des zufälligen Untergangs".

3. Ergebnissatz formulieren

Hier sollten Sie nochmals Anspruchsteller, Anspruchsgegner und den geltend gemachten Anspruch nennen und die Norm zitieren, aus der sich der Anspruch letztlich ergibt.

„V hat gegen K einen Anspruch auf Kaufpreiszahlung gemäß §§ 433 II, 447".

II. Prüfungsschematas der wichtigsten Anspruchsgrundlagen für die Klausur

Unabhängig davon, ob die gefundene Anspruchsgrundlage auf einen geschlossenen Vertrag oder auf Gesetz beruht, lautet die grundsätzliche Prüfungsreihenfolge:

(1) Anspruch entstanden?
(2) Anspruch untergegangen?

Bei der Frage, ob der Vertrag entstanden ist, kann je nach beteiligten Personen und Sachverhaltskonstellation zu prüfen sein, ob der Vertrag mit einem Minderjährigen wirksam ist oder ob er durch einen Stellvertreter zustande gekommen ist.

Bei der Frage, ob der Anspruch untergegangen ist, ist daran zu denken, dass der einmal wirksam entstandene Vertrag durch Anfechtung, Erfüllung oder Unmöglichkeit wieder erloschen sein kann. Gibt es hierzu Anhaltspunkte im Sachverhalt, muss dann entsprechend unten genannter Schemas weitergeprüft werden.

1. Vertragliche Ansprüche

a) <u>Vertraglicher Erfüllungsanspruch</u> z.B. aus § 433, § 535, § 611 - *Obersatz formulieren!*

Geht es in der Falllösung um einen Erfüllungsanspruch, der sich direkt aus einem Kauf-, Miet-, Dienst-, Werk- oder anderen Vertrag ergibt (Primäranspruch), muss geprüft werden, ob ein wirksamer Vertrag zustandegekommen ist. Denn nur ein gültiger Vertrag lässt Leistungspflichten auf der einen Seite und Ansprüche auf der anderen Seite entstehen.

(1) Wirksamer Vertrag durch Einigung über bestimmten Vertragsinhalt *(nennen!)*
Erforderlich sind 2 übereinstimmende Willenserklärungen, nämlich:

- **Angebot** (§§ 145 ff.) - sofern Anlass besteht, Fragen zu Willenserklärungen wie z.B.
- **Annahme** (§§ 150 ff.) Rechtsbindungswille, Zugang u.Ä. erörtern! *vgl. Teil A II - V*

Bei Vertragsschluss können folgende Konstellationen gegeben sein:

<u>Stellvertreter schließt Vertrag</u>

Hat nicht der Vertragspartner selbst, sondern ein Stellvertreter für ihn gehandelt, ist zu prüfen, ob der Stellvertreter ihn wirksam nach § 164 verpflichtet hat.

Voraussetzungen einer wirksamen Stellvertretung nach § 164:
(1) Wirksamer Vertrag? **1. Willenserklärung des Stellvertreters** (§§ 145. ff) **2. im Namen des Vertretenen abgegeben** (§ 164 I) **3. mit Vertretungsmacht** (§ 167 I) (2) Anspruch untergegangen?

Rechtsfolge: Die Willenserklärung des Stellvertreters wirkt für und gegen den Vertretenen, d.h. der Vertretene wird als Vertragspartner verpflichtet und berechtigt

Minderjähriger schließt den Vertrag

Schließt ein Minderjähriger, der ja noch nicht voll geschäftsfähig ist (§ 106), einen Vertrag, so ist zu prüfen, ob der Vertrag dennoch wirksam ist:

Vertragsschluss durch einen Minderjährigen:
(1) Wirksamer Vertrag? **1. Willenserklärung eines Minderjährigen** (§ 106) **2. mit Zustimmung der gesetzlichen Vertreter** (§§ 107, 108) Ausnahme: lediglich rechtlicher Vorteil (§ 107) oder mit eigenen Mitteln bewirkt (§ 110) (2) Anspruch untergegangen?

Zwischenergebnis: - entweder kein Anspruch mangels wirksamen Vertrag
- oder Anspruch aus 433/535/611/631 etc. ist entstanden

(2) Anspruch untergegangen

Hat die Prüfung des Punktes (1) ergeben, dass ein Anspruch durch wirksamen Vertrag entstanden ist, so ist weiter zu prüfen, wenn Anhaltspunkte für ein Erlöschen des Anspruches im Sachverhalt zu finden sind:

Anfechtung

Der Vertrag wird gemäß § 142 mit Anfechtung rückwirkend unwirksam. Die einmal entstandenen Ansprüche werden durch dieses Gestaltungsrecht wieder beseitigt.

Voraussetzungen einer erfolgreichen Anfechtung:
1. Anfechtungsgrund (§§ 119, 120 bzw. § 123) **2. Anfechtungserklärung** (§ 143) **3. Anfechtungsfrist** (§ 121 bzw. § 124)

Rechtsfolgen: Nichtigkeit des Rechtsgeschäfts nach § 142
Schadensersatzpflicht des Anfechtenden nach § 122

Zufälliger Untergang der Leistung

Der Anspruch kann nach seiner Entstehung dadurch untergehen, dass die geschuldete Leistung durch ein Ereignis unmöglich wird, das niemand zu vertreten hat. Es ist dann oft danach gefragt, ob der Anspruch auf die Gegenleistung trotz Untergangs bestehen bleibt (z.B. auf Kaufpreis).

Prüfungsreihenfolge bei zufälligem Untergang der Sache:
(1) Anspruch aus wirksamen Vertrag entstanden? (§ 433 II) (2) Anspruch untergegangen nach § 326 I? **1. Leistung unmöglich geworden** (§ 275) **2. Kein Übergang der Preisgefahr** durch Annahmeverzug (§ 326 II) Übergabe an den Käufer (§ 446) oder Versendungskauf (§ 447) Ausnahme: Versendung beim Verbrauchsgüterkauf (§ 474 II)

Rechtsfolge: Entsprechend der anzuwendenden Gefahrtragungsregel ist der zu prüfende Anspruch entweder untergegangen oder aber bleibt bestehen

b) Ersatzansprüche aus Vertrag (Sekundäransprüche) - *Obersatz formulieren!*

Hat beim **Kaufvertrag** der Verkäufer eine mangelhafte Sache dem Käufer übergeben, können folgende Gewährleistungsansprüche zu prüfen sein:

Nacherfüllungsanspruch des Käufers aus §§ 437 Nr. 1, 439:
(1) Wirksamer Kaufvertrag (§§ 145 ff.) *siehe oben* **(2) Sachmangel** (§ 434) **bei Gefahrübergang** (§§ 446, 447) **(3) Keine Kenntnis des Käufers vom Mangel** (§ 442) **(4) Kein Leistungsverweigerungsrecht des Verkäufers** wegen Unverhältnismäßigkeit der Nacherfüllung (§ 439 III)

Rechtsfolge: Nachbesserung (Beseitigung des Mangels) bzw. Nachlieferung (Ersatz)
Käufer hat grundsätzlich ein Wahlrecht (§ 439 I, Ausnahme: § 439 III)

Rücktrittsanspruch des Käufers aus §§ 437 Nr. 2, 440:
(1) Wirksamer Kaufvertrag (§§ 145 ff.) **(2) Sachmangel** (§ 434) **bei Gefahrübergang** (§§ 446, 447) **(3) Keine Kenntnis des Käufers vom Mangel** (§ 442) **(4) Angemessene Frist zur Nacherfüllung erfolglos abgelaufen** (§ 323 I) Ausnahme: Fristsetzung entbehrlich wegen Verweigerung, Unzumutbarkeit oder Unmöglichkeit der Nachbesserung (§§ 323 II, 440) **(5) Kein Rücktrittsausschluss** wegen Unerheblichkeit des Mangels Ausnahme: zugesicherte Eigenschaft, überwiegende Verantwortung des Käufers oder Annahmeverzug (§ 323 V 2, VI)

Rechtsfolge: Rückgewähr der empfangenen Leistungen nach §§ 346 ff.

Minderungsanspruch des Käufers nach §§ 437 Nr. 2, 441:
(1) Wirksamer Kaufvertrag (§§ 145 ff.) **(2) Sachmangel** (§ 434) bei Gefahrübergang (§ 446, 447) **(3) Keine Kenntnis des Käufers vom Mangel** (§ 442) **(3) Angemessene Frist zur Nacherfüllung erfolglos abgelaufen** (§§ 441 I, 440, 323 I) Ausnahme: Frist entbehrlich (§§ 441 I, 440, 323 II) *vgl. Rücktritt* **(4) Minderungserklärung** des Käufers gegenüber Verkäufer (§ 441)

Rechtsfolge: Herabsetzen des Kaufpreises nach § 441 III, auch bei unerheblichen Mängeln (§§ 441 I 2, 323 V 2)

Macht der Käufer einen Schadensersatzanspruch geltend, ist zunächst zu klären, ob er den Mangelschaden, der der Kaufsache anhaftet, oder den Mangelfolgeschaden, der an seinen Rechtsgütern außerhalb der Kaufsache entstanden ist, verlangt. Für beide Ansprüche ergeben sich unterschiedliche Anspruchsgrundlagen:

§§ 437 Nr. 3, 281 bzw. 283 ist die Anspruchsgrundlage für den *Mangelschaden* und §§ 437 Nr. 3, 280 für den *Mangelfolgeschaden.*

Beim Mangelschaden kommt es darauf an, ob der Mangel noch *behebbar* (§ 437 Nr. 3, **281**) oder ob er *unbehebbar* ist (§§ 437 Nr. 3, **283**), so dass eine Fristsetzung zur Nacherfüllung unsinnig wäre.

Schadensersatz bei Mangelschaden:

Schadensersatzanspruch aus §§ 437 Nr. 3, **281**, 280 bei *behebbarem* Mangel:
(1) Wirksamer Kaufvertrag (§§ 145 ff.) **(2) Sachmangel** (§ 434) **bei Gefahrübergang** (§§ 446, 447) **(3) Keine Kenntnis des Käufers vom Mangel** (§ 442) **(4) Angemessene Frist zur Nacherfüllung erfolglos abgelaufen** (§§ 281 I, 440) Ausnahme: Frist entbehrlich (§ 281 II) *vgl. Rücktritt* **(5) Vertretenmüssen des Mangels** bei Vorsatz, Fahrlässigkeit und Garantieübernahme (§§ 280 I 2, 276, 278) auch für den Erfüllungsgehilfen **(6) Schaden** aufgrund des Mangels (§ 280 I 1)

Bei der Rechtsfolge spielt es eine Rolle, ob der Mangel erheblich war oder nicht:

- Bei ***erheblichem Mangel*** (§ 281 I 1) Schadensersatz statt der Leistung (großer SE)
- Bei ***unerheblichem Mangel*** (§ 281 I 3) Schadensersatz neben der Leistung (kleiner SE)

Schadensersatzanspruch aus §§ 437 Nr. 3, **283**, 281, 280 bei *unbehebbarem* Mangel:
(1) Wirksamer Kaufvertrag (§§ 145 ff.) **(2) Sachmangel** (§ 434) **bei Gefahrübergang** (§§ 446, 447) **(3) Keine Kenntnis des Käufers vom Mangel** (§ 442) **(4) Nacherfüllung ist unmöglich** (§ 275), daher keine Fristsetzung **(5) Vertretenmüssen des Mangels** (§§ 280 I 2 276, 278) *vgl. oben* **(6) Schaden** aufgrund des Mangels (§ 280 I 1)

Bei der Rechtsfolge spielt die Erheblichkeit des Mangels ebenfalls eine Rolle:

- Bei ***erheblichen Mangel*** (§ 281 I 1) Schadensersatz statt der Leistung (großer SE)
- Bei ***unerheblichem Mangel*** (§ 281 I 3) Schadensersatz neben der Leistung (kleiner SE)

Schadensersatz beim Mangelfolgeschaden:

Anspruch des Käufers auf Ersatz des Mangelfolgeschadens aus §§ 437 Nr. 3, **280 I**:
(1) Wirksamer Kaufvertrag (§§ 145 ff.) **(2) Pflichtverletzung** durch Lieferung einer mangelhaften Sache (§§ 434, 280 I) **(3)** führt zu einer **Rechtsgutverletzung** (Leben, Gesundheit, Eigentum des Käufers) **(4) Vertretenmüssen des Mangels** (§ 280 I 2, 276, 278) *vgl. oben* **(5) Folgeschaden** (§ 280 I 1), der aufgrund der mangelhaften Kaufsache entstanden ist

Rechtsfolge: Ersatz aller Vermögensschäden über Mangelschaden hinaus (§§ 280 I, 249 ff.)

Regressanspruch des Unternehmers gegen seinen Lieferanten bei Rücknahme der Sache:

Rückgriffsanspruch des Unternehmers aus §§ 437, **478** beim Verbrauchsgüterkauf:
(1) Verbrauchsgüterkauf (§§ 474 I; 13, 14) zwischen Verkäufer und Käufer **(2) Verkaufte Ware war neu hergestellt** (§ 478) **(3) Verkäufer musste Ware wegen Mangelhaftigkeit zurücknehmen** (478 I) **(4) Mangel lag bereits bei Übergang auf den Verkäufer vor** (§ 478 II) **(5) Kein Regressausschluss** wegen Kenntnis des Mangels (§ 442) oder verletzter Rügepflicht (§ 377 HGB)

Rechtsfolge: Unternehmer hat gegen seinen Verkäufer die in § 437 genannten Rechte

Bei einem **Werkvertrag** kommen folgende Gewährleistungsansprüche in Betracht:

Nacherfüllungsanspruch des Bestellers aus § 634 Nr. 1, 635:
(1) Wirksamer Werkvertrag (§ 631) - bestimmter Erfolg ist geschuldet! **(2) Werk ist mangelhaft** (§§ 633, 634) **(3) Keine Kenntnis des Bestellers vom Mangel** bzw. Besteller hat sich bei Abnahme des Werkes seine **Gewährleistungsrechte vorbehalten** (§ 640 II)

Rechtsfolge: Anspruch auf Beseitigung des Mangels bzw. Neuherstellung des Werkes; Leistungsverweigerungsrecht des Unternehmers nach §§ 635 III, 275 II, III

Scheitert die Nacherfüllung, kann der Besteller folgende Ansprüche geltend machen:

Anspruch des Bestellers auf Selbstvornahme aus §§ 634 Nr. 2, 637:
(1) Wirksamer Werkvertrag (§ 631) *vgl. oben* **(2) Werk ist mangelhaft** (§§ 633, 634) **(3) Angemessene Frist zur Nacherfüllung erfolglos abgelaufen** (§ 637 II) Ausnahme: Frist entbehrlich wegen ernsthafter und endgültiger Verweigerung, beim sog. Fixgeschäft (§§ 637 II, 323 II) oder wenn Nachbesserung fehlgeschlagen und unzumutbar geworden ist (§§ 637 II)

Rechtsfolge: Besteller kann die Nachbesserung selbst vornehmen und nach § 637 III hierfür einen Vorschuss vom Unternehmer verlangen

Anspruch des Bestellers auf Rücktritt aus §§ 634 Nr. 2, 636:
(1) Wirksamer Werkvertrag (§ 631) *vgl. oben* **(2) Werk ist mangelhaft** (§§ 633, 634) **(3) Angemessene Frist zur Nacherfüllung ist erfolglos abgelaufen** (§§ 636, 323 I) Ausnahme: Frist entbehrlich (§§ 636, 323 II) *vgl. oben,* wenn die Nachbesserung fehlgeschlagen und unzumutbar geworden ist (§ 636) oder wenn sie unmöglich geworden ist (§§ 636, 326 V) **(4) Kein Rücktrittsausschluss** wegen Unerheblichkeit des Mangels (§§ 636, 323 V 2) oder überwiegender Verantwortung des Bestellers für den Mangel (§§ 636, 323 VI) **(5) Erklärung des Rücktritts** gegenüber dem Unternehmer (§ 349)

Rechtsfolge: Die empfangenen Leistungen sind zurückzugewähren, soweit dies nicht mehr möglich ist, ist Wertersatz zu leisten (§§ 346 ff.).

Statt vom Vertrag zurückzutreten, kann der Besteller auch mindern. Die Minderung ist auch bei unerheblichem Mangel möglich.

Anspruch des Bestellers auf Minderung aus §§ 634 Nr. 3, 638:
(1) Wirksamer Werkvertrag (§ 631) *vgl. oben* **(2) Werk ist mangelhaft** (§§ 633, 634) **(3) Angemessene Frist zur Nachbesserung erfolglos abgelaufen** (§ 638 I, 636, 323 I), sofern nicht entbehrlich (§§ 638 I, 636, 323 II) *vgl. Rücktritt* **(4) Minderungserklärung** dem Unternehmer gegenüber (§ 638)

Rechtsfolge: Herabsetzung des Werklohnes (§ 638 I) bzw. Rückerstattung des Minderungsbetrages (§ 638 IV), Berechnung der Minderung nach § 638 III

Beim Schadensersatz ist wie im Kaufvertragsrecht zwischen behebbaren und unbehebbaren Mangelschaden sowie Mangelfolgeschaden zu unterscheiden.

Schadensersatzanspruch des Bestellers bei ***behebbarem Mangel*** aus §§ 634 Nr. 4, **281:**
(1) Wirksamer Werkvertrag (§ 631) **(2) Werk ist mangelhaft** (§§ 633, 634) **(3) Angemessene Frist zur Nacherfüllung erfolglos abgelaufen** (§§ 636, 281 I), Ausnahme: Frist entbehrlich nach §§ 636, § 281 II, 323 II bzw. 326 V, *vgl. Rücktritt* **(4) Vertretenmüssen** des Mangels (§§ 280 I 2, 276, 278) **(5) Schaden** aufgrund des Mangels (§ 280 I 1)

Bei der Rechtsfolge spielt die Erheblichkeit des Mangels eine Rolle:

- Bei ***erheblichem Mangel*** (§ 281 I 1) Schadensersatz statt der Leistung (großer SE)
- Bei ***unerheblichem Mangel*** (§ 281 I 3) Schadensersatz neben der Leistung (kleiner SE)

Schadensersatzanspruch des Bestellers bei ***unbehebbarem Mangel*** aus §§ 634 Nr. 4, **283**:
(1) Wirksamer Werkvertrag (§ 631) **(2) Werk ist mangelhaft** (§§ 633, 634) **(3) Nachbesserung unmöglich** (§ 283) **(4) Vertretenmüssen** des Mangels (§§ 280 I 2, 276, 278) **(5) Schaden** aufgrund des Mangels (§ 280 I 1)

Bei der Rechtsfolge spielt die Erheblichkeit des Mangels ebenfalls eine Rolle:

- Bei ***erheblichem Mangel*** (§ 281 I 1) Schadensersatz statt der Leistung (großer SE)
- Bei ***unerheblichem Mangel*** (§ 281 I 3) Schadensersatz neben der Leistung (kleiner SE)

Anspruch auf Ersatz des Mangelfolgeschaden aus §§ 634 Nr. 4, **280 I**:
(1) Wirksamer Werkvertrag (§ 631) **(2) Werk ist mangelhaft** (§§ 633, 634) **(3) Rechtsgutverletzung** beim Käufer (Leben, Gesundheit, Eigentum) **(4) Vertretenmüssen** des Mangels (§§ 280 I, 276, 278) **(5) Folgeschaden** aufgrund mangelhafter Herstellung (§ 280 I 1)

Rechtsfolge: Ersatz aller Vermögensnachteile über Mangelschaden hinaus (§§ 280 I, 249 ff.)

c) Ansprüche wegen sonstiger Leistungsstörungen

Handelt es sich *nicht* um ein Gewährleistungsrecht aus Kaufvertrag (§ 437) oder aus Werkvertrag (§ 634), kommen andere Ansprüche wegen sonstiger Leistungsstörungen in Betracht. Will der Anspruchsteller Schadensersatz, ist auch hier immer vorab zu überlegen, ob Schadensersatz ***neben*** dem Erfüllungsanspruch oder ***statt*** der Leistung geltend gemacht wird.

Schadensersatz ***neben*** Erfüllung wegen Schlechtleistung aus **§ 280 I**:
(1) Wirksamer Vertrag (§§ 145 ff) oder gesetzliches Schuldverhältnis **(2) Verletzung einer Hauptpflicht, einer leistungsbezogenen Nebenpflicht** (§ 242) **oder einer leistungsunabhängigen Nebenpflicht** (§ 241 II) *vgl. Teil B IV. 4. a)* **(3) Rechtsgutverletzung** beim Gläubiger dadurch entstanden (Leben, Eigentum etc.) **(4) Vertretenmüssen** der Pflichtverletzung (§§ 280 I 2, 276, 278) **(5) Schaden aufgrund der Pflichtverletzung** (§ 280 I 1)

Rechtsfolge: Schadensersatz gemäß §§ 280 I, 249 ff.

Schadensersatzansprüche können sich aus pVV, c.i.c., Verzug und Unmöglichkeit ergeben.

Schadensersatz ***statt*** der Leistung wegen Schlechtleistung aus § 280 I, **281:**
(1) Wirksamer Vertrag (§§ 145 ff.) oder gesetzliches Schuldverhältnis **(2) Verletzung einer Hauptleistungspflicht** bzw. einer **leistungsbezogenen Nebenpflicht aus § 242** **(3) Angemessene Frist zur ordnungsgemäßen Erfüllung der Leistung** (§ 281 I) Ausnahme: Frist entbehrlich (§ 281 II) **(4) Vertretenmüssen** der Pflichtverletzung (§§ 280 I 2, 276, 278) **(5) Schaden** aufgrund der Pflichtverletzung (§ 280 I 1) **(6) Kein Ausschluss** wegen Unerheblichkeit der Pflichtverletzung (§ 281 I 3)

Rechtsfolgen: Schadensersatz statt der Leistung gemäß §§ 281, 249 ff.
Erfüllungsanspruch erlischt gemäß § 281 IV
Anspruch auf Rückgewähr des Geleisteten gemäß § 281 V

Schadensersatz ***statt*** der Leistung wegen Nebenpflichtverletzung aus §§ 280 I, **282**:
(1) Wirksamer Vertrag (§§ 145 ff.) oder gesetzliches Schuldverhältnis **(2) Verletzung einer Nebenpflicht aus § 241 II** (Rücksichtnahmepflicht) **(3) Unzumutbarkeit** der Leistung für den Gläubiger **(4) Vertretenmüssen** der Pflichtverletzung (§§ 280 I 2, 276, 278) **(5) Schaden** aufgrund der Pflichtverletzung (§ 280 I 1)

Rechtsfolge: Schadensersatz statt der Leistung gemäß §§ 282, 249 ff. *wie oben*

Schadensersatz bei Verletzung einer vorvertraglichen Pflicht aus §§ 280 I, **311 II**:
(1) Vorvertragliches Schuldverhältnis (§ 311 II oder III) **(2) Verletzung einer vorvertraglichen Pflicht** (Obhutspflicht, Aufklärungspflicht, Verkehrssicherungspflicht, Pflicht, den Vertrag nicht schuldhaft zu verhindern) **(3) Vertretenmüssen** der Pflichtverletzung (§§ 280 I 2, 276, 278) **(4) Schaden** aufgrund der Pflichtverletzung (§ 280 I 1)

Rechtsfolge: Ersatz des Vertrauensschadens gemäß §§ 280, 249 ff. *vgl. Teil B, V 2. d)*

Ersatz des Verzugsschadens ***neben*** der Leistung aus §§ 280 II, **286**:
(1) Wirksamer Vertrag (§§ 145 ff.) oder gesetzliches Schuldverhältnis **(2) Fälligkeit der Leistung** (§ 271) **(3) Mahnung** (§ 286 I, III), soweit nicht entbehrlich (§ 286 II) **(4) Schuldner leistet nicht** **(5) Vertretenmüssen** der Nichtleistung (§§ 286 IV, 276, 278) **(6) Schaden** aufgrund des Verzuges (§ 280 I 1)

Rechtsfolge: Ersatz des durch den Verzug entstandenen Schadens gemäß §§ 286, 249 ff.

Schadensersatz ***statt*** der Leistung wegen verspäteter Leistung aus §§ 280 III, **281**:
(1) Wirksamer Vertrag (§§ 145 ff.) oder gesetzliches Schuldverhältnis **(2) Angemessene Frist zur Leistung erfolglos abgelaufen** (§ 281 I bzw. II) **(3) Vertretenmüssen** der Verspätung (§§ 280 I 2, 276, 278) **(4) Schaden** aufgrund der Verzögerung (§ 280 I 1)

Rechtsfolge: Schadensersatz statt der Leistung gemäß §§ 281, 249 ff.

Schadensersatz statt der Leistung bei nachträglicher Unmöglichkeit aus §§ 280 III, **283**:
(1) Wirksamer Vertrag (§§ 145 ff.) oder gesetzliches Schuldverhältnis **(2) Unmöglichkeit der Leistung** aus tatsächlichen Gründen (§ 275 I), aus faktischen oder persönlichen Gründen (§ 275 II und III) **(3) Vertretenmüssen** der Unmöglichkeit (§§ 280 I 2, 276, 278) **(4) Schaden** aufgrund des Leistungshindernisses (§ 280 I 1)

Rechtsfolge: Schadensersatz statt der Leistung gemäß §§ 283, 249 ff.
Anspruch auf Rückgewähr des Geleisteten gemäß § 281 V

Schadensersatz statt der Leistung bei anfänglicher Unmöglichkeit aus **§ 311 a II**:
(1) Wirksamer Vertrag (§§ 145 ff.) **(2) Unmöglichkeit bereits bei Vertragsschluss** (§ 311 a I) **(3) Vertretenmüssen** der Unmöglichkeit (§§ 311 a II, 276, 278), d.h. bei Kennen oder Kennenmüssen des anfänglichen Leistungshindernisses **(4) Schaden** aufgrund des Leistungshindernisses (§ 280 I 1)

Rechtsfolge: Schadensersatz statt der Leistung gemäß §§ 311 a II, 249 ff.

2. Außervertragliche Ansprüche

Kommen keine vertraglichen Ansprüche in Betracht, so ist gedanklich zu prüfen, ob der Anspruchsteller einen bereicherungsrechtlichen oder deliktischen Anspruch geltend macht.

a) Ansprüche aus ungerechtfertigter Bereicherung

Anspruch auf Herausgabe des Erlangten gegen den Bereicherten aus **§ 812**:
(1) Vermögensvorteil des Anspruchsgegners **(2) auf Kosten** des Anspruchstellers **(3) durch Leistung** oder **in sonstiger Weise** **(4) ohne Rechtsgrund** (ohne vertragliche oder gesetzliche Rechtsgrundlage)

Rechtsfolge: Bereicherte hat dem Berechtigten das Erlangte gemäß §§ 812, 818 herausgeben

Anspruch auf Herausgabe des Erlangten gegen den Nichtberechtigten aus **§ 816 I 1**:
(1) Nichtberechtigter trifft eine Verfügung **(2) Nichtberechtigter erhält eine Gegenleistung** **(3) Verfügung ist wirksam** z.B. bei gutgläubigen Erwerb (§ 932) oder bei Genehmigung durch den Berechtigten (§ 185)

Rechtsfolge: Verfügende hat das Erlangte nach §§ 816 I 1, 818 herauszugeben

Anspruch auf Herausgabe des Erlangten gegen den Beschenkten aus **§ 818 I 2**:
(1) Nichtberechtigter trifft eine Verfügung **(2) Verfügung erfolgt unentgeltlich** (ohne Gegenleistung) **(3) Anspruchsgegner hat einen rechtlichen Vorteil erlangt** (Eigentum, Besitz)

Rechtsfolge: Beschenkte hat das durch die Schenkung Erlangte an den Berechtigten gemäß §§ 816 I 2, 818 herauszugeben

b) Ansprüche aus unerlaubter Handlung

Die wichtigste deliktische Anspruchsgrundlage ist § 823 die einen außervertraglichen Schadensersatzanspruch dem Geschädigten zugesteht, wenn eine rechtswidrige Handlung eine Rechtsgutverletzung und einen Schaden verursacht hat.

Schadensersatzanspruch des Geschädigten gegen den Schädiger aus **§ 823 I**:
(1) **Verletzungshandlung** (Tun oder Unterlassen) (2) **Rechtsgutverletzung** beim Geschädigten (Leben, Gesundheit, Eigentum etc.) (3) **kausal verursachter Schaden** (4) **Rechtswidrigkeit**, sofern keine Rechtfertigungsgründe (Notwehr, Notstand) (5) **Verschulden** (Verschuldensfähigkeit nach §§ 827, 828 sowie Vorsatz oder Fahrlässigkeit nach § 276)

Rechtsfolge: Anspruch auf Schadensersatz gemäß §§ 823, 249 ff.

Schadensersatzanspruch wegen Auswahlverschulden aus **§ 831**:
(1) **Verrichtungsgehilfe** (2) **Schaden verursacht** (§ 823 objektiv erfüllt) (2) **in Ausführung der übertragenen Tätigkeit** (3) **Geschäftsherrn trifft ein Auswahlverschulden** (4) **Kein Haftungsausschluss** (§ 831 I 2)

Rechtsfolge: Geschädigte hat einen Anspruch auf Schadensersatz gegen den Geschäftsherrn gemäß den §§ 831, 249 ff.

Schadensersatzanspruch wegen Verletzung der Aufsichtspflicht aus **§ 832**:
(1) **Aufsichtsbedürftige** (Kinder, gebrechliche und verwirrte Erwachsene) (2) **Schaden verursacht** (§ 823 objektiv erfüllt) (3) **Verletzung der Aufsichtspflicht** (4) **durch den Aufsichtspflichtigen** (Eltern, vertraglich bestimmte Aufsichtspersonen) (5) **Kein Haftungsausschluss** (§ 832 I 2)

Rechtsfolge: Geschädigte hat einen Anspruch auf Schadensersatz gegen den Aufsichtspflichtigen gemäß §§ 832, 249 ff.

b) Anspruch des Eigentümers gegen den Besitzer

Dem Eigentümer steht auch das Besitzrecht an seiner Sache zu. Wird ihm dieses vorenthalten ohne dass der Besitzer ein Recht zum Besitz hat, dann kann er die Herausgabe des Besitzes verlangen.

Anspruch des Eigentümers gegen den Besitzer auf Herausgabe der Sache aus **§ 985**:
(1) **Anspruchsteller ist Eigentümer** geblieben und hat sein Eigentum nicht verloren durch gutgläubigen Erwerb (§ 932) (2) **Anspruchsgegner ist Besitzer** und hat kein Recht zum Besitz (§ 986) z.B. Miete

Rechtsfolge: Eigentümer hat einen Anspruch auf Herausgabe der Sache gemäß § 985

III. Prüfungsschema bei Fällen mit Allgemeinen Geschäftsbedingungen

Eine AGB-Prüfung findet immer nur anhand einer ***konkreten Klausel*** statt, deren Rechtsfolge im gerade behandelten Klausurzusammenhang an einem ***bestimmtem Prüfungspunkt*** Sinn macht. Die AGB-Klausel darf nur dort geprüft werden, wo es in der Klausur auf die in der AGB-Klausel geregelte Rechtsfolge ankommt. Dabei sind nur die AGB-Klauseln zu überprüfen, die eine Rolle für die aufgeworfene Rechtsfrage spielen. Schließt eine Klausel beispielsweise die Haftung für Fahrlässigkeit aus, ist sie beim Verschulden zu prüfen. Schränkt sie hingegen den Schadensumfang ein, so ist sie erst zu prüfen, wenn der Schadensersatzanspruch als solcher feststeht und es nur noch um die Höhe des Anspruches geht.

Prüfungsreihenfolge:

(1) Anwendbarkeit der AGB-Vorschriften (§ 310 IV)

Sind die AGB-Vorschriften überhaupt anwendbar? (Frage des sachlicher Anwendungsbereichs)
Auf Verträge, die dem Erb-, Familien- und Gesellschaftsrecht zuzuordnen sind, sowie auf Tarifverträge oder Betriebsvereinbarungen finden die AGB-Vorschriften nämlich keine Anwendung.

(2) Einstufung der betreffenden Klausel als AGB (§ 305 I)

Handelt es sich bei der Klausel begrifflich überhaupt um eine Allgemeine Geschäftsbedingung? Dies ist beispielsweise nicht der Fall, wenn die Parteien die Vertragsbedingungen im Einzelnen ausgehandelt haben. Bei Verbraucherverträgen zwischen Unternehmer und Verbraucher ist § 310 III noch zu beachten.

(3) Vorrang vor Individualabreden (§ 305 b)

Die individuell ausgehandelte Abrede hat Vorrang vor AGB.

(4) Einbeziehung in den Vertrag (§ 305 II)

Die AGB werden nur dann Vertragsbestandteil, wenn die Voraussetzungen des § 305 II gegeben sind, oder eine Privilegierung nach § 305 a vorliegt.

(5) Keine Überraschungsklausel (§ 305 c)

Nur, wenn die Klausel Vertragsbestandteil geworden ist, erfolgt die Inhaltskontrolle nach §§ 307 - 309:

(6) Inhaltskontrolle

a) Unwirksamkeit nach § 309

Fällt die Klausel unter ein Verbot ohne Wertungsmöglichkeit? Zu achten ist hier auf § 310 I und II.

b) Unwirksamkeit nach § 308

Fällt die Klausel unter ein Verbot mit Wertungsmöglichkeit? Zu achten ist auf § 310 I und II.

c) Unwirksamkeit nach § 307

Liegt eine sonstige unangemessene Benachteiligung im Sinne des § 307 vor?

Ist die geprüfte Klausel unwirksam, dann treten die Rechtsfolgen des § 306 ein:

Die unwirksame Klausel wird nach Abs. 2 durch die gesetzliche Regelung ersetzt. Ist ein Festhalten am Vertrag unzumutbar, ist dieser nach Abs. 3 insgesamt unwirksam.

IV. Beispiele einer Falllösung

Fall 1

K, Inhaber eines Sportgeschäftes, kauft wegen des bevorstehenden Weihnachtsgeschäftes beim Hersteller V am 1. Dezember 100 Snowboards. Es wird schriftlich vereinbart, dass die Bretter „spätestens am 12. Dezember bei K angeliefert sein sollen". Durch ein grobes Versehen des Angestellten A, den V mit der Erledigung der Angelegenheit betraut hat, treffen die Snowboards erst am 27. Dezember bei K ein. In der Zeit vom 12. Dezember bis Weihnachten sind nachweislich 10 Kunden bei K gewesen, die je ein Snowboard des bei V bestellten Typs kaufen wollten und, weil K keine vorrätig hatte, beim Konkurrenten des K gekauft haben. Dadurch hat K nachweislich eine Gewinneinbuße von 1.200 € (120 € pro Brett) hinnehmen müssen. Da die Wintersaison jedoch noch nicht vorüber ist, will K an dem mit V geschlossenen Vertrag festhalten. Kann K seinen Verdienstausfall von V ersetzt verlangen?

Lösung Fall 1

K könnte von V Ersatz seines Verdienstausfalles in Höhe von 1.200 € gemäß §§ 286, 280 II BGB verlangen, wenn V mit der Erfüllung seiner Leistungspflicht in Verzug geraten ist.

(1) Voraussetzung ist zunächst einmal, dass V und K einen ***wirksamen Kaufvertrag*** gemäß § 433 BGB geschlossen haben, aus dem sich ein Anspruch auf Lieferung von 100 Snowboards ergibt. Ein Vertrag setzt zwei übereinstimmende Willenserklärungen gemäß §§ 145 ff. voraus. V und K haben sich schriftlich über die Lieferung von 100 Snowboards geeinigt. Es liegt somit ein wirksamer Kaufvertrag vor.

(2) Weiterhin müsste V mit seiner Leistung ***in Verzug*** geraten sein. Verzug setzt nach § 286 I 1 BGB Fälligkeit und Mahnung voraus. Als Liefertermin war der 12. Dezember vereinbart, so dass die Leistung auch *fällig* geworden ist. Eine *Mahnung* ist hingegen nicht erfolgt. Diese könnte aber gemäß § 286 II Nr.1 BGB *entbehrlich* sein, wenn für die Leistung eine Zeit nach dem Kalender bestimmt worden ist (sog. Kalendergeschäft). Da als Liefertermin der 12. Dezember vereinbart wurde, war eine Mahnung nicht erforderlich. Nach Ablauf des vereinbarten Liefertermins befand sich V daher in Verzug.

(3) Des Weiteren müsste V den ***Verzug*** gemäß § 286 IV BGB ***zu vertreten*** haben. Grundsätzlich haftet der Schuldner für eigenes Verschulden gemäß § 276 BGB. V hat aber vorliegend nicht selbst gehandelt, sondern seinen Angestellten A mit der Sache betraut. Fraglich ist daher, ob ihm dessen Verschulden gleichwohl zur Last gelegt werden kann. Nach § 278 BGB haftet V auch für Vorsatz und Fahrlässigkeit seines Erfüllungsgehilfen. Da A als Angestellter in Erfüllung des Kaufvertrages für V gehandelt hat, ist er Erfüllungsgehilfe des V. Da A durch grobes Versehen die Lieferung verspätet hat, hat er gegen seine Sorgfaltspflichten verstoßen. V hat diese grobe Fahrlässigkeit wie eigenes Verschulden nach § 276 BGB zu vertreten.

(4) Dem K müsste durch die verspätete Leistung des V ein ***Schaden*** i.S. des § 280 I 1 BGB entstanden sein, dessen Umfang sich aus den §§ 249 ff. BGB ergibt. Danach ist auch der entgangene Gewinn gemäß § 252 Abs. 1 BGB zu ersetzen. K hätte bei vertragsgemäßer Erfüllung 10 Schneebretter verkaufen können und einen Gewinn von 1.200 € gemacht. Dieser Schaden ist aufgrund des von V zu vertretenden Verzuges entstanden, so dass dem K ein Verzugsschaden entstanden ist.

Ergebnis: K kann seinen Verdienstausfall in Höhe von 1.200 € von V gemäß §§ 286, 280 II, 252 ersetzt verlangen.

Fall 2

A, gerade 18 Jahre alt geworden, wirft am Silvesterabend einen angezündeten Feuerwerkskörper durch ein offenes Fenster in die Wohnung seines Nachbarn N, um diesen einen Schreck einzujagen. In der Wohnung des N, der gar nicht anwesend ist, bricht ein Feuer aus, das einen Teil der Wohnungseinrichtung zerstört. Das Sofa, der Wohnzimmerteppich sowie der Couchtisch sind unbrauchbar geworden. Auf 6.200 € belaufen sich die Kosten für den Ersatz gleichwertigen Inventars. Durch das Löschwasser der Feuerwehr ist außerdem ein Schaden an den Wänden - die neu tapeziert werden müssen - in Höhe von 300 € entstanden. A wendet ein, er habe nichts beschädigen wollen und für den Schaden durch die Feuerwehr könne er nun wirklich nichts. N verlangt aber Zahlung in voller Höhe. Hat N gegen A einen Anspruch in Höhe von 6.500 € ?

Lösung Fall 2

N könnte gegen A einen Schadensersatzanspruch in Höhe von 6.500 € gemäß § 823 I BGB haben.

(1) Dafür müsste objektiv zunächst einmal eine ***Handlung*** des A zu einer ***Rechtsgutverletzung*** des N geführt haben. Dadurch dass A den Feuerwerkskörper in das offene Fenster des N warf, verbrannte ein Teil der Wohnungseinrichtung, die dem N gehörte. Durch diese Handlung wurde also das ***Eigentum*** des N verletzt, das in § 823 I BGB ausdrücklich als Rechtsgut geschützt ist.

(2) Des Weiteren müsste durch die Verletzungshandlung des A ein ***Schaden kausal verursacht*** worden sein, d.h. das Hineinwerfen des Feuerwerkskörpers müsste für die Entstehung eines Schadens ursächlich geworden sein. Dies ist immer dann der Fall, wenn die Handlung nicht hinweggedacht werden kann, ohne dass das Entstehen des Schadens entfiele. Hätte A den Feuerwerkskörper nicht hineingeworfen, hätten Teile der Wohnung nicht Feuer gefangen und die Feuerwehr hätte nicht löschen müssen. Das Handeln des A ist also auch für den Schaden ursächlich geworden, der durch das Löschwasser der Feuerwehr entstanden ist.

(3) Weiterhin ist erforderlich, dass A widerrechtlich gehandelt hat. Die ***Rechtswidrigkeit*** der Tat wird durch die Rechtsgutverletzung indiziert, d.h. das Hineinwerfen des Feuerwerkskörpers ist dann rechtswidrig, wenn hierfür keine Rechtfertigungsgründe gegeben sind. Da die Tat nicht gerechtfertigt war, liegt Rechtswidrigkeit als weiteres Tatbestandsmerkmal vor.

(4) In subjektiver Hinsicht ist für die Haftung des A ***Verschulden*** erforderlich. Bezüglich des Verschuldensgrades setzt § 823 I BGB Vorsatz oder Fahrlässigkeit voraus. Fraglich ist, ob A vorsätzlich das Eigentum des N verletzt hat. Zwar hat er vorsätzlich den Feuerwerkskörper durch das offene Fenster geworfen, eine Inbrandsetzung war damit aber nicht gewollt. Er wollte seinen Nachbarn lediglich einen Schreck einjagen. In Betracht kommt daher Fahrlässigkeit. Fahrlässig handelt gemäß § 276 II BGB, wer die im Verkehr erforderliche Sorgfalt außer Acht lässt. Dabei kommt es darauf an, was von einer Person gleichen Alters und durchschnittlichen Erkenntnisvermögens in der konkreten Situation erwarten werden kann. A hätte voraussehen können, dass ein explodierender Feuerwerkskörper in einer Wohnung sich entzünden und brennbare Stoffe in Brand setzen kann. Er hätte also mit dem Brand bei sorgfältiger Überlegung rechnen müssen. Somit hat A fahrlässig gehandelt. Da A mit 18 Jahren gemäß § 2 BGB volljährig ist, steht seine Verschuldensfähigkeit i.S. des § 828 BGB außer Frage.

(5) Für den ***Schadensumfang*** gelten die §§ 249 ff. BGB. Zu ersetzen ist der Betrag, der für die Wiederherstellung des vorherigen Zustandes der Wohnung erforderlich ist (§ 249 S. 2 BGB). Dazu gehören die Kosten in Höhe von 6.200 € für den Ersatz der zerstörten Möbel und die Kosten für die Tapezierarbeiten in Höhe von 300 €, die infolge der Brandlöschung entstanden sind.

Ergebnis: N kann von A Schadensersatz i.H.v. 6.500 € gemäß §§ 823, 249 BGB verlangen.

Fall 3

V hat dem K, der einen Copy-Shop in der Nähe der Universität betreibt, einen Fotokopierer für 2.000 € auf Rechnung verkauft. Nachdem V den Kopierer bei K am 15. September abgeliefert hat, stellt K gleich bei den ersten Kopiervorgängen fest, dass das Gerät auf den Kopien schwarze Streifen hinterlässt. K rügt dies sofort bei V und verlangt die Lieferung eines einwandfrei funktionierenden Kopierers. Da am 1. Oktober das Studium an der Uni wieder aufgenommen wird, setzt K ihm hierfür eine Frist bis zum 27. September per Fax. V liefert ihm trotz Zusage bis dahin kein Ersatzgerät. Da K mittlerweile von betrieblichen Schwierigkeiten des V gehört hat, will er jetzt lieber vom Vertrag zurücktreten und sich anderweitig mit einem Kopiergerät eindecken. Hat K einen entsprechenden Anspruch gegen V?

Lösung Fall 3

K hat gegen V einen Anspruch auf Rücktritt vom Kaufvertrag gemäß §§ 437 Nr. 2, 440 BGB, wenn die entsprechenden Voraussetzungen erfüllt sind.

(1) Zunächst müsste ein ***wirksamer Kaufvertrag*** gemäß § 433 BGB zwischen V und K zustande gekommen sein. Dies ist laut Sachverhalt der Fall, da V und K sich über den Kauf eines Fotokopiergerätes zum Kaufpreis von 2.000 € gemäß §§ 145 ff. BGB geeinigt haben. Danach ist K zur Kaufpreiszahlung verpflichtet und V ist nach § 433 I 2 BGB verpflichtet, dem K die verkaufte Sache frei von Sach- und Rechtsmängeln zu verschaffen.

(2) Weitere Voraussetzung ist daher, dass das Kopiergerät im ***Zeitpunkt des Gefahrübergangs***, d.h. vorliegend bei Übergabe gemäß § 446 BGB mit einem ***Mangel*** im Sinne des § 434 BGB behaftet war. Fraglich ist daher, ob es sich bei einem Kopierer, der auf den Kopien schwarze Streifen hinterlässt und einen Mangel handelt. Da bezüglich dieser Eigenschaft nichts vereinbart wurde, kommt ein Mangel i.S. des § 434 I 2 Nr. 2 BGB in Betracht. Danach ist die Sache dann frei von Sachmängeln, wenn sie sich für die gewöhnliche Verwendung eignet und eine Beschaffenheit aufweist, die bei Sachen der gleichen Art üblich ist und die der Käufer bei solchen Sachen erwarten darf. Gewöhnlicherweise sind nach einem Kopiervorgang keine schwarzen Streifen auf der Kopie vorhanden und auch nicht üblich. Ein Käufer eines neuen Fotokopiergerätes darf erwarten, dass die Kopie lediglich das, was auf dem Original zu sehen ist, wiedergibt und keine zusätzlichen Kopierstreifen aufweist. Es liegt daher ein Sachmangel gemäß § 434 I 2 Nr. 2 BGB vor.

(3) Von diesem Mangel dürfte der Käufer im Zeitpunkt des Vertragsschlusses gemäß § 442 BGB ***keine Kenntnis*** gehabt haben. Anhaltspunkte hierfür liegen nicht vor, so dass dieser Ausschlussgrund nicht gegeben ist.

(4) Weiterhin müsste K dem V eine ***angemessene Frist zur Nacherfüllung*** gemäß 323 I BGB gesetzt haben, die ***erfolglos abgelaufen*** ist. K hat den Mangel sofort nach Anlieferung gerügt und V zur Ersatzlieferung bis spätestens 27. September aufgefordert. Die Lieferung eines Ersatzgerätes binnen 12 Tagen ist angemessen, da sie angesichts der Tatsache, dass V die Nacherfüllung zusagt, durchaus machbar erscheint. Die Frist ist daher angemessen gewesen. Da V bis zum 27. September kein Ersatzgerät geliefert hat, ist die gesetzte Frist erfolglos verstrichen.

(5) Der ***Rücktritt darf nicht ausgeschlossen sein***. Eine Verletzung der Untersuchungs- und Rügepflicht gemäß § 377 HGB liegt nicht vor, da K den Mangel noch am Tag der Ablieferung am 15. September festgestellt und unverzüglich gerügt hat. Fraglich ist, ob der Rücktritt wegen Unerheblichkeit des Mangels nach § 323 V 2 BGB oder wegen überwiegendem Verantwortung des Käufers nach § 323 VI BGB ausgeschlossen ist. Da schwarze Streifen die Lesbarkeit und den ästhetischen Anspruch an eine Kopie nicht nur geringfügig beeinträchtigen, ist der Mangel nicht unerheblich. Ein Verschulden des Käufers an den Streifen oder Annahmeverzug des K liegt laut Sachverhalt nicht vor, so dass der Rücktritt nicht ausgeschlossen ist.

Ergebnis: K kann von dem mit V geschlossenen Kaufvertrag gemäß den §§ 437 Nr. 2, 440, 323 I BGB zurücktreten.

Fall 4

Geschäftsmann G beabsichtigt, vom 20. bis 28. September auf der INTERBOOT in Friedrichshafen seine Produkte auszustellen. Nachdem ihm wegen einer Trunkenheitsfahrt der Führerschein genommen wurde, will er ein Zimmer im Hotel Hirsch buchen, das nur 5 Gehminuten vom Messegelände entfernt ist. G ruft daher im Hotel an und lässt sich für die Dauer der Messe ein Einzelzimmer mit Frühstück für 80 € die Nacht reservieren. Rezeptionistin E, die den Anruf entgegennimmt, vergisst im Trubel, der zu diesem Zeitpunkt am Empfang herrscht, die Buchung ins Gästebuch einzutragen.

Als G schließlich am 20. September im Hotel erscheint, stellt sich heraus, dass alle Zimmer belegt sind und ihm keines zur Verfügung gestellt werden kann. Wegen der gerade stattfindenden Messe sind praktisch alle Unterkünfte in Friedrichshafen ausgebucht. Schließlich findet er nach langer Suche ein Hotel, das aufgrund der Stornierung eines Gastes noch ein Einzelzimmer frei hat. Allerdings muss G für das Zimmer 120 € pro Übernachtung bezahlen. Da ihm nichts anderes übrig bleibt, nimmt er das Zimmer. Wegen der Entfernung zum Messegelände hat er täglich Fahrtkosten in Höhe von 10 €. G möchte wissen, ob er die Mehrkosten für das Zimmer in Höhe von 320 € sowie die Fahrtkosten von 80 € vom Hotelier H ersetzt verlangen kann. H wendet ein, es sei ja überhaupt kein Vertrag zwischen ihm und G zustande gekommen.

Lösung Fall 4

G könnte gegen das Hotel Central (H) einen Schadensersatzanspruch wegen Unmöglichkeit der Leistung gemäß §§ 283, 280 III BGB haben.

(1) Voraussetzung wäre zunächst, dass zwischen G und H ein ***Beherbergungsvertrag*** gemäß § 535 BGB zustande gekommen ist. Dies setzt voraus, dass sich die Vertragsparteien bezüglich der Überlassung eines Hotelzimmers zu einem bestimmten Preis geeinigt haben. H selbst hat aber keine Willenserklärung abgegeben, wie er einwendet. Ein Vertrag mit ihm kommt nur dann zustande, wenn ihn E als ***Stellvertreterin*** wirksam nach § 164 BGB verpflichtet hat. Das setzt voraus, dass E eine Willenserklärung für H abgegeben hat (sog. Offenkundigkeitsprinzip) und mit dessen Vollmacht gehandelt hat. Da sie erkennbar für das Hotel und nicht für sich die Annahme des Buchungsantrages des G erklärt hat und aufgrund ihrer Anstellung als Rezeptionistin auch dazu bevollmächtigt war, wirkt nach § 164 I BGB ihre Willenserklärung für und gegen H. Danach kam ein Vertrag mit dem von G und E telefonisch festgelegtem Inhalt zwischen G und H zustande. Vertragsinhalt wurde daher die Überlassung eines Einzelzimmers für 8 Übernachtungen zum Preis von 80 € pro Nacht.

(2) Weitere Voraussetzung für den Schadensersatzanspruch des G ist, dass H eine Vertragspflicht im Sinne des § 280 I BGB verletzt hat. Dies ist dann der Fall, wenn ihm die ***Leistung***, zu der er sich verpflichtet hat, nach § 275 BGB ***unmöglich geworden*** ist. H schuldet die Bereitstellung eines Einzelzimmers für die Dauer der Messe. Durch die Überbuchung des Hotels ist dies dem H nicht möglich. Die Unmöglichkeit stellt eine Pflichtverletzung des Vertrages dar.

(3) Der Schadensersatzanspruch des G setzt weiter voraus, dass H die ***Pflichtverletzung*** (Überbelegung) nach § 280 I 2 BGB auch ***zu vertreten*** hat. Gemäß § 276 BGB hat der Schuldner einer Leistung die Pflichtverletzung bei Vorsatz, Fahrlässigkeit oder Garantieübernahme zu vertreten. Hier hat aber nicht H, sondern E die Überbelegung verursacht. Nach § 278 BGB haftet H jedoch für das Verschulden seiner Erfüllungsgehilfen genauso wie für eigenes Verschulden. E ist als Rezeptionistin zur Erfüllung der Vertragspflichten des H angestellt worden und ist damit Erfüllungsgehilfin im Sinne des § 278 BGB. Da sie im Trubel die Buchung des G ins Gästebuch vergessen hat, hat sie die Pflichtverletzung fahrlässig verursacht. Ihr Verhalten wird daher dem H gemäß §§ 276, 278 BGB zugerechnet.

(4) Dem G müsste durch die Pflichtverletzung ein ***Schaden*** entstanden sein. Durch die Überbelegung des Hotels war er gezwungen, ein anderes (gleichwertiges) Hotel zu suchen. Wegen der Messe konnte er nur eine Übernachtungsmöglichkeit finden, die pro Nacht 40 € teuerer war. Diese Mehrkosten in Höhe von (8 x 40 €) 320 €

sind auf die Überbelegung zurückzuführen und somit von H bzw. dessen Erfüllungsgehilfin ***kausal verursacht*** worden. Ebenso verhält es sich mit den Fahrtkosten von insgesamt 80 €, die nicht entstanden wären, wenn die vertragliche Leistung nicht unmöglich geworden wäre. Dann hätte G zu Fuß zur Messe gehen können und es wären ihm keine Fahrtkosten entstanden. Nach § 249 BGB ist G ist so zu stellen wie er bei ordnungsgemäßer Vertragserfüllung gestanden hätte, d.h. es sind ihm die Mehrkosten in Höhe von 400 € zu ersetzen.

Ergebnis: G hat gegen H wegen Unmöglichkeit der Leistung einen Anspruch auf Ersatz der Mehrkosten von insgesamt 400 € gemäß den §§ 283, 280, 249 BGB.

TEIL D: TESTFRAGEN ZU TEIL A UND B

Die Testfragen dienen der Kontrolle darüber, ob Sie den erlernten Stoff verstanden haben und rechtssystematisch richtig einordnen können. Anhand der Lösungen können Sie Ihre Antworten überprüfen und feststellen, was Sie gegebenenfalls nacharbeiten müssen. Zur Beantwortung der Fragen dürfen und sollten Sie das BGB zur Hand nehmen. Es sind mehrere richtige Antworten möglich.

I. Fragen zu Teil A

1. Welches Gesetz gehört nicht zum Privatrecht?

a) Handelsgesetzbuch
b) Bürgerliche Gesetzbuch
c) Zivilprozessordnung
d) Produkthaftungsgesetz
e) Wohnungseigentumsgesetz
f) Lohnfortzahlungsgesetz

2. Welche Beziehungen regelt das Privatrecht?

a) die Rechte und Pflichten nur von Privatpersonen
b) die Rechte und Pflichten von Privatpersonen und privatrechtlich organisierten Gruppen
c) die Rechte und Pflichten nur von privatrechtlich organisierten Gruppen (z.B. Verein, GmbH)

3. Das Bürgerliche Recht gilt

a) für alle Bürger in der BRD
b) nur für die Gesellschaften des bürgerlichen Rechts

4. Was versteht man unter dem Grundsatz der Privatautonomie?

a) die Freiheit, private Interessen durchzusetzen
b) die Freiheit, seine Rechtsverhältnisse grundsätzlich selbstbestimmt zu gestalten
c) die Freiheit, seine rechtlichen Beziehungen zu anderen frei zu regeln

5. Was bzw. welche Vorschrift schränkt die Privatautonomie nicht ein?

a) § 307 BGB
b) § 138 BGB
c) Tarifverträge
d) Art. 2 Grundgesetz
e) § 242 BGB
f) Kontrahierungszwang

6. In welchem Buch des BGB sind Vorschriften zum Kaufvertragsrecht enthalten?

a) im 1. Buch
b) im 2. Buch
c) im 3. Buch
d) im 4. Buch
e) im 5. Buch

7. Was ist ein Anspruch?

a) das Recht, von etwas Gebrauch zu machen oder in Besitz zu nehmen
b) das Recht, von jemanden ein Tun oder Unterlassen zu fordern

8. Was versteht man unter einer Anspruchsgrundlage?

a) der Paragraf, der sowohl Tatbestand als auch Rechtsfolge beinhaltet
b) die Norm, die die gewünschte Rechtsfolge ausspricht
c) die Vorschrift, die auf den Sachverhalt passt

9. Was versteht man unter einem Rechtsgeschäft?

a) das RG beruht auf einer Willenserklärung, die eine Rechtsfolge herbeiführen soll
b) das RG ist ein Geschäft, das mindestens zwei Willenserklärungen voraussetzt
c) das RG ist die Rechtsfolge, die durch die Willenserklärung gewollt war

10. Welche Rechtsgeschäfte sind mehrseitige Rechtsgeschäfte?

a) Reisevertrag
b) Kündigung
c) Anfechtung
d) Gesellschaftsvertrag
e) Dienstvertrag
f) Aufrechnungserklärung

11. Womit wird willentlich eine Rechtsfolge herbeigeführt?

a) Rechtshandlung
b) Willenserklärung
d) Realakt

12. Worin unterscheiden sich Gefälligkeitsverhältnis und Gefälligkeitsschuldverhältnis?

a) Unentgeltlichkeit
b) Erfüllungspflicht
c) Sorgfaltspflichten

13. Wer kann nicht Träger von Rechten sein?

a) Menschen
b) Tiere
c) Sachen
d) Juristische Personen

14. Ab wann ist der Mensch rechtsfähig?

a) mit Eröffnung der Geburt
b) mit Vollendung der Geburt

15. Wann endet die Rechtsfähigkeit?

a) mit dem Hirntod
b) mit dem Herztod

16. Der noch nicht geborene aber gezeugte Mensch ist

a) noch nicht rechtsfähig
b) beschränkt rechtsfähig
c) voll rechtsfähig

17. Wodurch erlangt eine juristische Person Rechtsfähigkeit?

a) durch Gründung
b) durch Eintragung

18. Besitzt die Gesellschaft bürgerlichen Rechts Rechtsfähigkeit?

a) ja, wenn sie Verträge im eigenen Namen schließt
b) nein, da sie keine juristische Person ist

19. Welche Vorschriften schützen das Recht am eigenen Bild?

a).§ 23 II Kunsturhebergesetz b) § 12 BGB c) § 823 I BGB

20. Wer muss die Abbildung seiner Person und deren Veröffentlichung dulden?

a) absolute Personen der Zeitgeschichte
b) Personen, die ihrer Abbildung zugestimmt haben
c) Personen, die im Zusammenhang mit einem bestimmten Ereignis stehen, im zeitlich unbegrenztem Rahmen

21. Bei welchem Recht handelt es sich um ein absolutes Recht?

a) Eigentumsrecht b) Kündigungsrecht c) Vorkaufsrecht

22. Was versteht man unter Geschäftsfähigkeit?

a) die Fähigkeit, ein Geschäft selbständig zu führen
b) die Fähigkeit, Träger von Rechten und Pflichten zu sein
c) die Fähigkeit, durch Willenserklärung eine bestimmte Rechtsfolge wirksam herbeizuführen

23. Wessen Willenserklärung hängt von der Zustimmung der gesetzlichen Vertreter ab?

a) die von Kindern im Alter bis 7 Jahren
b) die von geistig gestörten Erwachsenen, sofern sie Geschäfte des täglichen Lebens tätigen
c) die von Kinder im Alter von 7 bis 18 Jahren

24. Tätigt ein beschränkt Geschäftsfähiger ein Rechtsgeschäft, dann ist dieses nach § 108

a) bis zur Genehmigung schwebend wirksam
b) bis zur Genehmigung schwebend unwirksam

25. Wann ist das Rechtsgeschäft eines beschränkt Geschäftsfähigen nach § 110 wirksam?

a) wenn es für ihn wirtschaftlich vorteilhaft ist
b) wenn es für ihn keine rechtliche Verpflichtung begründet
c) wenn er den Kaufpreis mit seinem Taschengeld abzahlen kann

26. Was versteht man unter einer Willenserklärung?

a) eine Absichtserklärung, die auf einem rechtlich erheblichen Willen beruht
b) eine Erklärung, die auf die Herbeiführung einer Rechtsfolge gerichtet ist

27. Ist Schweigen eine Willenserklärung?

a) grundsätzlich ja, aber mit Ausnahmen b) grundsätzlich nein, aber mit Ausnahmen

28. Der Inhalt eines kaufmännischen Bestätigungsschreiben gilt als vereinbart, wenn

a) der Empfänger schweigt
b) der Empfänger sofort widerspricht

29. Eine empfangsbedürftige Willenserklärung ist unter Abwesenden zugegangen, wenn sie

a) in den Machtbereich des Empfängers gelangt ist und er Kenntnisnahmemöglichkeit hatte
b) den Machtbereich des Absenders in verkehrsüblicher Weise verlassen hat

30. Wann ist der Zugang jeweils erfolgt? Ordnen Sie zu!

(1) Postschließfach
(2) Telefax
(3) E-Mail
(4) Einschreibesendung

a) mit Beendigung des Druckvorgangs
b) mit Aushändigung der Benachrichtigung
c) mit Einwurf bei jederzeitiger Zugangsmöglichkeit
d) mit Abruf

31. Bei Einschaltung von Mittelspersonen bei Willenserklärungen trägt das Zugangsrisiko

a) der Absender, wenn die Mittelsperson Erklärungsbote ist
b) der Empfänger, wenn die Mittelsperson Empfangsbote ist

32. Wer ist kein Empfangsbote (und damit Erklärungsbote des Absenders)?

a) Nachbar
b) Sekretärin
c) Gärtner
d) WG-Mitbewohner
e) Rezeptionistin
f) Ehefrau
g) 12-jährige Tochter
h) Haushälterin
i) Lebenspartner

33. Wer trägt das Risiko des Zugangs bei Störung des öffentlichen Telefonnetzes?

a) der Absender
b) der Empfänger

34. Wer trägt das Risiko des Zugangs, wenn das Empfangsgerät (z.B. Telefax) defekt ist?

a) der Absender
b) der Empfänger

35. Wann führt der Widerruf einer Willenserklärung zur deren Unwirksamkeit?

a) wenn er noch vor der Willenserklärung eingeht
b) wenn er gleichzeitig eingeht
c) wenn kurz nachher eingeht

36. Wodurch kommt ein Vertrag zustande?

a) durch zwei übereinstimmende Willenserklärungen (Angebot und Annahme)
b) durch Einigung über einen bestimmten Vertragsinhalt

37. Wann kann sich ein Vertragspartner von einem wirksamen Vertrag nachträglich lösen?

a) bei Zustimmung des/der Vertragspartner
b) durch Aufhebungserklärung, wenn sie dem Vertragspartner rechtzeitig zugegangen ist
c) wenn er ein besseres Angebot von dritter Seite erhält

38. Zu den wesentlichen Bestandteilen eines annahmefähigen Angebots gehören

a) Vertragsparteien
b) Leistungsort
c) Leistungszeit
d) Leistung
e) Gegenleistung
f) Geschäftstyp
g) Angebotsfrist
h) Schriftform

39. Bei einer sog. invitatio ad offerendum handelt es sich um

a) eine unverbindliche Preisempfehlung
b) ein bindendes Angebot
c) eine Aufforderung zur Abgabe einer Willenserklärung

40. Welche Aussage ist richtig?

a) unter Anwesenden kann das Angebot innerhalb von 3 Tagen angenommen werden
b) unter Anwesenden kann das Angebot nur sofort angenommen werden
c) unter Abwesenden kann das Angebot nur innerhalb 3 Tagen angenommen werden
d) unter Abwesenden kann das Angebot innerhalb der Annahmefrist angenommen werden

41. Welche Annahme gilt nicht als neues Angebot?

a) die inhaltlich abändernde Annahme
b) die vereinfachte Annahme
c) die verspätete Annahme

42. Wodurch unterscheiden sich offener Dissens und versteckter Dissens?

a) in der Kenntnis der Parteien über den Einigungsmangel
b) in der gesetzlich vermuteten Rechtsfolge

43. Ist bei Vertragsschluss unbewusst eine Regelungslücke entstanden, dann ist nach § 157

a) der buchstäbliche Wortlaut maßgeblich und der Vertrag im Zweifel nicht geschlossen
b) entsprechend der Verkehrssitte der tatsächliche Wille erläuternd zu erforschen
c) entsprechend des hypothetischen Willen der Parteien die Lücke zu ergänzen

44. Das herrschende Prinzip der Formfreiheit besagt,

a) dass mündlich geschlossene Verträge immer wirksam sind
b) dass mündlich geschlossene Verträge grundsätzlich wirksam sind
c) dass mündlich geschlossene Verträge immer unwirksam sind

45. Welche Funktion hat hier die vorgeschriebene Form. Ordnen Sie jeweils zu:

(1) Schriftform für Bürgschaftserklärung c
(2) Notarielle Beurkundung für Grundstückskauf a
(3) Notarielle Beurkundung für Gründung einer GmbH b

a) Beratungs- und Warnfunktion
b) Gültigkeitsfunktion
c) Warnfunktion

46. Was gehört nicht zur Begriffsbestimmung von AGB nach § 305 I?

b) der Verwender hat Vertragsbedingungen fertig vorformuliert
b) der Vertragsentwurf ist für eine Vielzahl von Verträgen bestimmt
c) der Verwender hat die Vertragsbedingungen seinem Vertragspartner einseitig auferlegt
d) der Vertragspartner hat in zumutbarer Weise von ihnen Kenntnis nehmen können.

47. Auf welche Verträge finden die Vorschriften der §§ 305 - 310 keine Anwendung?

a) Mietverträge b) Erbverträge c) Darlehensverträge d) Gesellschafterverträge
e) Eheverträge f) Arbeitsverträge g) Kaufverträge g) Verbraucherverträge

48. Was ist alles erforderlich, damit AGB Vertragsinhalt werden?

a) der andere Vertragspartner muss sie vor Vertragsschluss gelesen haben
b) er muss sie ausdrücklich oder stillschweigend angenommen haben
c) er muss darauf hingewiesen worden sein oder Kenntnisnahmemöglichkeit gehabt haben
d) er muss sie verstanden und akzeptiert haben

49. Was ist die Rechtsfolge bei überraschenden Klauseln ?

a) die betreffende Klausel ist unwirksam und wird durch gesetzliche Regelung ersetzt
b) AGB sind insgesamt unwirksam und das Gesetz kommt zur Anwendung
c) die Klausel bleibt wirksam, wenn sie vor Vertragserfüllung entdeckt wird
d) die Klausel bleibt wirksam, sofern nicht die Unwirksamkeit eingeklagt wird

50. Welcher Paragraf zur Inhaltskontrolle beinhaltet den strengsten Prüfungsmaßstab?

a) § 307 b) § 308 c) § 309

51. Welcher Irrtum berechtigt nicht zur Anfechtung?

a) Eigenschaftsirrtum b) Erklärungsirrtum c) Inhaltsirrtum
d) Motivirrtum e) Übermittlungsirrtum

52. Welche Rechtsfolge löst die Anfechtung wegen arglistiger Täuschung nicht aus?

a) Nichtigkeit der Willenserklärung nach § 142
b) Schadensersatzpflicht des Anfechtenden nach § 122

53. Welche Anfechtungsfrist gilt für welche Art der Anfechtung? Ordnen Sie zu:

(1) Anfechtung wegen Irrtumserregung a
(2) Anfechtung wegen Willensbeeinflussung b

a) unverzüglich
b) binnen Jahresfrist

54. Für welchen Zeitraum wirkt die Anfechtung bei Dauerschuldverhältnissen?

a) ex nunc (ab sofort für die Zukunft) b) ex tunc (rückwirkend von Anfang an)

55. Bei der Stellvertretung nach § 164 handelt es sich um einen Fall der

a) gewillkürten Vertretung b) der gesetzlichen Vertretung
c) der mittelbaren Vertretung d) der unmittelbaren Vertretung

56. Welche Voraussetzungen müssen für eine wirksame Vertretung nach § 164 vorliegen?

a) eine fremde Willenserklärung b) eine eigene Willenserklärung
c) im fremden Namen d) im eigenen Namen
e) erteilte Vertretungsmacht f) erteilter Auftrag

57. Von welchem Grundsatz bildet das „Geschäft für den, den es angeht“ eine Ausnahme?

a) vom Grundsatz der Vertragsfreiheit
b) vom Grundsatz der Formfreiheit
c) vom Grundsatz der Offenkundigkeit

58. Wer gibt keine fremde Willenserklärung ab?

a) der Stellvertreter b) der Bote

59. Welche Wirkung hat die wirksame Stellvertretung?

a) der Vertretene kann das vom Stellvertreter getätigte Geschäft genehmigen
b) der Vertretene wird Vertragspartner
c) die Willenserklärung des Stellvertreters wirkt für und gegen diesen

60. Wer wird bei Handeln unter fremden Namen (Namenstäuschung) Vertragspartner, wenn es dem Vertragspartner auf dessen Identität nicht ankommt?

a) derjenige, der unter fremden Namen handelt
b) der wirkliche Namensträger

61. In welchem Fall kann der andere Vertragspartner anfechten?

a) Namenstäuschung
b) Identitätstäuschung

62. Wer muss sich bei der Stellvertretung geirrt haben, damit angefochten werden kann?

a) der Vertretene
b) der Stellvertreter

63. Welche Art der Vollmacht liegt jeweils vor? Ordnen Sie zu:

(1) Vollmacht wird für einzelnes Geschäft erteilt
(2) Vollmacht wird dem Vertragspartner mitgeteilt
(3) Vollmacht wird für bestimmten Geschäftsbereich erteilt
(4) Vollmacht wird für Rechtshandlungen aller Art erteilt
(5) Vollmacht wird dem Bevollmächtigtem gegenüber erteilt

a) Innenvollmacht
b) Generalvollmacht
c) Spezialvollmacht
d) Außenvollmacht
e) Gattungsvollmacht

64. Welche Merkmale treffen sowohl für Duldungs- als auch für Anscheinsvollmacht zu?

a) der Stellvertreter handelt ohne Vollmacht
b) der andere Vertragspartner (Dritte) hat hiervon keine Kenntnis
c) der Vertretene weiß vom Handeln des Stellvertreters und duldet dies
d) der Vertretene weiß nichts davon, hätte es aber erkennen und verhindern können
e) der Vertretene muss sich das Handeln des Stellvertreters zurechnen lassen

65. Handelt jemand ohne Vertretungsmacht, kann der Vertretene

a) den schwebend unwirksamen Vertrag genehmigen und so Vertragspartner werden
b) vom Vertreter ohne Vertretungsmacht Schadensersatz oder Erfüllung verlangen

66. Hatte der Vertreter keine Kenntnis vom Mangel seiner Vertretungsmacht

a) haftet er dem Dritten gegenüber überhaupt nicht
b) hat er dem Dritten den Vertrauensschaden zu ersetzen
c) hat er dem Dritten den Erfüllungsschaden zu ersetzen

67. Ordnen Sie die Begriffe zu:

(1) Innenverhältnis a
(2) Außenverhältnis b

a) bestimmt das rechtliche Dürfen
b) bestimmt das rechtliche Können

68. Wann ist ein vom Stellvertreter geschlossenes Rechtsgeschäft nach § 181 unwirksam?

a) wenn er sich als Prokurist einer Firma sein Gehalt selbst auf sein Konto überweist
b) wenn er für den Vertretenen als Stellvertreter eine Schenkung annimmt
c) wenn er als Verkaufsrepräsentant einer Firma sich selbst als Privatmann etwas verkauft
d) wenn er Schulden an die Firma, die er vertritt, zurückbezahlt

II. Fragen zu Teil B

1. Was versteht man unter einem Schuldverhältnis?

a) eine pflichtenbegründende Sonderverbindung zwischen Schuldner und Gläubiger
b) ein Rechtsverhältnis, aus dem sich Rechte und Pflichten für die Beteiligten ergeben
c) ein Gefälligkeitsverhältnis

2. Welche Begriffe passen zum Schuldner, welche zum Gläubiger. Ordnen Sie zu:

(1) Schuldner
(2) Gläubiger

a) Anspruch
b) Leistungspflicht
c) Verbindlichkeit
d) Forderung

3. Welche Schuldverhältnisse sind sog. gegenseitig verpflichtende Verträge?

a) Schenkungsvertrag
b) Kaufvertrag
c) Bürgschaftsvertrag
d) Auftrag
e) Mietvertrag
f) Gesellschaftsvertrag

4. Welches Schuldverhältnisse im engeren Sinne (Anspruch) entsteht kraft Gesetzes

a) Schadensersatzanspruch aus unerlaubter Handlung
b) Anspruch auf Kaufpreiszahlung

5. Was trifft auf den Kaufvertrag zu? Er ist

a) wichtigstes Umsatzgeschäft
b) ein schuldrechtlicher Vertrag
c) dingliches Geschäft
d) gegenseitiger Vertrag
e) ein Verpflichtungsgeschäft
f) ein Verfügungsgeschäft

6. Welches Rechtsgeschäft ist für die Eigentumsübertragung erforderlich?

a) Verpflichtungsgeschäft
b) Verfügungsgeschäft

7. Welche Begriffe entsprechen sich jeweils?

(1) dinglicher Vertrag
(2) schuldrechtlicher Vertrag

a) Verfügungsgeschäft
b) Verpflichtungsgeschäft

8. Kauft ein Minderjähriger ohne Einwilligung der Eltern ein Motorrad, so

a) ist das Verpflichtungsgeschäft unwirksam, wenn es nicht genehmigt wird
b) ist das Verfügungsgeschäft unwirksam, wenn es nicht genehmigt wird
c) ist das Verpflichtungsgeschäft wirksam, weil es für ihn rechtlich vorteilhaft ist
d) ist das Verfügungsgeschäft wirksam, weil es für ihn rechtlich vorteilhaft ist

9. Wie erfolgt in den folgenden Fällen die Eigentumsübertragung? Ordnen Sie zu:

(1) Baukran
(2) Acker
(3) Patentrecht

a) durch Einigung und Eintragung
b) durch Abtretungsvertrag
c) durch Einigung und Übergabe

10. Worum handelt es sich bei der Übergabe bzw. der Eintragung?

a) tatsächliches Handeln
b) Rechtsgeschäft

11. Was kennzeichnet die nachfolgend genannten Kaufarten? Ordnen Sie zu:

(1) Stückkauf
(2) Gattungskauf
(3) Handelskauf
(4) Verbrauchsgüterkauf

a) mindestens ein Vertragsteil ist Kaufmann
b) eine individuell festgelegte Sache wird verkauft
c) eine Privatperson kauft von einem Unternehmer
d) die verkaufte Ware ist von mittlerer Art und Güte

12. Der gesetzliche Regelfall, d.h. wenn nichts anderes vereinbart ist, ist die

a) Holschuld
b) Bringschuld
c) Schickschuld

13. In welchem Fall handelt es sich um eine Schickschuld:

a) wenn Ort der Leistungshandlung beim Gläubiger und Erfolgsort beim Schuldner liegen
b) wenn Ort der Leistungshandlung und Erfolgsort beide beim Gläubiger liegen
c) wenn Ort der Leistungshandlung beim Schuldner und Erfolgsort beim Gläubiger liegen

14. Bei welchen handelt es sich nicht um leistungsbezogene Nebenpflichten nach § 242?

a) Aushändigung von Urkunden
b) Verpackungspflicht
c) Montage
d) Verkehrssicherungspflicht
e) Gebrauchsanweisung

15. Welcher Leistungsort gilt für die Schuld des Käufers (§ 433 II)?

a) Wohnsitz des Käufers
b) Wohnsitz des Verkäufers

16. Wo tritt Erfüllung der Geldschuld ein?

a) am Wohnsitz des Gläubigers (z.B. Vermieter, Verkäufer)
b) am Wohnsitz des Schuldners (z.B. Mieter, Käufer)

17. Auf wessen Gefahr reist Geld, das geschickt wird?

a) nach § 270 IV auf Gefahr des Geldgläubigers
b) nach § 270 I auf Gefahr des Geldschuldners
c) nach § 269 I auf Gefahr des Geldschuldners

18. Welche Ansprüche ergeben sich aus welchen Anspruchsgrundlagen. Ordnen Sie zu:

(1) § 433 I
(2) § 433 II

a) Kaufpreiszahlung
b) Übereignung
c) Besitzverschaffung
d) Abnahme

19. Wer trägt grundsätzlich die Leistungsgefahr bzw. die Preisgefahr beim Kaufvertrag bei zufälligem Untergang der Sache. Ordnen Sie zu:

(1) die Leistungsgefahr
(2) die Preisgefahr

a) der Verkäufer
b) der Käufer
c) nach § 326 I
d) nach § 275

20. Wann trägt der Verkäufer bei zufälligem Untergang der Sache die Preisgefahr?

a) beim Versendungskauf, wenn eine Privatperson an einem Unternehmer verkauft
b) beim Versendungskauf, wenn eine Privatperson von einem Unternehmer kauft
c) beim Versendungskauf, wenn kein Verbrauchsgüterkauf vorliegt
d) nach Übergabe an den Käufer
e) wenn sich der Käufer mit der Annahme der Leistung in Verzug befindet

21. Wonach beurteilt sich die Frage, ob ein Sachmangel im Sinne des § 434 I 1 vorliegt?

a) nach den Vorstellungen eines Durchschnittskäufers
b) nach dem Vertragsinhalt
c) nach den Vorstellungen des Verkäufers

22. Mangels Vereinbarung über die Beschaffenheit der Kaufsache, liegt ein Mangel vor

a) wenn sie sich nicht für den vorgesehen Verwendungszweck eignet
b) wenn sie sich für die gewöhnliche Verwendung zwar eignet, der Käufer dies aber nicht erwartet hat

23. Wird eine objektiv mangelfreie aber andere als bestellte Ware geliefert, so

a) liegt kein Sachmangel vor, der Vertrag ist nur noch nicht erfüllt
b) so liegt ein Sachmangel vor, der Gewährleistungsrechte auslöst

24. Bei der Kenntnis des Käufers vom Mangel kommt es auf welchen Zeitpunkt an?

a) auf den Zeitpunkt des Vertragsschlusses
b) auf den Zeitpunkt der Gefahrübergangs

25. Ordnen Sie die beiden Arten des Nacherfüllungsanspruches in § 437 Nr. 1 jeweils zu:

(1) Nachbesserungsanspruch
(2) Ersatzlieferungsanspruch

a) Lieferung einer mangelfreien Sache
b) Beseitigung des Mangels

26. Wer hat grundsätzlich das Wahlrecht hinsichtlich der Art der Nacherfüllung?

a) der Verkäufer
b) der Käufer

27. Wann ist die Fristsetzung zur Nacherfüllung notwendig?

a) grundsätzlich immer bei Geltendmachung von Rücktritt, Minderung, Schadensersatz- oder Aufwendungsersatz, damit der Verkäufer diese Ansprüche abwenden kann
b) wenn keine Ausnahme nach §§ 323 II, 440 oder 326 V gegeben ist
c) wenn die Nacherfüllung noch möglich ist
d) wenn die Nacherfüllung fehlgeschlagen und unzumutbar geworden ist

28. Welche Voraussetzung muss nicht erfüllt sein, damit der Käufer mindern kann?

a) Mangelhaftigkeit der Sache
b) erfolgloser Ablauf der Nacherfüllungsfrist
c) Erheblichkeit des Mangels
d) Minderungserklärung

29. Nach welchen Anspruchsgrundlagen sind folgende Schäden geltend zu machen?

(1) Mangelfolgeschaden
(2) anfänglich unbehebbarer Mangelschaden
(3) nachträglich unbehebbarer Mangelschaden
(4) behebbarer Mangelschaden

a) §§ **311 a**, 281, 180, 437 Nr. 3
b) §§ **283**, 281, 280, 437 Nr. 3
c) §§ **281**, 280, 437 Nr. 3
d) §§ **280**, 437 Nr. 3

30. Schadensersatz wegen mangelhafter Sache setzt Verschulden voraus. Ordnen Sie zu:

(1) Fahrlässigkeit
(2) Vorsatz
(3) Garantieübernahme

a) Zusicherung einer bestimmten Eigenschaft
b) Mangel hätte bei Sorgfalt erkannt werden können
c) Mangel wird bewusst verschwiegen

31. Der Verkäufer haftet auch für das Verschulden des Erfüllungsgehilfen. Wer ist das?

a) jeder, der stellvertretend für den Verkäufer den Kaufvertrag abschließt
b) jeder, der dem Verkäufer bei der Ausführung des Kaufvertrages nach dessen Willen hilft
c) jeder, der ein Geschäft für den Verkäufer übernimmt, ohne hierzu beauftragt zu sein
d) jeder, der als Hilfsperson für den Verkäufer in Ausführung der übertragenen Tätigkeit einem Dritten einen Schaden zufügt

32. Wie lange ist die Frist zur Geltendmachung der Gewährleistungsansprüche?

a) in der Regel 1 Jahr
b) in der Regel 2 Jahre
c) in der Regel 3 Jahre

33. Wie viele Jahre beträgt die Verjährungsfrist bei arglistig verschwiegenem Mangel?

a) 2 Jahre
b) 3 Jahre
c) 30 Jahre

34. Die Gewährleistungsfrist darf in bestimmten Fällen verkürzt werden. Ordnen Sie zu:

(1) neu hergestellte Sachen beim Verbrauchsgüterkauf
(2) gebrauchte Sachen beim Normalkauf ohne AGB
(3) neu hergestellte Sachen beim Normalkauf mit AGB

a) auf null
b) auf 1 Jahr
c) keine Verkürzung

35. Was ist nicht Gegenstand eines Werkvertrages?

a) Hausbau
b) Taxifahrt
c) Haarschnitt
d) Reparatur
e) Theateraufführung
f) Übersetzung
g) Heilbehandlung
h) Unterricht

36. Wozu führt die Abnahme des Werkes?

a) Fälligkeit der Werklohnforderung
b) Erfüllung der Leistungspflicht
c) Mitwirkungspflicht des Bestellers
d) Gewährleistung bei Mängel

37. Welches Gewährleistungsrecht hat der Besteller zusätzlich im Vergleich zum Käufer?

a) Nacherfüllung
b) Selbstvornahme
c) Minderung
d) Rücktritt
e) Schadensersatz
f) Aufwendungsersatz

38. Was hat bezüglich der Vergütung Vorrang. Nennen Sie die richtige Reihenfolge:

a) übliche Vergütung   b) vereinbarte Vergütung   c) taxmäßige Vergütung

39. Was versteht man unter Abnahme im Werkvertragsrecht?

a) Besteller nimmt dem Unternehmer ab, dass er vertragsgemäß erfüllt hat
b) Besteller lässt die Leistung als vertragsgerecht gelten

40. Bei welchem der genannten Verträge handelt es sich um gegenseitige Verträge?

a) Werkvertrag   b) Dienstvertrag   c) Auftrag

41. Worin unterscheiden sich die genannten Verträge? Ordnen Sie zu:

(1) Werkvertrag
(2) Dienstvertrag
(3) Auftrag
(4) Geschäftsbesorgungsvertrag

a) unentgeltlich
b) bestimmter Erfolg wird geschuldet
c) vermögensbezogener Werk- oder Dienstvertrag
d) bestimmte Tätigkeit geschuldet

42. Was kennzeichnet den freien Dienstvertrag im Gegensatz zum abhängigen?

a) Selbständigkeit
b) Weisungsgebundenheit
c) gewisse Vertragsdauer
d) Eigenverantwortlichkeit

43. Wo spielen Arbeitsschutzgesetze eine große Rolle?

a) abhängige Dienstvertrag   b) unabhängige (freie) Dienstvertrag

44. Kann der Dienstverpflichtete sich eines Erfüllungsgehilfen bedienen?

a) grundsätzlich ja, allerdings haftet er für diesen nach §§ 278, 276
b) grundsätzlich nein, da er den Dienst nach § 613 selbst erbringen muss

45. Wann ist die Vergütung der Dienstleistung fällig?

a) nach Erbringung der Dienstleistung, soweit kein Vorschuss vereinbart ist
b) grundsätzlich ist der Dienstberechtigte vorschusspflichtig

46. Welches Recht steht den Parteien bei Nichterfüllung der Pflichten aus § 611 nicht zu?

a) Leistungsverweigerungsrecht
b) Schadensersatz
c) Rücktritt
d) Klage auf Erfüllung

47. Was ist für einen vertraglichen Sekundäranspruch immer Voraussetzung?

a) Schuldverhältnis   b) Pflichtverletzung   c) Vertretenmüssen   d) Schaden

48. Was stellt eine Pflichtverletzung i.S. des § 280 dar?

a) Unmöglichkeit der Leistung
b) verspätete Leistung
c) Lieferung einer mangelhaften Sache
d) Verletzung einer Nebenpflicht
e) Herstellung eines mangelhaften Werkes
f) Verletzung einer Hauptleistungspflicht

49. Welche Art der Unmöglichkeit führt ohne weiteres zum Erlöschen der Leistung?

a) tatsächliche Unmöglichkeit (§ 275 I)
b) faktische Unmöglichkeit (§ 275 II)
c) Unmöglichkeit aus persönlichen Gründen (§ 275 III)

50. Hat der Schuldner die Unmöglichkeit zu vertreten, hat der Gläubiger welche Rechte?

a) Schadensersatz statt der Leistung nach § 283 bzw. 311 a
b) Aufwendungsersatz nach § 284
c) Ersatzanspruch nach § 285
d) Schadensersatz neben der Leistung nach § 286
e) Rücktritt nach § 326 V

51. Bei welcher Bestimmung handelt es sich um ein sog. Kalendergeschäft (§ 286 II Nr. 2)?

a) „Lieferung in der 6. Kalenderwoche"
b) „Leistungserbringung bis spätestens Ende Oktober"
c) „Überlassung der Mietsache 3 Tage nach Zahlungseingang"
d) „Bezahlung 2 Wochen nach Lieferung"
e) „Fertigstellung bis 31. Mai"

52. Nach welcher Vorschrift kann der jeweilige Verzögerungsschaden verlangt werden?

(1) Schadensersatz neben Vertragserfüllung a
(2) Schadensersatz statt Vertragserfüllung b

a) nach §§ 286, 280 II
b) nach § 281, 280 III

53. Was versteht man unter pVV und c.i.c.? Ordnen Sie zu:

(1) c.i.c. b
(2) pVV a

a) Verletzung einer vertraglichen Hauptleistungs- oder Nebenpflicht
b) Verletzung einer vorvertraglichen Nebenpflicht

54. Was wird zur Schlechtleistung gezählt?

a) Verletzung einer vertraglichen Hauptleistungspflicht
b) Verletzung einer leistungsunabhängigen Pflicht nach § 241 II
c) Verletzung einer leistungsbezogenen Pflicht nach § 242
d) Verletzung einer vorvertraglichen Pflicht nach § 311 II

55. Worin unterscheiden sich folgende Schadensersatzansprüche. Ordnen Sie zu:

(1) vertraglicher Schadensersatzanspruch c
(2) deliktischer Schadensersatzanspruch a
(3) Schadensersatzanspruch aus Gefährdungshaftung b

a) bei rechtswidriger und schuldhafter Verletzung eines Rechtsgutes ohne Vertragsbindung
b) bei Verletzung eines Rechtsgutes wegen einer zwar erlaubten, aber gefährlichen Anlage oder eines Tieres ohne Rücksicht auf Verschulden und ohne vertragliche Bindung
c) gegeben bei Verletzung einer vertraglichen Pflicht

56. Welcher Schaden ist zu ersetzen, wenn ein Vertragsteil nach § 119 angefochten hat?

a) Vertrauensschaden b) Erfüllungsschaden

57. Was ist nicht ersetzungsfähig gemäß den §§ 249 ff.?

a) gemeine Wert b) Wertminderung c) Liebhaberwert
d) Schmerzensgeld e) entgangene Gewinn f) Marktwert

58. In welchen Fällen hat der Bereicherte etwas „ohne Rechtsgrund“ nach § 812 erlangt?

a) der Vertrag, durch den er eine Leistung erhalten hat, ist angefochten worden
b) der Vertrag, durch den er eine Leistung erhalten hat, ist von Anfang an unwirksam
c) der Bereicherte hat sich eine Sache ohne Wissen des Entreicherten verschafft
d) der Bereicherte hat versehentlich eine Sache des Entreicherten verbraucht
e) der Entreicherte hat eine Sache verschenkt und später die Schenkung bereut

59. Welche Anspruchsgrundlage gehört zu welchem Rückgabeverlangen? Ordnen Sie zu:

(1) A verleiht sein Rad an B, der es heimlich an C verkauft. A will von B den Kaufpreis.
(2) A verkauft an B ein Rad. Der Kaufvertrag ist unwirksam. A will von B das Rad zurück.
(3) A verleiht sein Rad an B, der es dem C schenkt. A will von C sein Rad zurück.

a) § 812 b) § 816 I S. 1 c) § 816 I S. 2

60. Welches Rechtsgut ist in § 823 I nicht geschützt?

a) Eigentum b) Vermögen c) Freiheit
d) Gesundheit e) Leben f) Körper

61. Bringen Sie die Anspruchsvoraussetzungen in eine sinnvolle Reihenfolge!

a) Verschulden b) Rechtswidrigkeit c) Rechtsgutverletzung
d) Verletzungshandlung e) kausal verursachter Schaden

62. Für welche Schäden gelten die §§ 249 ff. hinsichtlich des Schadensumfangs?

a) Schäden aus vertraglichen Ansprüchen (§§ 280 ff.)
b) Schäden aus unerlaubter Handlung (§ 823)
c) Schäden aus Gefährdungshaftung (§ 833 u.a.)

63. Hat bei einem Schadenseintritt ein Mitverschulden des Geschädigten mitgewirkt, dann

a) entfällt die Haftung des Schädigers
b) spielt dies für die Schadenshöhe keine Rolle
c) wird der Schaden entsprechend der Verursachungsbeiträge gequotelt

64. Wer haftet nach § 831?

a) der Verrichtungsgehilfe für den von ihm verschuldeten Schaden
b) der Geschäftsherr für sein Auswahl- oder Überwachungsverschulden
c) sowohl Geschäftsherr als auch der Verrichtungsgehilfe

65. Wer haftet nach § 832?

a) Adoptiv-, Pflege- oder leibliche Eltern für ihre minderjährigen Kinder
b) Nachbarn während der Abwesenheit der Eltern bei Bereiterklärung zur Aufsicht
c) Erwachsene für gebrechliche oder geistig verwirrte Angehörige in ihrem Haushalt
d) Erzieherinnen für anwesende Kinder während der Kindergartenöffnungszeiten

66. Wer haftet nach dem Produkthaftungsgesetz?

a) der Verkäufer b) der Hersteller c) der Lieferant d) der Importeur

67. Welche Ansprüche können sich aus dem Eigentumsrecht ergeben?

a) Herausgabeanspruch
b) Beseitigungsanspruch
c) Unterlassungsanspruch
d) Schadensersatzanspruch

68. Als was für ein Recht wird das Eigentumsrecht bezeichnet?

a) absolutes Recht, weil es jedem gegenüber gilt
b) relatives Recht, weil es nur dem Besitzer gegenüber gilt

69. Die Übertragung des Eigentums nach § 929 ist ein

a) Verfügungsgeschäft
b) Verpflichtungsgeschäft
c) schuldrechtlicher Vertrag
d) dinglicher Vertrag

70. Wie erfolgt der Eigentumserwerb. Ordnen Sie zu:

(1) bewegliche Sachen
(2) unbewegliche Sachen

a) durch Einigung nach § 929 und Übergabe
b) durch Einigung nach § 873 und Eintragung

71. Wie kann bewegliches Eigentum erworben werden?

a) durch Einigung und Übergabe (Besitzverschaffung)
b) durch Einigung allein, wenn der Erwerber schon im Besitz der Sache ist
c) durch Einigung und Abtretung des Herausgabeanspruches
d) durch Einigung und Vereinbarung eines Besitzmittlungsverhältnisses

72. Wann ist ein gutgläubiger Erwerb des Eigentums nach § 932 möglich?

a) wenn der Erwerber den Veräußerer der entliehenen Sache für den Eigentümer hält
b) wenn der Erwerber den Veräußerer der gestohlenen Sache für den Eigentümer hält
c) wenn der Erwerber den Veräußerer der verlorenen Sache für den Eigentümer hält
d) wenn der Erwerber den Veräußerer der gemieteten Sache für den Eigentümer hält

73. Nach welchem Gesetz erfolgt der Erwerb bzw. Eintragung? Ordnen Sie zu:

(1) Eigentumserwerb am Grundstück
(2) Eintragung des Eigentümerwechsels

a) nach der GBO
b) nach dem BGB

74. Was kann im Grundbuch nicht eingetragen werden?

a) Eigentum
b) Nießbrauch
c) Grundschuld
d) Miete und Pacht
e) Hypothek
f) Wegerecht

75. Wann ist kein gutgläubiger Erwerb des (lastenfreien) Eigentums möglich?

a) wenn der Veräußerer fälschlicherweise als Eigentümer eingetragen war
b) wenn vor Eintragung ein Widerspruch im Grundbuch steht
c) wenn eine Belastung (Recht eines Dritten) versehentlich nicht eingetragen war

76. Wann liegt ein Eigentümer-Besitzer-Verhältnis (= Vindikationslage) vor?

a) wenn der Eigentümer den Besitz vom berechtigten Besitzer herausverlangt
b) wenn jemand den Besitz vom unberechtigten Eigentümer herausverlangt
c) wenn der Eigentümer den Besitz vom unberechtigten Besitzer herausverlangt

77. Welcher Besitzer hat die Nutzungen grundsätzlich herauszugeben ?

a) der gutgläubige Besitzer, d.h. derjenige der nichts vom fehlenden Besitzrecht wusste
b) der bösgläubige Besitzer, d.h. derjenige der vom fehlenden Besitzrecht wusste
c) der verklagte Besitzer, d.h. derjenige der mit der Herausgabe rechnen musste
d) der gutgläubige Besitzer, der die Sache unentgeltlich erworben hat
e) der gutgläubige Besitzer, der die Sache rechtsgrundlos erworben hat

78. Wer haftet für Schäden an der Sache, die während des Besitzes auftreten

a) der verklagte oder bösgläubige Besitzer, sofern er den Schaden verschuldet hat
b) der deliktische Besitzer auch für nicht verschuldete Schäden
c) der gutgläubige Besitzer, der die Sache unentgeltlich erworben hat

79. Welche Aufwendungen erhält der Besitzer vom Eigentümer ersetzt?

a) die notwendigen, die also dem Erhalt der Sache dienten, auch wenn er bösgläubig war
b) die notwendigen, nur wenn er gutgläubig war die nützlichen, sofern er gutgläubig war und die Wertsteigerung noch vorhanden ist

80. Welche Kreditsicherungsrechte sind akzessorisch?

a) Pfandrecht
b) Sicherungsübereignung
c) Eigentumsvorbehalt
d) Hypothek
e) Grundschuld
f) Bürgschaft
g) Schuldbeitritt
h) Rentenschuld

81. Um welche Art des Pfandrechts handelt es sich? Ordnen Sie zu:

(1) vertragliches Pfandrecht
(2) gesetzliches Pfandrecht
(3) Pfändungspfandrecht

a) Unternehmerpfandrecht
b) Mietkaution
c) Arbeitslohnpfändung

82. Nach welcher Vorschrift erfolgt die Übereignung bei der Sicherungsübereignung?

a) nach § 929 Satz 1
b) nach § 929 Satz 2
c) nach § 930
d) nach § 931

83. Bleibt der Sicherungsnehmer Eigentümer bis zur Bezahlung, dann handelt es sich um

a) eine Sicherungsübereignung b) einen Eigentümervorbehalt

84. Welche in Frage 80 genannten Sicherungsrechte nennt man Grundpfandrechte?

85. Welche Vorteile bieten die Grundpfandrechte dem Gläubiger?

a) der Gläubiger kann die Zwangsversteigerung des Grundstücks beantragen und sich aus dem Erlös befriedigen, wenn der Schuldner nicht bezahlt (Verwertungsrecht)
b) das Grundpfandrecht bleibt auch bei Veräußerung des Grundstücks bestehen
c) der Gläubiger kann im Falle der Nichtrückzahlung des Kredits das Grundstück verkaufen (Verfügungsrecht)

86. Zwischen wem wird jeweils der Vertrag geschlossen? Ordnen Sie zu:

(1) Bürgschaft
(2) Schuldbeitritt

a) zwischen Nebenschuldner und Hauptschuldner
b) zwischen Nebenschuldner und Gläubiger

87. Welche Form ist für den Bürgschaftsvertrag ausreichend bzw. erforderlich?

a) mündlicher Vertrag b) schriftlicher Vertrag c) notarielle Beurkundung

III. Antworten zu Teil A

1. c)
2. b)
3. a)
4. b) c)
5. d)
6. b)
7. b)
8. b)
9. a)
10. a) d) e)
11. b)
12. b)
13. b) c)
14. b)
15. a)
16. b)
17. b)
18. a)
19. a) c)
20. a) b)
21. a)
22. c)
23. c)
24. b)
25. b)
26. b)
27. b
28. a)
29. a)
30. (1) c), (2) a), (3) d), (4) b)
31. a) b)
32. a) c) g)
33. a)
34. b)
35. a) b)
36. a) b)
37. a)
38. a) d) e) f)
39. c)
40. b) d)
41. b)
42. a) b)
43. b) c)
44. b)
45. (1) c), (2) a), (3) b)
46. d)
47. b) d) e)
48. b) c)
49. a)
50. c)
51. d)
52. b)
53. (1) a), (2) b)
54. a)
55. a) d)
56. b) c) e)
57. c)
58. a)
59. b)
60. a)
61. b)
62. b)
63. (1) c), (2) d), (3) e), (4) b), (5) a)
64. a) b) e)
65. a)
66. b)
67. (1) a), (2) b)
68. c)

IV. Antworten zu Teil B

1. a) b)
2. (1) b) c), (2) a) d)
3. b) e)
4. a)
5. a) b) d) e)
6. b)
7. (1) a), (2) b)
8. a) d)
9. (1) c), (2) a), (3) b)
10. a)
11. (1) b), (2) d), (3) a), (4) c)
12. a)
13. c)
14. d)
15. a)
16. a)
17. b)
18. (1) b) c), (2) a) d)
19. (1) b) d), (2) a) c)
20. b)
21. b)
22. a)
23. b)
24. a)
25. (1) b), (2) a)
26. b)
27. a) b) c)
28. c)
29. (1) d), (2) a), (3) b), (4) c)
30. (1) b), (2) c), (3) a)
31. b)
32. b)
33. b)
34. (1) c), (2) a), (3) b)
35. g) h)
36. a) b) d)
37. b)
38. b) c) a)
39. b)
40. a) b)
41. (1) b), (2) d), (3) a), (4) c)
42. a) d)
43. a)
44. b)
45. a)
46. c)
47. a) b)
48. a) - f)
49. a)
50. a) b) c) e)
51. a) b) e)
52. (1) a), (2) b)
53. (1) b), (2) a)
54. a) c)
55. (1) c), (2) a), (3) b)
56. a)
57. c)
58. a) b) c) d)
59. (1) b), (2) a), (3) c)
60. b)
61. d) c) e) b) a)
62. a) - c)
63. c)
64. b)
65. a) c) d)
66. b) c) d)
67. a) - d)
68. a)
69. a) d)
70. (1) a), (2) b)
71. a) - d)
72. a) d)
73. (1) b), (2) a)
74. d)
75. b)
76. c)
77. b) c) d) e)
78. a) b)
79. a) c)
80. a) d) f)
81. (1) b), (2) a), (3) c)
82. c)
83. b)
84. d) e) h)
85. a) b)
86. (1) b), (2) a)
87. b)